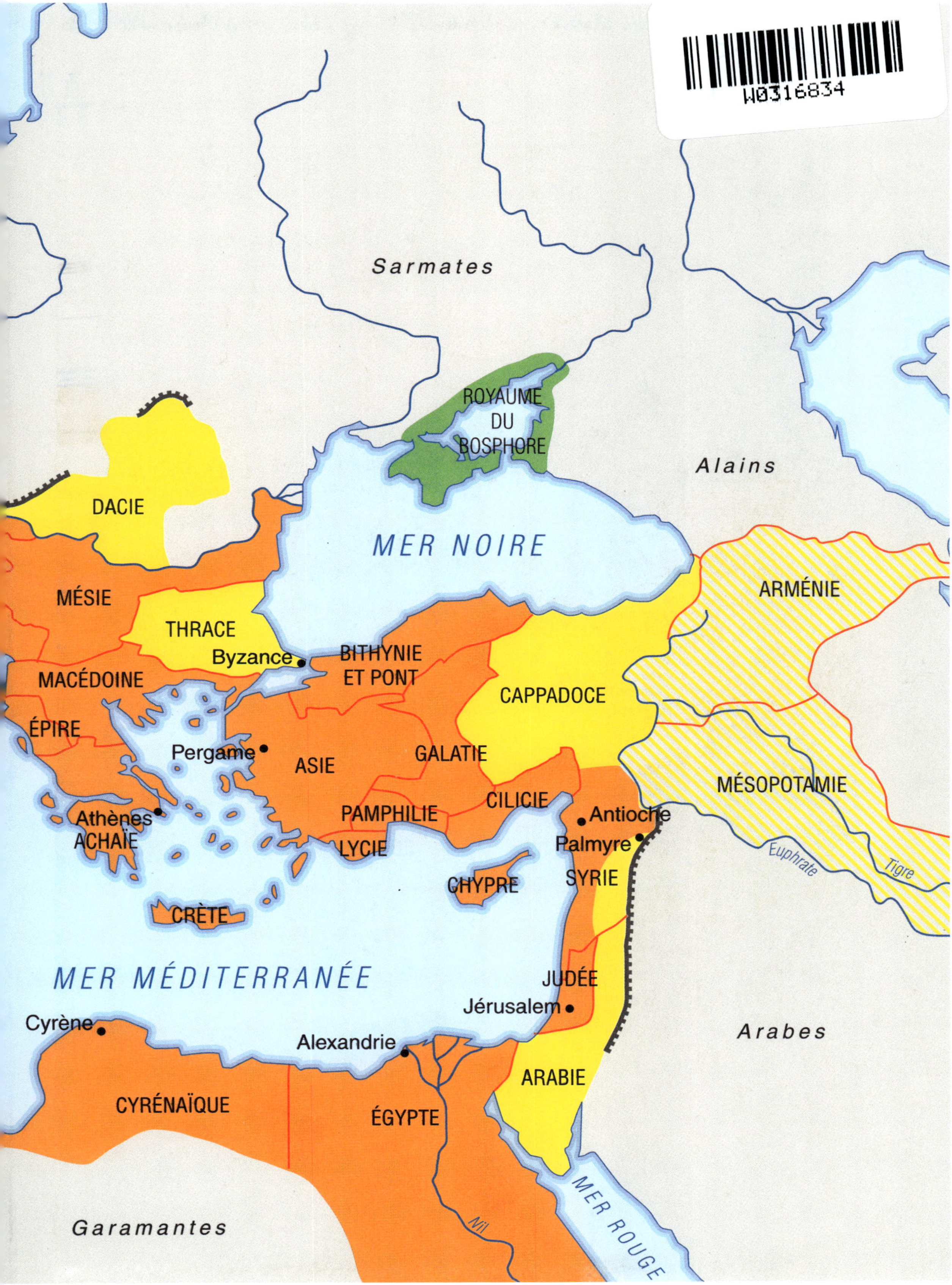
Sarmates
Alains
ROYAUME DU BOSPHORE
DACIE
MER NOIRE
ARMÉNIE
MÉSIE
THRACE
Byzance
BITHYNIE ET PONT
MACÉDOINE
CAPPADOCE
ÉPIRE
Pergame
ASIE
GALATIE
MÉSOPOTAMIE
CILICIE
Athènes
ACHAÏE
PAMPHILIE
Antioche
Palmyre
LYCIE
Euphrate
Tigre
CHYPRE
SYRIE
CRÈTE
MER MÉDITERRANÉE
JUDÉE
Jérusalem
Cyrène
Alexandrie
Arabes
ARABIE
CYRÉNAÏQUE
ÉGYPTE
MER ROUGE
Nil
Garamantes

Latin 3e

Colette Milès
Agrégée de Lettres classiques

Sylvie Thornes
Certifiée de Lettres classiques

Remerciements à
Bernard Milès

LES BELLES LETTRES

HATIER

© Hatier, Paris, avril 2003 – ISBN : 2-218-74296-9

Avant-propos

Un triple objectif

Cette nouvelle édition du manuel *Latin 3e* nous a donné l'occasion de rendre plus accessible l'enseignement du latin en 3e tout en conservant les mêmes objectifs :
– donner aux élèves le goût de la langue latine, grâce à des textes vivants et variés ;
– éveiller leur curiosité littéraire, en leur montrant ce que la littérature française doit à la littérature latine ;
– initier les élèves à l'art, en leur faisant découvrir les liens entre la culture antique et la culture moderne.

Un manuel conforme à l'esprit du programme

Lire du latin. Les textes sont authentiques et choisis parmi les auteurs proposés par les textes officiels : Suétone, Tacite et Pline le Jeune pour l'histoire, Catulle, Ovide, Horace, Juvénal pour la poésie, Cicéron, Pétrone, Vitruve pour les autres genres littéraires. Nous avons ajouté à ce corpus d'autres auteurs lorsque le thème choisi s'y prêtait : Sénèque pour l'histoire, Phèdre pour la poésie, Plaute pour le théâtre, Apulée pour le roman.

Mieux comprendre la langue française et enrichir son vocabulaire. Tel est l'objectif de nombreux exercices : étymologie et comparaison des racines latines et grecques, étude de champs lexicaux, jeux de vocabulaire, mais aussi celui du « Linguiste en herbe ».

Comprendre en quoi la civilisation et la langue françaises héritent de la culture antique. Les rubriques « Lire l'image » et « Groupements de textes » proposent, par des questions très simples, de réfléchir sur l'héritage transmis par les auteurs et les artistes latins.

Une structure simple et rassurante

Les dix-huit chapitres du manuel sont regroupés en deux parties, consacrées respectivement à l'étude de l'Empire romain, puis à celle des mythes fondateurs (Narcisse, Pygmalion, les dieux et les hommes) et aux différents genres de la littérature latine (poésie, satire, roman, plaidoyer, théâtre, texte scientifique).

Tous les chapitres suivent la même structure :
– deux pages de **découverte**, constituées d'un texte à lire en latin avec sa traduction et d'une œuvre d'art lui faisant écho ;
– une **leçon** prenant appui sur un texte latin authentique et sur ses questions de lecture méthodique ;
– de la **grammaire** proposant tout à la fois une révision des programmes de 5e et de 4e et l'acquisition de nouveaux points spécifiques à la 3e en relation avec les textes du chapitre ;
– du **vocabulaire à retenir** ;
– des **exercices** combinant révision, application, champs lexicaux, étymologie et exercices ludiques ;
– un **« Groupement de textes »** en français pour prolonger le thème étudié.

Quatre **« Legenda »** proposent de se documenter sur : l'Empire romain, la religion sous l'Empire, le symbolisme du feu et de l'eau dans les mythes, la vie quotidienne sous l'Empire et la vie littéraire sous l'Empire.

- Grâce aux trois **« Otium »**, les élèves peuvent réviser en s'amusant.

- En fin d'ouvrage, les élèves trouveront tous les éléments utiles au parcours de 3e : un **Précis grammatical** regroupant des tableaux de morphologie et des fiches de syntaxe, un lexique latin-français reprenant le vocabulaire acquis depuis la 5e et les mots nécessaires pour traduire les textes de 3e, un calendrier julien, une **Boîte à versions** qui complète le choix de versions données à l'intérieur des chapitres eux-mêmes et un index grammatical renvoyant à la fois aux pages de grammaire et au Précis.

Nous espérons que, grâce à ce manuel, les élèves continueront à aimer le latin et qu'ils en poursuivront l'étude au lycée. Notre souhait est de ne pas engendrer de cours fastidieux, mais de permettre une découverte variée, vivante et fructueuse de la langue latine et de la civilisation romaine.

LES AUTEURS.

Programme de latin 3^e

L'objectif est qu'à la fin de la 3e, l'élève sache lire et traduire un texte en rapport avec les centres d'intérêt et les éléments de langue abordés au cours de sa scolarité de collège.

Textes et thèmes

L'élève approfondit sa connaissance et sa pratique de la narration et de la description en abordant le récit à visée argumentative et la description (portrait, paysage…) orientée par un effet à produire sur le destinataire, dans un registre critique (satire, épigramme, portraits-charges, caricatures…) ou dans un registre laudatif (portrait du grand homme, panégyrique, apologie…).

Le professeur puisera en particulier dans le vivier suivant :

César, Cicéron, Cornélius Népos, Salluste, Horace, Ovide, Sénèque le Rhéteur, Tibulle, Virgile, Vitruve, Juvénal, Pline le Jeune, Martial, Pétrone, Stace, Suétone, Tacite.

Langue

Lexique

L'apprentissage du lexique s'appuie sur la connaissance du lexique acquis au cycle central. Les textes proposés à la lecture, croisant des thèmes déjà rencontrés, permettent la reconnaissance de mots connus et élargissent la connaissance du champ sémantique de tel terme. Des champs lexicaux sont complétés et d'autres, nouveaux, sont ouverts, en réseaux.

L'abord de l'argumentation introduit un vocabulaire abstrait et des mots-outils qui organisent la démonstration.

300 à 400 mots nouveaux sont mémorisés, portant à environ 1 000 mots le bagage lexical des élèves en fin de collège.

Le lexique mémorisé concerne :

– les valeurs sociales : dignitas et auctoritas…

– les facultés et activités de l'esprit

– les débats politiques : les partis, les lieux de débat, les magistratures, l'expression des oppositions

– la justice

– la parole persuasive, l'argumentation : les conditions d'énonciation et les genres oratoires délibératif, judiciaire, laudatif ; le travail de l'orateur : inventio… ; la recherche des arguments : la preuve et la réfutation, les lieux communs, comparaisons, exempla ; les parties du discours : exorde, péroraison, narration et réfutation ; les modes de persuasion : movere, probare, delectare

– l'art et la culture.

Syntaxe

Identifier et comprendre

– la relative au subjonctif et son contexte (valeurs causale, oppositionnelle, consécutive, finale, potentielle)

– le groupe nom + adjectif verbal épithète : ad legendam historiam, (tempus) legendae historiae…

– l'expression du but et de la crainte (ne).

Mémoriser

– la situation d'énonciation et l'argumentation rhétorique

– les valeurs des modes indicatif, impératif, subjonctif : approfondissement

– la concordance des temps

– l'aspect verbal

– la cause, approfondissement : cause réelle et cause alléguée

– le discours rapporté, approfondissement : l'interrogation directe

– l'expression de l'hypothèse (éléments simples)

– la comparaison

– l'adjectif verbal d'obligation.

Morphologie

Mémoriser

– la 4e et la 5e déclinaisons

– les pronoms et adjectifs indéfinis

– les verbes déponents

– les verbes volo - nolo - malo, fero, fio

– le parfait actif et passif du subjonctif

– le participe et l'infinitif futurs

– le gérondif et l'adjectif verbal.

Sommaire

Partie 1 : L'Empire romain

1. Le règne d'Auguste

2. Tibère et Caligula

3. Le règne de Claude

Partie 2 : Des mythes à la littérature

8. Narcisse

9. Pygmalion

10. Les dieux et les hommes

17. Le théâtre

18. Le texte scientifique

Précis grammatical

QUIBUS VE

UM AEDEM

POLLONIS

VIS IN CA

N EA PARTE

UAM FULM

DEO HARU

DITIT PO

PARTIE 1

L'Empire romain

1. Le règne d'Auguste

27 av. J.-C - 14 ap. J.-C.

CAMILLE COROT (1796-1875), *Rome, le Colisée vu à travers les arcades de la basilique de Constantin*, 1825 (marouflage d'huile sur toile sur papier, 23 x 34 cm ; Paris, musée du Louvre).

Lire l'image

Cet amphithéâtre, inauguré par l'empereur Titus en 80 ap. J.-C., illustre bien la volonté des empereurs d'embellir Rome et de laisser des traces durables dans l'histoire. Au VIIe siècle, on lui donna le nom de Colisée (*Colosseo* en italien), soit en raison de ses proportions imposantes, soit à cause d'une statue colossale de Néron placée à l'entrée principale.

- *Comment Camille Corot, paysagiste français, qui séjourna à Rome trois ans (de 1825 à 1828), met-il en valeur dans ce tableau l'esprit bâtisseur des Romains ?*

Lire en latin

Portrait d'Auguste

Succédant à César, Octave prend le surnom d'Auguste et réforme si bien Rome que l'on parle d'« âge d'or » à propos de son règne. Voilà le portrait que trace de lui l'historien Suétone.

Forma fuit **eximia** et per omnes aetatis gradus **venustissima**. Oculos habuit claros ac nitidos, quibus etiam existimari volebat inesse quiddam divini **vigoris**, gaudebatque, si quis sibi acrius contuenti quasi ad fulgorem solis vultum summitteret ; sed in senecta sinistro minus vidit ; dentes raros et exiguos et scabros ; capillum **leviter inflexum** et subflavum ; supercilia conjuncta ; mediocres aures ; nasum et a summo eminentiorem et ab imo deductiorem ; colorem inter aquilum candidumque ; staturam brevem, sed quae commoditate et aequitate membrorum occuleretur, ut non nisi ex comparatione astantis alicujus procerioris intellegi posset.

Auguste était d'une rare beauté, qui garda son charme tout le long de sa vie. Ses yeux étaient vifs et brillants ; il voulait même faire croire qu'il y avait dans son regard comme une autorité divine et, quand il le fixait sur quelqu'un, il aimait à lui voir baisser la tête, comme ébloui par le soleil ; mais, dans sa vieillesse, son œil gauche s'affaiblit ; ses dents étaient écartées, petites et irrégulières ; ses cheveux, légèrement bouclés et tirant sur le blond ; ses sourcils, joints ; ses oreilles, moyennes ; son nez, bombé du haut et recourbé par le bas ; son teint, entre le brun et le blanc ; sa taille était petite, mais cela ne se voyait point, tant son corps était bien proportionné, et l'on ne pouvait s'en apercevoir qu'en le comparant avec une personne plus grande, debout près de lui.

SUÉTONE (vers 75 - vers 160 ap. J.-C.), *Vie des douze Césars*, « Divus Augustus », LXXIX (extraits), traduction H. Ailloud, © Les Belles Lettres, CUF, 1961.

Portrait d'Auguste, 25-24 av. J.-C. (bronze ; Londres, British Museum).

Lire le texte

1. *Observez la première phrase du texte. Quelle impression d'ensemble veut donner Suétone ?*

2. *Dans quel ordre les différentes parties du visage d'Auguste sont-elles décrites ? Relevez les mots latins qui les désignent, en donnant leur cas, leur nominatif et leur génitif.*

3. *Par quoi termine Suétone ? Que pouvez-vous conclure sur la présentation de ce portrait ?*

Lire en latin

Auguste et ses esclaves

Auguste passe pour avoir été très attaché aux vertus romaines traditionnelles. L'historien Suétone le présente également comme un homme juste et modéré.

Patronus dominusque non minus **severus** quam **facilis** et **clemens** multos libertorum in honore et usu maximo habuit. Cosmum servum gravissime de se opinantem non ultra quam compedibus coercuit. Diomeden dispensatorem, a quo **simul** ambulante incurrenti repente fero apro per metum **objectus est**, maluit timiditatis **arguere** quam noxae remque non minimi periculi, quia tamen fraus aberat, in jocum vertit.

Idem Polum[1] ex acceptissimis[2] libertis mori coegit[3] compertum adulterare[4] matronas ; Thallo a manu[5], quod pro epistula prodita[6] denarios quingentos accepisset, crura ei fregit ; paedagogum **ministros** que fili, per occasionem **valetudinis** mortisque ejus superbe avareque in provincia grassatos[7], oneratos gravi pondere **cervicibus**[8] praecipitavit in flumen.

SUÉTONE, *Vie des douze Césars*, « Divus Augustus », LXVII (extrait), traduction C. Milès et S. Thornes.

Comme patron et comme maître, il fut sévère, mais aussi doux et clément ; il traita avec les plus grands honneurs et en intimes nombre de ses affranchis. Quand son esclave Cosmus dit du mal de lui très violemment, il se contenta de le mettre aux fers. Son intendant Diomède, en se promenant avec lui, l'avait par frayeur projeté contre un sanglier qui s'élançait brusquement sur eux ; mais Auguste préféra l'accuser de poltronnerie plutôt que de crime et, malgré l'importance du danger qu'il avait couru, il tourna la chose en plaisanterie, parce que Diomède avait agi sans mauvaise intention.

1. **Polus et Thallus** : noms d'hommes.
2. **acceptissimis** : préférés.
3. **mori coegit** : il fit mourir.
4. **compertum adulterare** : convaincu d'avoir entraîné dans l'adultère.
5. **a manu** : secrétaire.
6. **prodo, is, ere, didi, ditum** : divulguer.
7. **grassatos** : s'étant comportés.
8. **oneratos gravi pondere cervicibus** : avec une grosse pierre au cou.

SUÉTONE (vers 75 - vers 160 ap. J.-C.)
Secrétaire de l'empereur Hadrien, Caius Suétonius Tranquillus fut un homme d'études. Il publia vers 120 une *Vie des douze Césars*. Il fut également l'auteur d'une *Vie des hommes illustres (De viris illustribus)*.

Lire le texte

1. *Quels sont les adjectifs employés pour qualifier le comportement d'Auguste ? Qu'en concluez-vous sur son caractère ?*

2. *Relevez les exemples par lesquels Suétone illustre les traits opposés de ce caractère. Quelles sont ainsi les deux parties distinctes du texte ?*

3. *Observez les noms communs désignant les personnes évoquées dans le texte : avec qui Auguste est-il le plus dur ? Que cherche à prouver Suétone ?*

Grammaire

➡ *Précis p. 211*

Les déclinaisons

Le latin comporte cinq déclinaisons reconnaissables à la désinence de leur génitif singulier.

La première déclinaison (génitif : -ae)

vita, ae, f : la vie		
	singulier	**pluriel**
N.	vita	vitae
V.	vita	vitae
Ac.	vitam	vitas
G.	vitae	vitarum
D.	vitae	vitis
Ab.	vita	vitis

La deuxième déclinaison (génitif : -i)

dominus, i, m : le maître			**puer, i**, m : l'enfant			**verbum, i**, n : le verbe		
	singulier	**pluriel**		**singulier**	**pluriel**		**singulier**	**pluriel**
N.	dominus	domini	N.	puer	pueri	N.	verbum	verba
V.	domine	domini	V.	puer	pueri	V.	verbum	verba
Ac.	dominum	dominos	Ac.	puerum	pueros	Ac.	verbum	verba
G.	domini	dominorum	G.	pueri	puerorum	G.	verbi	verborum
D.	domino	dominis	D.	puero	pueris	D.	verbo	verbis
Ab.	domino	dominis	Ab.	puero	pueris	Ab.	verbo	verbis

La troisième déclinaison (génitif : -is)

rex, regis, m : le roi			**hostis, is**, m : l'ennemi			**corpus, corporis**, n : le corps		
	singulier	**pluriel**		**singulier**	**pluriel**		**singulier**	**pluriel**
N.	rex	reges	N.	hostis	hostes	N.	corpus	corpores
V.	rex	reges	V.	hostis	hostes	V.	corpus	corpores
Ac.	regem	reges	Ac.	hostem	hostes	Ac.	corpus	corpores
G.	regis	regum	G.	hostis	hostium	G.	corporis	corporum
D.	regi	regibus	D.	hosti	hostibus	D.	corpori	corporibus
Ab.	rege	regibus	Ab.	hoste	hostibus	Ab.	corpore	corporibus

La quatrième déclinaison (génitif : -us)

manus, us, f : la main		
	singulier	**pluriel**
N.	manus	manus
V.	manus	manus
Ac.	manum	manus
G.	manus	manuum
D.	manui	manibus
Ab.	manu	manibus

La cinquième déclinaison (génitif : -ei)

res, rei, f : la chose		
	singulier	**pluriel**
N.	res	res
V.	res	res
Ac.	rem	res
G.	rei	rerum
D.	rei	rebus
Ab.	re	rebus

Exercices

Vocabulaire à retenir

Noms

cervix, icis, f : cou, épaules
minister, tri, m : serviteur
valetudo, inis, f : santé, mauvaise santé
vigor, oris, m : vigueur, énergie

Mots invariables

leviter : légèrement
simul : en même temps

Adjectifs

clemens, entis : doux, clément, bon
eximius, a, um : remarquable
facilis, e : facile, d'humeur facile
severus, a, um : sévère, rigoureux
venustus, a, um : plein de charme

Verbes

arguo, is, ere, ui, utum : accuser
inflecto, is, ere, flexi, flexum : courber
objicio, is, ere, jeci, jectum : jeter en avant

Réviser et appliquer

Exercice 1 : réviser un champ lexical, le corps humain

Retrouvez ou cherchez le sens de ces mots :

1. corpus, oris, n - caput, itis, n - os, oris, n - dens, dentis, m - capillus, i, m - oculus, i, m - auris, is, f - nasus, i, m - digitus, i, m - manus, us, f - pes, pedis, m - crus, uris, n - pectus, oris, n - genu, us, n. 2. barbatus, a, um - longus, a, um - robustus, a, um - calvus, a, um - flavus, a, um - brevis, e.

Exercice 2 : reconnaître les déclinaisons

Donnez le cas, puis la fonction en français des groupes de mots suivants. Rappelez à quelle déclinaison les noms appartiennent.

patronus dominusque - libertorum - dispensatorem - apro - per metum - rem - matronas - per occasionem - valetudinis mortisque - gravi pondere - in flumen.

Exercice 3 : réutiliser le vocabulaire

Complétez par des noms choisis dans les différentes déclinaisons, qui donnent un sens à chaque phrase :

1. Dominus multos .... habebat.
2. Augustus claros ac nitidos .... habuit.
3. Templa deleta sunt a ....
4. Templum .... pulchrum erat.
5. Rex pecuniam .... dedit.
6. Cum .... saepe dominus ambulabat.
7. Multos .... Romae vixit.

Exercice 4 : enrichir son vocabulaire

Complétez les phrases suivantes en mettant le mot entre parenthèses au cas voulu, puis traduisez :

1. (statura) Augustus .... brevem habuit.
2. (libertus) Polum ex acceptissimis .... mori coegit.
3. (minister) Augustus paedagogum et .... in flumen praecipitavit.
4. (valetudo) Imperator eximia .... erat.
5. (senecta) In ...., Augustus minus sinistro vidit.

Exercice 5 : traduire

Traduisez en latin ou en français selon le cas :

1. Imperator forma eximia et venusta fuit.
2. Augustus staturam brevem habuit.
3. Auguste avait des yeux brillants et de petites dents.
4. Auguste fut un empereur sévère mais clément.
5. Multos libertorum in honore habuit.
6. Cosmum servum gravissime de se opinantem non ultra quam compedibus coercuit.
7. Il jeta dans le fleuve le pédagogue de son fils.

Exercice 6 : version

La simplicité d'un empereur

Habitavit Augustus in aedibus modicis, ac per annos amplius[1] quadraginta[2] in eodem cubiculo hieme et aestate mansit. Supellex[3] quoque ejus vix privatae elegantiae erat.
Idem tamen Romam, quam pro majestate imperii non satis ornatam invenerat, adeo excoluit, ut jure sit gloriatus[4] marmoream se relinquere, quam lateritiam[5] accepisset. Raro veste alia usus est[6] quam confecta ab uxore, sorore, filia, neptibusque[7]. Altiuscula[8] erant ejus calceamenta[9], ut procerior quam erat videretur[10].

ABBÉ C.-F. LHOMOND (grammairien du XVIIIe s.), *De viris illustribus*.

1. amplius : plus de. - 2. quadraginta : quarante. - 3. supellex, lectilis, f : mobilier. - 4. adeo excoluit, ut jure sit gloriatus : il l'embellit au point qu'il put se vanter à juste titre. - 5. lateritius, a, um : de brique. - 6. usus est : il porta. - 7. neptis, is, f : petite-fille. - 8. altiusculus, a, um : un peu élevé. - 9. calceamentum, i, n : chaussure. - 10. ut videretur : pour qu'il paraisse.

Jouer avec la langue

Exercice 7 : le latin et le grec

Le mot œil se dit **oculus** *en latin et* **ophtalmos** *en grec (des racines indo-européennes* **-ope**, **-ops**, **-opt**).

1. *Expliquez le sens des mots suivants, issus du latin :* oculaire - monocle - binocle - inoculer.

2. *Quelle différence faites-vous entre un* oculiste, *un* ophtalmologiste *et un* opticien *?*

3. *Comment appelle-t-on une personne qui voit mal de loin ? et de près ?*

4. *Qu'est-ce qu'une pommade* ophtalmique *?*

Exercice 8 : retrouver les mots dérivés

Expliquez, à partir du vocabulaire du chapitre, les mots soulignés :

1. Il faut choisir de bons arguments afin de convaincre son auditoire. 2. Ces douleurs cervicales sont intolérables. 3. Dans ce beau jardin pousse une vigoureuse végétation. 4. Ma proposition, heureusement, n'a soulevé aucune objection. 5. Veuillez nous faire connaître vos desiderata.

Récréation

Exercice 9 : le jeu de l'intrus

Trouvez l'intrus.

1. forma - statua - opera - silva - patria. 2. legatis - cruris - cervicis - mulieris - vigoris. 3. ministri - amici - magistri - pugni - hosti. 4. hortum - dominum - senatum - puerum - gladium. 5. valetudinem - regem - mercem - sermonem - spem.

Exercice 10 : grille de mots

Complétez la grille ci-dessous afin de reconstituer le titre d'Auguste.

1. maison.	1	D
2. général en chef.	2	I
3. foule.	3	V
4. ville.	4	U
5. supplice.	5	S
6. secours.	6	A
7. eau.	7	U
8. joie.	8	G
9. épouse.	9	U
10. crime.	10	S
11. temps.	11	T
12. ombre.	12	U
13. sagesse.	13	S

Le linguiste en herbe

Sat celeriter fieri quicquid fiat satis bene.

On fait toujours assez vite ce que l'on fait assez bien.

SUÉTONE, « Divus Augustus », XXV.

Auguste appliquait avant tout cette devise au domaine militaire : selon lui, en effet, rien ne convient moins au général d'armée que la hâte ; mais nombreux sont les domaines où l'on pourrait faire profit de ce conseil.

Auguste et l'« âge d'or »

*Dans l'*Énéide*, Anchise prédit à son fils, Énée, le retour de l'« âge d'or » sous Auguste.*

Maintenant, tourne les yeux : regarde cette nation, tes Romains. Voici César et toute la postérité d'Iule qui doit venir à la lumière sous l'immense voûte des cieux. Le voici, c'est lui, cet homme qui, tu le sais, t'a été si souvent promis, César Auguste[1], fils d'un dieu : il fera renaître l'âge d'or dans les champs du Latium où jadis régna Saturne[2], il reculera les limites de son Empire plus loin que le pays des Garamantes et des Indiens, jusqu'à ces contrées qui s'étendent au-delà des signes du Zodiaque, au-delà des routes de l'année et du soleil, là où Atlas, qui porte le ciel, fait tourner sur son épaule la voûte parsemée d'étoiles étincelantes. [...] Alcide n'a pas parcouru autant de pays, bien qu'il ait percé la biche aux pieds d'airain, pacifié la forêt d'Érymanthe et fait trembler de son arc les marécages de Lerne ; ni Bacchus vainqueur qui, des hauts sommets de Nysa, conduit son attelage de tigres et les rend dociles à ses rênes de pampre.

VIRGILE (71-19 av. J.-C.), *Énéide*, livre VI, vers 788-805, traduction A. Bellesort, © Les Belles Lettres, CUF, 1961.

1. Auguste, et tous les empereurs après lui, portaient le titre de César.
2. « Âge d'or » : période mythique de bonheur parfait, instaurée par Saturne, le père de Jupiter ; l'expression désigne aussi l'épanouissement des arts sous le règne d'Auguste.

La Terre féconde, Ara Pacis Augustae (détail), 13-9 av. J.-C. (relief en marbre, 237 x 155 cm ; Rome).

La clémence d'Auguste

Pour le philosophe Sénèque, Auguste est un bon exemple de l'indulgence dont chacun doit faire preuve à l'égard d'autrui.

Il séjournait en Gaule, quand on lui révéla que L. Cinna, homme d'un esprit peu ouvert, complotait contre lui : il connut tout, le lieu, l'heure, la nature de l'attentat : un complice avait parlé. Décidé à se venger, il convoqua ses amis en conseil. La nuit, il ne put dormir.

Il fit appeler auprès de lui le seul Cinna, et renvoya tout le monde de sa chambre à coucher ; puis il fit apporter une seconde chaise pour Cinna : « Je t'ai trouvé, Cinna, dans le camp de ceux qui luttaient contre moi ; tu n'es pas devenu, tu es né mon ennemi ; je t'ai pourtant sauvé la vie et je t'ai laissé tout mon patrimoine. Dans quel esprit agis-tu ainsi ? pour être toi-même empereur ? Bons dieux, le peuple romain est bien malheureux, si ma vie est le seul obstacle qui t'écarte du pouvoir souverain. Je te donne une deuxième fois la vie, Cinna ; je l'ai d'abord donnée à un ennemi ; je la donne maintenant à un conspirateur et à un parricide. Que ce jour marque le début de notre amitié ; luttons à qui gardera le mieux la parole donnée, de moi qui te donne la vie, ou de toi qui me la dois. » Dans la suite, il lui accorda spontanément le consulat, déplorant qu'il n'osât pas le lui demander. Il trouva en lui un ami très fidèle et fut son unique héritier. Désormais, personne ne complota contre lui.

SÉNÈQUE (4 av. J.-C. - 65 ap. J.-C.), *De la clémence*, XVI (extraits), traduction F. Préchac, © Les Belles Lettres, CUF, 1921.

L'empereur Auguste, 25-20 av. J.-C. (camée ; Paris, Bibliothèque nationale de France).

L'imitation des Anciens

Corneille, dramaturge du XVIIe siècle, a repris le thème de la conjuration décrite par Sénèque dans sa pièce intitulée Cinna. *Auguste s'adresse à Cinna.*

Costume d'Auguste, dessin de P. Cauchetier, 1984 (Paris, Bibliothèque de la Comédie Française).

Je suis maître de moi comme de l'univers ;
Je le suis, je veux l'être. Ô siècles, ô mémoire,
Conservez à jamais ma dernière victoire !
Je triomphe aujourd'hui du plus juste courroux
De qui le souvenir puisse aller jusqu'à vous.
Soyons amis, Cinna, c'est moi qui t'en convie :
Comme à mon ennemi je t'ai donné la vie,
Et malgré la fureur de ton lâche destin[1],
Je te la donne encor comme à mon assassin.
Commençons un combat qui montre par l'issue
qui l'aura mieux de nous ou donnée ou reçue.
Tu trahis mes bienfaits, je les veux redoubler ;
Je t'en avais comblé, je t'en veux accabler.

CORNEILLE (1606-1684), *Cinna*, Acte V, scène 3.

1. Destin : projet.

Comparer les textes

↳ fils d'1 dieu - puis Saturne (au plus au dieu)

1. *À qui Virgile compare-t-il Auguste ? Montrez qu'à travers ces deux comparaisons, il est de plus en plus élogieux.*

2. *Sachant que Virgile fut l'écrivain officiel d'Auguste, comment pouvez-vous expliquer le ton qu'il emploie ?*

3. *Quels sont les éléments comparables dans les textes de Corneille et de Sénèque ?*

Bienveillance d'Aug. , absence désir de vengeance...

2. Tibère et Caligula

14-37 ap. J.-C. - 37-41 ap. J.-C.

Le Triomphe de Tibère, vue rapprochée du « Cortège triomphal de Tibère », extraite de la « Coupe de Boscoréale », Ier s. ap. J.-C. (argent doré ; Paris, musée du Louvre).

Lire l'image

Le triomphe, honneur exceptionnel, était accordé aux généraux romains victorieux qui entraient solennellement à Rome, sur leur char, suivis des hommes qu'ils avaient vaincus.

- *Comment l'artiste glorifie-t-il l'empereur Tibère sur ce vase ? Étudiez la composition de la scène, puis observez les accessoires des personnages et les expressions des visages.*

Épigrammes contre Tibère

La cruauté de l'empereur Tibère lui valut d'être l'objet de nombreuses épigrammes, courts textes en vers tout en railleries.

Multa praeterea specie gravitatis ac morum corrigendorum, sed et magis naturae optemperans, ita saeve et atrociter factitavit, ut nonnulli versiculis quoque et praesentia exprobarent et futura denuntiarent mala :

Asper et **immitis**, **breviter** vis omnia dicam[1] ?
Dispeream[2], si te mater amare potest.

Aurea mutasti[3] Saturni saecula[4], Caesar :
Incolumi nam te[5] ferrea semper erunt.

Fastidit vinum, quia jam **sitit** iste[6] cruorem :
Tam bibit hunc[7] avide, quam bibit ante merum[8].

Quae primo, quasi ab impatientibus remediorum fingerentur, volebat accipi dicebatque identidem : « Oderint, dum **probent**. » Dein vera plane certaque esse ipse fecit fidem.

SUÉTONE (70-128 ap. J.-C.), *Vie des douze Césars*, « Tiberius », LIX (extraits), traduction C. Milès et S. Thornes.

Sous prétexte d'être ferme et de vouloir corriger les mœurs, mais surtout parce qu'il suivait son instinct naturel, il se comporta souvent de façon si cruelle et atroce que certains, dans des épigrammes, lui reprochèrent les malheurs présents et annoncèrent ceux de l'avenir.

1. **vis dicam** : veux-tu que je dise ?
2. **dispeream** : que je meure.

3. **mutasti** : **mutavisti.**
4. **aurea saecula** : l'âge d'or.
5. **incolumi te** : tant que tu seras vivant.
6. **iste** : désigne Tibère.
7. **hunc** : désigne cruorem.
8. **merum, i**, n : vin pur.

Tout d'abord, il voulait que ces reproches fussent considérés comme venant de gens hostiles à ses réformes, et il répétait sans cesse : « Qu'ils me haïssent, pourvu qu'ils m'approuvent. » Mais par la suite, il montra lui-même combien ils étaient mérités.

Lire le texte

1. *Combien de vers y a-t-il dans chaque épigramme ? Quel adverbe est employé dans la première ? Que concluez-vous concernant ce genre littéraire ?*

2. *Listez les reproches adressés à Tibère dans chaque épigramme : quelle gradation observez-vous dans les termes employés ?*

3. *Dans le premier paragraphe, Suétone emploie les adverbes* saeve *et* atrociter *: que révèlent-ils de l'opinion de l'auteur concernant Tibère ?*

4. *Observez les adverbes de temps à la fin du texte : en quoi voit-on que Suétone joue ici le rôle de narrateur omniscient ?*

MARIE VITON, maquette de costumes pour *Caligula* de Camus, création au théâtre Hébertot, 1945 (dessin ; Paris, Bibliothèque nationale de France).

Lire en latin

La folie de Caligula

Caligula faisait preuve d'extravagance dans tous les domaines : excentricité de sa tenue, passion démesurée pour les arts ou pour son cheval…

Saepe depictas gemmatasque indutus[1] paenulas[2], manuleatus[3] et armillatus in publicum **processit**, aliquando sericatus et cycladatus[4], nonnunquam **socco**[5] muliebri ; plerumque vero aurea barba, fulmen tenens aut fuscinam aut caduceum deorum **insignia**, atque etiam Veneris cultu[6] conspectus est[7].

Thraex[8] et **auriga**, idem cantor atque saltator, battuebat[9] pugnatoriis armis, aurigabat exstructo plurifariam[10] circo ; canendi ac saltandi voluptate ita efferebatur[11], ut **ne** publicis **quidem**[12] spectaculis temperaret quo minus et tragoedo pronuntianti concineret et gestum **histrionis palam effingeret**. Saltabat autem **nonnunquam** etiam noctu.

Quorum vero studio teneretur, omnibus ad **insaniam** favit. Incitato equo, cujus causa pridie circenses, ne inquietaretur, viciniae silentium per milites indicere solebat, **praeter** equile marmoreum et praesaepe eburneum praeterque purpurea tegumenta ac monilia e gemmis domum etiam et familiam et supellectilem dedit ; consulatum quoque traditur **destinavisse**.

SUÉTONE (70-128 ap. J.-C.), *Vie des douze Césars*, « Caligula », LII, LIV, LV (extraits), traduction C. Milès et S. Thornes.

1. **indutus** : revêtu de.
2. **depictas paenulas** : des manteaux brodés.
3. **manuleatus, a, um** : vêtu d'une tunique à manches.
4. **sericatus et cycladatus** : vêtu de soie et d'une robe dorée.
5. **soccus, i**, m : chaussure.
6. **cultu** : avec le costume de.
7. **conspectus est** : on le vit.
8. **thraex, ecis**, m : gladiateur.
9. **battuo, is, ere** : se battre.
10. **plurifariam**, adv. : en divers endroits.
11. **voluptate efferebatur…** : il était transporté par la passion de…
12. **ne quidem temperaret quo minus…** : il ne pouvait même pas se retenir de…

Quand il éprouvait de la passion pour certains êtres, il les aimait jusqu'à la folie. La veille des jeux du cirque, pour que son cheval Incitatus ne fût pas troublé dans son repos, il avait coutume de faire imposer le silence au voisinage par des soldats ; outre une écurie de marbre et une mangeoire d'ivoire, outre des housses de pourpre, des couvertures et des colliers ornés de pierres précieuses, il lui donna un palais, des esclaves et du mobilier ; on raconte même qu'il voulut le nommer consul.

Lire le texte

1. *En observant, dans le premier paragraphe, les verbes* battuo, aurigo, cano, salto, effingo, *précisez les différents types d'activités auxquels se livrait Caligula. Quel aspect de l'empereur est ainsi souligné ?*

2. *Cherchez dans le dernier paragraphe les mots invariables qui marquent une accumulation. Que fait ressortir cette accumulation ?*

3. *Quel mot, dans ce paragraphe, résume l'idée que l'auteur veut nous donner de Caligula ?*

➠ *Précis p. 177-192*

Les temps de l'infectum actif

L'**infectum** (de **in-**, préfixe privatif, et **facio** : *faire*) exprime une action non accomplie, non réalisée. Les trois temps de l'**infectum**, formés sur le radical du présent, sont le présent, l'imparfait et le futur.

	1re conjugaison	2e conjugaison	3e conjugaison	4e conjugaison	conjugaison mixte
	o, as, are	**eo, es, ere**	**o, is, ere**	**io, is, ire**	**io, is, ere**
	amo, as, are, avi, atum : aimer	**habeo, es, ere, ui, itum** : avoir	**dico, is, ere, dixi, dictum** : dire	**audio, is, ire, ivi, itum** : entendre	**facio, is, ere, feci, factum** : faire
présent	amo amas amat amamus amatis amant	habeo habes habet habemus habetis habent	dico dicis dicit dicimus dicitis dicunt	audio audis audit audimus auditis audiunt	facio facis facit facimus facitis faciunt
imparfait	amabam amabas amabat amabamus amabatis amabant	habebam habebas habebat habebamus habebatis habebant	dicebam dicebas dicebat dicebamus dicebatis dicebant	audiebam audiebas audiebat audiebamus audiebatis audiebant	faciebam faciebas faciebat faciebamus faciebatis faciebant
futur	amabo amabis amabit amabimus amabitis amabunt	habebo habebis habebit habebimus habebitis habebunt	dicam dices dicet dicemus dicetis dicent	audiam audies audiet audiemus audietis audient	faciam facies faciet faciemus facietis facient

Les temps du perfectum actif

Le **perfectum** (**perfectum** : *qui est achevé*) exprime une action accomplie au moment où l'on parle. Les trois temps du **perfectum**, formés sur le radical du parfait, sont le parfait, le plus-que-parfait et le futur antérieur.

	1re conjugaison	2e conjugaison	3e conjugaison	4e conjugaison	conjugaison mixte
	radical : **amav-**	radical : **habu-**	radical : **dix-**	radical : **audiv-**	radical : **fec-**
parfait	amavi amavisti amavit amavimus amavistis amaverunt	habui habuisti habuit habuimus habuistis habuerunt	dixi dixisti dixit diximus dixistis dixerunt	audivi audivisti audivit audivimus audivitis audiverunt	feci fecisti fecit fecimus fecitis fecerunt

Pour la conjugaison du plus-que-parfait et du futur antérieur ➠ p. 81.

Exercices

Vocabulaire à retenir

Noms

auriga, ae, m : cocher
histrio, onis, m : acteur
insania, ae, f : folie
insigne, is, n : marque distinctive, emblème
soccus, i, m : chaussure

Adjectifs qualificatifs

asper, era, erum : dur, sévère
immitis, e : sauvage, cruel

Verbes

destino, as, are, avi, atum : destiner, affecter
effingo, is, ere, inxi, ictum : reproduire, imiter
fastidio, is, ire, ii, itum : dégoûter, répugner
procedo, is, ere, cessi, cessum : s'avancer
probo, as, are, avi, atum : approuver, prouver
sitio, is, ire, ii, itum : avoir soif

Mots invariables

breviter : brièvement
ne... quidem : ne pas même
nonnunquam : quelquefois
palam : ouvertement
praeter + acc. : outre, excepté

Réviser et appliquer

Exercice 1 : réviser un champ lexical, la santé

Retrouvez ou cherchez le sens des mots suivants :

1. valetudo, dinis, f - morbus, i, m - medicus, i, m - dolor, oris, m - insania, ae, f - febris, is, f - remedium, ii, n. 2. valeo, es, ere, ui, itum - curo, as, are, avi, atum - sano, as, are, avi, atum - doleo, es, ere, ui, itum - aegroto, as, are, avi, atum. 3. aeger, gra, grum - debilis, e - validus, a, um - sanus, a, um.

Exercice 2 : réviser le vocabulaire acquis

1. *Retrouvez le sens de ces verbes et conjuguez-les au présent de l'indicatif :*

specto - salto - do - vulnero - puto - clamo - desidero - teneo - video - rideo - deleo - debeo - contineo - cano - dico - duco - mitto - bibo - fingo - trado - frango - gero - peto - statuo - condo - sitio - venio - dormio - scio - nescio - capio - accipio - adspicio - conspicio.

2. *Donnez la traduction et les temps primitifs des verbes suivants :*

prier - croire - soigner - transmettre - craindre - appeler - vendre - pouvoir - écrire - lire - prendre - trouver - aller - être présent - porter.

Exercice 3 : reconnaître les conjugaisons

À quelle conjugaison appartiennent ces verbes ?

factitavit - amare - mutavisti - erunt - sitit - bibit - dicebat - fecit - processit - aurigabat - saltabat - favit - indicere - dedit.

Exercice 4 : reconnaître les temps

Quel est le temps de ces verbes ? À quoi le reconnaissez-vous ?

vis - potest - erunt - volebat - dicebat - dedit - processit - gerit - credunt - diligebam - cepistis - videbis - fuit - scribet - nuntiabimus.

Exercice 5 : reconnaître le parfait

Traduisez les formes suivantes :

duxisti - fecimus - viderunt - credidimus - volui - cognovi - transivisti - processisit - destinavistis - effixerunt - potuit - ivit.

Exercice 6 : réviser le parfait

Donnez, pour chacun de ces verbes, la première personne du singulier du parfait :

vinco, is, ere - absum, es, esse - clamo, as, are - trado, is, ere - jubeo, es, ere - debeo, es, ere - fero, fers, ferre - conficio, is, ere - redeo, is, ire.

Exercice 7 : traduire en français

Traduisez ces phrases en veillant au temps utilisé :

1. Milites flumen transibant. 2. Caligula saepe saltabat. 3. Quid hodie spectabimus ? 4. Ubi pueri ludent ? 5. Cur servi fugiebant ? 6. Omnes cives in foro aderant.

Exercice 8 : reconstituer le texte

Complétez ces épigrammes avec les mots suivants ; ils vous sont donnés dans le désordre :

sitit - erunt - fastidit - mutavisti - amare potest.

1. Asper et immitis, breviter vis omnia dicam ? Dispeream, si te mater ....

2. Aurea .... Saturni saecula, Caesar : Incolumi nam te ferrea semper ....

3. .... vinum, quia jam .... iste cruorem.

Exercice 9 : retrouver les textes

Traduisez en latin :

1. Il se comporta de façon cruelle et atroce. 2. Que je périsse si ta mère peut t'aimer ! 3. Qu'ils me haïssent, pourvu qu'ils m'approuvent. 4. Il dansait quelquefois la nuit. 5. Il donna à son cheval Incitatus un palais et des esclaves.

Exercice 10 : version

Portrait de Tibère

Corpore fuit amplo atque robusto ; latus ab umeris et pectore ; sinistra manu agiliore ac validiore. Colore erat candido, facie honesta, in qua tamen crebri et subiti tumores[1], cum praegrandibus[2] oculis et qui noctu etiam et in tenebris viderent.

SUÉTONE (70-128 ap. J.-C.), *Vie des douze Césars*, « Tiberius », LXVIII (extraits).

1. tumor, oris, m : bouton. - 2. praegrandis, e : démesuré.

Jouer avec la langue

Exercice 11 : le latin et le grec

1. *Sachant que* **sanus, a, um** *signifie* sain, en bonne santé, *expliquez la formation latine du mot* **insania, ae,** *f* : folie.

2. *Complétez les phrases suivantes avec le mot juste :*

– Il va falloir .... cette région, qui est infestée de moustiques.

– Le climat en cet endroit est très .... pour les asthmatiques.

– Cet homme est fou : il ne dit que des ....

3. *Sachant que* **mania** *signifie* la folie *en grec, trouvez le sens précis des mots suivants :* maniaque, pyromane, cleptomane, mythomane, mégalomane, toxicomane.

Récréation

Exercice 12 : grille de mots

L'empereur Tibère se cache dans cette grille ; complétez.

1. C'est ainsi que Tibère se conduisait.
2. Il était tout le contraire de doux.
3. Oderint, dum ...., répétait souvent Tibère.
4. Un adverbe pour caractériser sa façon d'agir.
5. Un adjectif pour qualifier son esprit.
6. Le mal dont il souffrait.
7. Il en fit verser beaucoup sous son règne.
8. On dit que c'est de sang.

Le linguiste en herbe

Oderint dum metuant.

Qu'ils me haïssent pourvu qu'ils me craignent.

SUÉTONE, « Caligula », 30.

Qu'importe la haine du peuple pour Caligula, dont ceci est la devise.
Qu'en est-il pour Tibère ? ➡ p. 23.

Inspirer la terreur et l'effroi

Suétone s'attache à décrire les manifestations de la démence chez Caligula.

L'empereur Caligula, 39-40 ap. J.-C. (monnaie en bronze ; Paris, Bibliothèque nationale de France).

Quant à son visage, naturellement affreux et repoussant, il s'efforçait de le rendre plus horrible encore, en étudiant dans son miroir tous les jeux de physionomie capables d'inspirer la terreur et l'effroi. Sujet à des attaques d'épilepsie durant son enfance, il était, une fois adolescent, assez résistant à la fatigue, mais quelquefois, cependant, pris d'une subite défaillance, il pouvait à peine marcher, se tenir debout, revenir à lui et se soutenir.

J'expliquerais volontiers par son désordre mental ce fait qu'il unissait en lui deux vices absolument opposés, une insolence extrême et, d'autre part, une poltronnerie excessive. Lui qui avait pour les dieux un si profond mépris fermait les yeux et s'enveloppait la tête au moindre éclair ou coup de tonnerre, et si l'orage redoublait, il s'élançait de sa couche et se cachait sous son lit.

SUÉTONE (70-128 ap. J.-C.), *Vie des douze Césars*, « Caligula », L et LI (extraits), traduction H. Ailloud, © Les Belles Lettres, CUF, 1931.

Être considéré comme un surhomme

L'historien grec Dion Cassius apporte un autre témoignage sur la folie de Caligula. Connu pour sa précision événementielle, il émaille également son récit de multiples anecdotes.

Il perdit complètement la raison. Il y avait déjà quelque temps qu'il souhaitait être considéré comme un surhomme ; il disait aussi qu'il avait commerce avec la Lune, qu'il était couronné par la Victoire. Il feignait aussi d'être Jupiter et toutes les autres divinités, pas seulement masculines, mais aussi féminines. Souvent il devenait Junon, Diane, Vénus.

Un jour, un Gaulois le vit rendre des oracles du haut d'une tribune, maquillé en Jupiter ; il se mit à rire ; Caius le fit interpeller et lui demanda : « De quoi ai-je l'air, d'après toi ? » Le Gaulois répondit (je rapporte ses paroles mêmes) : « Un grand fou. » Il n'eut cependant aucun ennui, car il était cordonnier ; ce genre de personne supporte mieux la liberté de langage chez le commun des mortels que chez ceux qui occupent une position plus digne.

DION CASSIUS (155-235 ap. J.-C.), *Histoire romaine*, livre 59, § 26 (extraits), traduction J. Auberger, © Les Belles Lettres, CUF, 1995.

Buste en marbre de Caligula (Venise, musée archéologique).

Toi aussi, tu me crois fou

Au XXe siècle, Albert Camus donne à la folie de Caligula une interprétation métaphysique : celui-ci cherche, par sa cruauté, à amener les hommes à se révolter et à découvrir la liberté. Il s'adresse ici à Caesonia, sa maîtresse.

CALIGULA. – Et que me fait une main ferme, de quoi me sert ce pouvoir si étonnant si je ne puis changer l'ordre des choses, si je ne puis faire que le soleil se couche à l'est, que la souffrance décroisse et que les êtres ne meurent plus ? Non, Caesonia, il est indifférent de dormir ou de rester éveillé, si je n'ai pas d'action sur l'ordre de ce monde.

CAESONIA. – Mais c'est vouloir s'égaler aux dieux. Je ne connais pas de pire folie.

CALIGULA. – Toi aussi, tu me crois fou. Et pourtant, qu'est-ce qu'un dieu pour que je désire m'égaler à lui ? Ce que je désire de toutes mes forces, aujourd'hui, est au-dessus des dieux. Je prends en charge un royaume où l'impossible est roi.

CAESONIA. – Tu ne pourras pas faire que le ciel ne soit pas ciel, qu'un beau visage devienne laid, un cœur d'homme insensible.

CALIGULA *(avec une exaltation croissante)*. – Je veux mêler le ciel à la mer, confondre laideur et beauté, faire jaillir le rire de la souffrance.

CAESONIA *(dressée devant lui et suppliante)*. – Il y a le bon et le mauvais, ce qui est grand et ce qui est bas, le juste et l'injuste. Je te jure que tout cela ne changera pas.

CALIGULA *(de même)*. – Ma volonté est de le changer. Je ferai à ce siècle le don de l'égalité. Et lorsque tout sera aplani, l'impossible enfin sur terre, la lune dans mes mains, alors peut-être moi-même je serai transformé et le monde avec moi, alors enfin les hommes ne mourront pas et ils seront heureux.

CAMUS (1913-1960), *Caligula*, Acte I, scène 11, © Gallimard, 1958.

Caligula et Drusilla, sa sœur-amante, vers 35 ap. J.-C. (camée ; Paris, Bibliothèque nationale de France).

Comparer les textes

1. *Dans le texte de Suétone, à quoi voit-on que la folie de Caligula se manifeste surtout par des signes physiques ? Quels sont les deux défauts majeurs de son caractère ?*

2. *Dion Cassius souligne un autre aspect de Caligula. Relevez les termes qui s'apparentent au premier défaut constaté par Suétone. Quelle phrase de Suétone semble être en contradiction avec l'idée développée par Dion Cassius ?*

3. *Dans le texte de Camus, un des arguments opposés par Caesonia à Caligula semble faire écho au texte de Dion Cassius : lequel ?*

4. *Montrez que le personnage de Camus est beaucoup plus humain que celui des deux auteurs anciens : pour quelles raisons, selon vous ?*

3. Le règne de Claude

41-54 ap. J.-C.

Les courses de char au cirque, Ier siècle, (bas-relief ; Rome, Musée de la civilisation romaine).

Lire l'image

Cette œuvre de l'époque impériale est un bas-relief, c'est-à-dire une sculpture adhérant à un fond dont elle se détache en saillie.

- *Comment le sculpteur a-t-il évité l'aspect répétitif que pouvait présenter une telle scène ? Examinez en particulier les attitudes des auriges et des chevaux.*
- *Comment l'atmosphère du spectacle est-elle suggérée ? Étudiez les gestes esquissés par les spectateurs au second plan.*
- *Quel aspect du cirque cette vue partielle du bas-relief ne parvient-elle cependant pas à évoquer ?*

Lire en latin

Les spectacles sous l'Empire

Claude entreprit de nombreux travaux et voulut offrir au peuple de magnifiques spectacles.

Congiaria populo saepius distribuit. Spectacula quoque complura et **magnifica** edidit...

Circenses **frequenter etiam** in Vaticano commisit, nonnumquam interjecta per quinos missus venatione. Circo vero maximo marmoreis carceribus auratisque metis, exculto, propria senatoribus constituit loca promiscue spectare solitis ; ac super quadrigarum certamina Trojae lusum **exhibuit** ; praeterea Thessalos equites, qui feros tauros per spatia circi agunt insiliuntque defessos et ad terram cornibus detrahunt. Gladiatoria munera plurifariam ac multiplicia exhibuit. Edidit et in Martio campo expugnationem direptionemque oppidi ad imaginem bellicam praesiditque paludatus. Quin et naumachiam ante commisit. Sed cum proclamantibus naumachiariis : « Have imperator, morituri te salutant ! » respondisset : « Aut non ! »

Claude fit maintes fois des largesses au peuple. Il donna aussi un grand nombre de spectacles magnifiques.

Il donna fréquemment des jeux du cirque même au Vatican, parfois avec des chasses comme intermèdes entre deux séries de cinq courses. Le grand cirque fut orné de barrières de marbre et de bornes dorées, jusque-là respectivement de tuf et de bois, et des places particulières y furent attribuées aux sénateurs, jusqu'alors mêlés à la foule ; outre les courses de quadriges, il y donna des jeux troyens ; de plus, il y fit paraître ces cavaliers thessaliens qui pourchassent à travers le cirque des taureaux sauvages, leur sautent sur le dos après les avoir épuisés et les terrassent en les saisissant par les cornes. Quant aux combats de gladiateurs, il en donna de différentes sortes et dans divers endroits. Il fit également représenter au Champ de Mars la prise et le pillage d'une ville, d'après nature, et présida au spectacle avec son manteau de général. Bien plus, il y donna un combat naval ; mais, lorsque les combattants s'écrièrent : « Ave, imperator ! ceux qui vont mourir te saluent ! », il répondit : « qui vont mourir ou pas ! ».

SUÉTONE (70-128 ap. J.-C.), *Vie des douze Césars*, « Divus Claudius », XXI (extraits), traduction H. Ailloud, © Les Belles Lettres, CUF, 1931.

Deux acrobates marchant sur les mains, Ier-IIIe s. (statuettes en bronze ; Rabat, musée archéologique).

Lire le texte

1. *Relevez les noms qui désignent les différents genres de spectacles donnés par Claude. Quels domaines couvrent-ils ?*

2. *Dans quels lieux se produisent ces spectacles ? Relevez les mots qui les désignent et dites ce que vous en savez.*

3. *Considérez les adjectifs* complura, magnifica, marmoreis, auratis, multiplicia *: que nous révèlent-ils sur les objectifs de l'empereur ?*

Lire en latin

Un semblant d'homme

Claudius natus est Kal. Aug. Lugduni, appellatusque Tiberius Claudius Drusus. Mox fratre majore in Juliam familiam adoptato, Germanici **cognomen assumpsit**. Infans autem relictus[1] a patre ac per omne **fere pueritiae** atque **adulescentiae** tempus variis et **tenacibus** morbis conflictatus est[2].

Mater Antonia « portentum[3] eum hominis » dictitabat[4], « nec absolutum[5] a natura, sed tantum incohatum[6] » ; ac si quem socordiae argueret[7], « **stultiorem** » **aiebat** « filio suo Claudio ». Avia Augusta pro **despectissimo** semper habuit[8]. Soror Livilla cum audivisset quandoque imperaturum[9], tam **iniquam** et tam **indignam sortem** P. R.[10] palam et **clare** detestata est[11].

SUÉTONE (70-128 ap. J.-C.), *Vie des douze Césars*, « Divus Claudius », II et III (extraits).

1. **relictus est** : il fut abandonné.
2. **conflictatus est** : il fut éprouvé.
3. **portentum, i**, n : monstre.
4. **dictitabat** : disait souvent.
5. **nec absolutum** : non terminé.
6. **incohatum** : ébauché.
7. **si quem socordiae argueret** : si elle accusait quelqu'un de stupidité.
8. **pro despectissimo habuit** : le considéra comme très méprisable.
9. **imperaturum** : qu'il serait empereur.
10. **P. R. = populo Romano**.
11. **detestata est** : déplora.

Buste en marbre de l'empereur Claude, art romain (Rome, musée du Capitole).

Lire le texte

1. *À quel champ lexical appartiennent les termes* relictus, conflictatus, morbis, hebetato, portentum, incohatum, stultiorem, despectissimo *? Quel effet cette accumulation provoque-t-elle sur le lecteur ?*

2. *Quel autre champ lexical est évoqué par les mots* fratre, patre, mater, avia, soror *? Quelle opinion de Claude les membres de sa famille ont-ils ?*

Précis p. 195, 201-202

La déclinaison des adjectifs qualificatifs

Les adjectifs de la première classe suivent le modèle de la première et la deuxième déclinaison.

bonus, a, um : bon	singulier			pluriel		
	masculin	féminin	neutre	masculin	féminin	neutre
N.	**bonus**	**bona**	**bonum**	**boni**	**bonae**	**bona**
V.	**bone**	**bona**	**bonum**	**boni**	**bonae**	**bona**
Ac.	**bonum**	**bonam**	**bonum**	**bonos**	**bonas**	**bona**
G.	**boni**	**bonae**	**boni**	**bonorum**	**bonarum**	**bonorum**
D.	**bono**	**bonae**	**bono**	**bonis**	**bonis**	**bonis**
Ab.	**bono**	**bona**	**bono**	**bonis**	**bonis**	**bonis**

Les adjectifs de la deuxième classe suivent le modèle de la troisième déclinaison.

omnis, e : tout, chaque	singulier		pluriel	
	masculin et féminin	neutre	masculin et féminin	neutre
N.	**omnis**	**omne**	**omnes**	**omnia**
V.	**omnis**	**omne**	**omnes**	**omnia**
Ac.	**omnem**	**omne**	**omnes**	**omnia**
G.	**omnis**	**omnis**	**omnium**	**omnium**
D.	**omni**	**omni**	**omnibus**	**omnibus**
Ab.	**omni**	**omni**	**omnibus**	**omnibus**

vetus, eris : vieux	singulier		pluriel	
	masculin et féminin	neutre	masculin et féminin	neutre
N.	**vetus**	**vetus**	**veteres**	**vetera**
V.	**vetus**	**vetus**	**veteres**	**vetera**
Ac.	**veterem**	**vetus**	**veteres**	**vetera**
G.	**veteris**	**veteris**	**veterum**	**veterum**
D.	**veteri**	**veteri**	**veteribus**	**veteribus**
Ab.	**vetere**	**vetere**	**veteribus**	**veteribus**

Sur les degrés des adjectifs (comparatif et superlatif) ➡ Précis p. 201-202.

Le participe parfait passif et l'ablatif absolu

Le participe parfait passif se forme sur le même radical que le supin, dernière forme des temps primitifs des verbes, et suit la déclinaison des adjectifs de la première classe :

relinquo, is, ere, reliqui, relictum → **relictus, a, um** : *ayant été abandonné*

Le groupe formé d'un participe parfait passif et d'un nom à l'ablatif constitue une proposition participiale appelée « ablatif absolu ». Il équivaut à une proposition subordonnée circonstancielle, à valeur temporelle, causale ou concessive, que l'on peut traduire de différentes manières :

fratre adoptato : *son frère ayant été adopté*
quand son frère eut été adopté
après l'adoption de son frère

Exercices

Vocabulaire à retenir

Mots invariables

clare : clairement, ouvertement
etiam : même, encore, bien plus
fere : presque
frequenter : fréquemment, en grand nombre

Adjectifs qualificatifs

indignus, a, um : indigne de, qui ne mérite pas
iniquus, a, um : injuste
magnificus, a, um : fastueux, magnifique
stultus, a, um : sot, stupide, insensé
tenax, acis : tenace, opiniâtre

Noms

adulescentia, ae, f : jeunesse
cognomen, inis, n : surnom
pueritia, ae, f : enfance (jusqu'à 17 ans)
sors, sortis, f : sort, destin

Verbes

adsumo, is, ere, sumpsi, sumptum : prendre, emprunter
aio, ais, ait (verbe défectif) : dire
despicio, is, ere, spexi, spectum : mépriser, dédaigner
exhibeo, es, ere, hibui, hibitum : présenter, montrer

Réviser et appliquer

Exercice 1 : réviser un champ lexical, les jeux

Retrouvez ou cherchez le sens des mots suivants :

1. arena, ae, f - amphitheatrum, i, n - currus, us, m - quadrigae, arum, f pl - circus, i, m - circenses, ium, m pl - auriga, ae, m - ludus, i, m - gladiator, oris, m - spectaculum, i, n - tunica, ae, f. 2. plaudo, is, ere, plausi, plausum - certo, as, are, avi, atum - vinco, is, ere, vici, victum - specto, as, are, avi, atum.

Exercice 2 : réviser le vocabulaire acquis

1. *Retrouvez la traduction des adjectifs suivants :*

levis - civilis - similis - parvus - magnus - latus - angustus - asper - clemens - doctus - varius - novus - jucundus - prudens.

bon - mauvais - juste - digne - long - large - vrai - sot - court - lourd - cruel - nombreux.

2. *Retrouvez les verbes d'où sont issus ces participes :*

datus - lectus - missus - dictus - relictus - probatus - destinatus - deletus - creditus - interfectus - captus - raptus - despectus - mutatus - plausus - gestus - latus - actus.

Exercice 3 : comprendre l'accord des adjectifs

Relevez les adjectifs contenus dans le texte ➞ *p. 32.* *Indiquez à quelle classe ils appartiennent et justifiez leur cas, genre et nombre.*

Ex. : variis : première classe, ablatif masculin pluriel, car il est accordé avec le nom morbis.

Exercice 4 : accorder les adjectifs

Complétez les phrases suivantes en mettant la terminaison qui convient à chaque adjectif :

1. Mal... servi mal... dominis sunt. 2. Milites bon... imperatores laudant. 3. In magn... urbe, mult... templa videmus. 4. Ea res dign... duce bon... est. 5. Clar... cognomen ei duci est. 6. Caesar scripsit bellum Civil... et bellum Gallic... 7. Omn... scripta Ciceronis cognosco.

Exercice 5 : traduire les adjectifs substantivés

Traduisez ces adjectifs en suivant l'exemple.

Ex : bonum : le bien ; mali : les méchants.

stulti - majores - prudentes - verum - fortes - falsum - multi - multa - divites - pauperes - iniqui - omnes - omnia.

Exercice 6 : traduire l'ablatif absolu

Retrouvez le sens de ces ablatifs absolus et proposez deux traductions différentes pour chacun :

stricto gladio - templis refectis - signo dato - legato misso - epistula scripta - omnibus occisis - hostibus victis - imperatore interfecto.

Exercice 7 : version

Claude aux Enfers

*Claude, dans l'*Apocoloquintose*, œuvre satirique de Sénèque, est introduit aux Enfers par Mercure.*

Descendit ad Inferos. Antecesserat jam compendiaria[1] Narcissus libertus ad patronum excipiendum[2], et venienti occurrit et ait : « Quid di[3] ad homines ?

– Celerius[4] ! inquit Mercurius, et venire nos nuntia. » Dicto citius[5] Narcissus evolat. Omnia proclivia[6] sunt, facile descenditur[7]. Itaque momento temporis pervenit ad januam Ditis[8], ubi jacebat Cerberus. Pusillum[9] perturbatur (subalbam[10] canem in deliciis habere adsueverat) ut illum vidit canem nigrum, villosum[11], sane non quem velis[12] tibi in tenebris occurrere. Et magna voce : « Claudius, inquit, veniet ! »

SÉNÈQUE (4 av. J.-C. - 65 ap. J.-C.), *L'Apocoloquintose du divin Claude*, XIII, 2-3.

1. compendiaria : par un raccourci. - 2. ad excipiendum : pour recevoir. - 3. Quid di ? : Que viennent faire les dieux ? - 4. celerius : plus vite. - 5. dicto citius : plus vite que la parole. - 6. proclivia : en pente. - 7. descenditur : on descend. - 8. Dis, Ditis, m : Pluton, dieu des Enfers. - 9. pusillum : un peu. - 10. subalbus, a, um : blanc. - 11. villosus, a, um : couvert de poils. - 12. non quem velis : qu'on ne voudrait pas.

Le linguiste en herbe

Generis virtus, nobilitas.

La vertu de la race, c'est la noblesse.

Telle était la devise de Claude qui, comme tout Romain de souche, était fier de descendre des Patres, pères fondateurs de Rome.

Jouer avec la langue

Exercice 8 : comprendre le sens des mots

1. *L'adjectif* **indignus** *est le contraire de* **dignus** *; comment est-il formé ? Quel autre adjectif du chapitre est formé de la même manière ?*

2. *Trouvez les antonymes de* pius, certus, humanus, memor, patiens, prudens, honestus, mitis, mortalis. *Quelle en est la traduction ?*

3. *Expliquez par l'étymologie les expressions suivantes :* assumer une tâche - un sort inique - la réfection d'un monument - une ténacité à toute épreuve.

Exercice 9 : le latin et le grec

1. Puer *en latin et* **païs, païdos** *en grec signifient tous deux* enfant. *Cherchez le plus possible de mots issus de ces deux radicaux.*
2. Senex, senis *en latin et* **gérôn, ontos** *en grec signifient :* vieillard. *Trouvez le sens exact des mots soulignés dans ces phrases :*

1. Ce pauvre homme est atteint de sénilité précoce. - 2. Sachant qu'en grec, **iatros** signifie médecin et **logos**, la science, on comprend facilement la différence entre la gériatrie et la gérontologie. - 3. La vie d'un homme se compose de quatre étapes : l'enfance, l'adolescence, la maturité et la sénescence. - 4. Plusieurs sociétés sont gouvernées par une gérontocratie. - 5. Le vieillard des *Fourberies de Scapin* de Molière s'appelle Géronte.

Récréation

Exercice 10 : vrai ou faux ?

1. Claude était le fils de Drusus et d'Antonia. 2. Auguste était très brun. 3. Claude avait pour devise : Festina lente. 4. Caligula succéda à Claude. 5. Claude fit orner le grand cirque de barrières dorées. 6. Claude était très aimé de sa mère. 7. Caligula voulait faire nommer son cheval imperator. 8. Tibère voulait être aimé de son peuple. 9. Auguste était cruel envers ses affranchis. 10. Caligula aimait chanter et danser.

Comme un innocent que l'on traînait au supplice...

Comment peut-on expliquer qu'avec les défauts que lui prêtait sa famille elle-même, Claude ait pu accéder au pouvoir ?

À l'âge de cinquante ans il devint maître de l'empire, grâce au hasard le plus extraordinaire. Renvoyé avec les autres par les agresseurs de Gaius[1] qui éloignaient tout le monde, sous prétexte que l'empereur voulait être seul, il s'était retiré dans un cabinet, qui porte le nom d'Hermaeum ; bientôt après, terrifié par la nouvelle du crime, il se glissa en rampant vers une terrasse voisine et se dissimula dans les plis de la tenture placée devant la porte. Un soldat qui courait de tous côtés, ayant par hasard aperçu ses pieds, fut curieux de savoir qui ce pouvait bien être, le reconnut, le tira de sa cachette, et, comme Claude, terrifié, se jetait à ses genoux, le salua empereur. Ensuite il le conduisit vers ses camarades indécis et se bornant encore à frémir. Ceux-ci le mirent dans une litière, puis, comme ses esclaves s'étaient enfuis, le portèrent à tour de rôle sur leurs épaules jusqu'à leur camp, tout consterné et tremblant, tandis que la foule, sur son passage, le plaignait comme un innocent que l'on traînait au supplice.

Claude avec son sceptre (camée romain ; Vienne, Kunsthistorisches Museum).

SUÉTONE (70-128 ap. J.-C.), *Vie des douze Césars*, « Divus Claudius », X, traduction H. Ailloud, © Les Belles Lettres, CUF, 1931.

1. L'empereur Caligula, qui vient d'être assassiné.

Apprenez ce qui se passa dans le ciel...

L'Apocoloquintose du divin Claude, *œuvre satirique de Sénèque, met en scène l'empereur après sa mort.*

Apprenez ce qui se passa dans le ciel : j'en laisse la responsabilité à mon informateur. On annonce à Jupiter qu'il vient d'arriver une personne de belle taille, aux cheveux tout blancs ; qu'il a je ne sais quel air menaçant, car il remue la tête sans arrêt ; qu'il traîne le pied droit. On lui a demandé de quel pays il était ; il a répondu je ne sais quoi, avec des sons confus et une voix indistincte. On ne comprend pas le langage qu'il parle : il n'est ni grec ni romain, ni d'aucune nation connue. Alors Jupiter, s'avisant qu'Hercule avait parcouru la terre entière et devait connaître tous les peuples du monde, lui donne l'ordre d'aller examiner à quelle race appartient cet intrus. Hercule, au premier coup d'œil, se sentit tout décontenancé ; il crut qu'il n'avait pas encore affronté tous les monstres. Quand il vit cette face singulière, cette façon bizarre de marcher, cette voix qui n'était celle d'aucune créature terrestre, mais dont les sons rauques et brouillés rappelaient celle des bêtes marines, il crut qu'un treizième travail lui était échu. En regardant avec plus d'attention, il se rendit compte que ce n'était qu'une manière d'homme.

SÉNÈQUE (4 av. J.-C. - 65 ap. J.-C.), *L'Apocoloquintose du divin Claude*, V, traduction R. Waltz, © Les Belles Lettres, CUF, 1934.

Apothéose de Claude, dite de Germanicus, vers 54 ap. J.-C. (camée ; Paris, Bibliothèque nationale de France).

Claude fut un bon administrateur

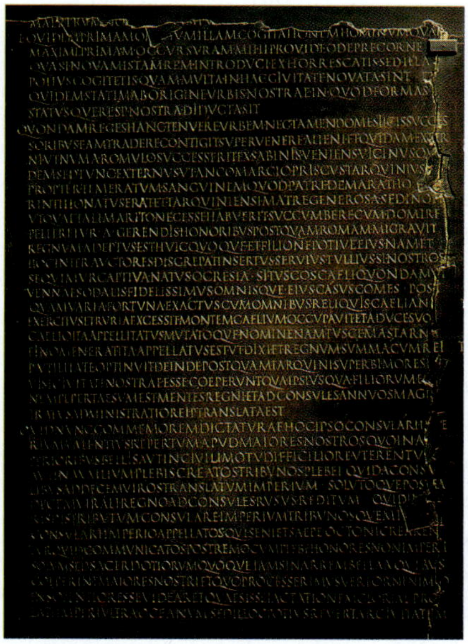

Inscription de la table claudienne, reproduisant le discours prononcé par l'empereur Claude devant le Sénat, 48 ap. J.-C. (gravure sur bronze ; Lyon, musée de la Civilisation gallo-romaine).

On le tenait pour un faible d'esprit inoffensif. En fait, des défauts extérieurs (tremblements nerveux, bégaiements, tics et frayeurs enfantines) l'avaient desservi. Il était fort instruit, aimait la grammaire, l'histoire et l'étruscologie, et montra sur les besoins de l'Empire et le sens de son évolution des vues raisonnables. Il laissa gouverner des affranchis impériaux, cupides et fourbes, mais travailleurs et compétents, Narcisse, Pallas, qui développèrent les bureaux et la centralisation, créèrent la chancellerie impériale et le fiscus[1]. Ainsi, à l'encontre des vues de Tibère et d'Auguste, la monarchie reçut les institutions et les moyens d'action qui lui manquaient. Claude se montra favorable à la promotion des provinciaux, créa des colonies (Cologne) et des municipes, accorda le droit de cité à plusieurs peuples des Alpes, et voulut faire entrer au Sénat des notables gaulois.

Encyclopaedia Universalis, article « Rome et empire romain » de P. Petit et Y. Le Bohec.

1. fiscus : Trésor public.

Comparer les textes

1. *Relevez, dans le texte de Suétone, les verbes qui montrent la passivité de Claude et son manque de courage.*

2. *Sachant qu'une apothéose est la transformation d'un homme en dieu, expliquez ce qu'est une « apocoloquintose ».*

3. *Dans le texte de Sénèque, relevez les expressions qualifiant les défauts physiques de Claude, puis expliquez-les. Pourquoi Sénèque parle-t-il de treizième travail ?*

4. *Pourquoi peut-on dire que l'article de l'encyclopédie tente de donner de Claude un portrait objectif ?*

L'EMPIRE ROMAIN

On appelle Empire romain la période historique qui s'étend de 27 av. J.-C. (avènement d'Auguste) à 476 ap. J.-C (chute de l'Empire d'Occident).

Marché de Trajan (Rome, forums impériaux).

L'extension de l'empire

L'empire s'est considérablement accru jusqu'à Trajan. Les empereurs suivants cherchent surtout à consolider les frontières, marquées par un *limes*, ligne défensive souvent matérialisée par des murs ou des fossés, ➞ p. 71.

En Europe, la Bretagne est annexée sous le règne de Claude ; l'empire s'étend jusqu'au Danube. Trajan conquiert la Dacie (Roumanie actuelle) en 107. Outre l'Égypte, une partie de l'Afrique du nord est annexée dès le début du Ier siècle ap. J.-C. La Judée devient également province romaine sous le règne de Néron, mais Jérusalem ne se soumet totalement que sous Titus. Grâce aux marins syriens ou égyptiens, le contact est établi avec l'Extrême-Orient.

Rome et ses provinces

Ces nouvelles provinces connaissent une grande prospérité grâce à une excellente administration. Elles subissent l'influence romaine dans de nombreux domaines, davantage en Gaule et en Occident qu'en Afrique et en Orient, où se maintient l'influence grecque.

D'Afrique, on importe du blé et des céréales, ainsi que des matières premières telles que des métaux. De Grèce et de Gaule, parviennent des poteries et des vêtements. Des régions lointaines, on fait venir des parfums, des tapis, des fourrures, etc. Enfin, un important afflux d'esclaves est organisé depuis la Méditerranée orientale.

Les grands monuments romains

Le marché de Trajan

Il forme un large hémicycle à deux étages où étaient installées les boutiques. L'ensemble était recouvert d'une terrasse.

La colonne trajane

Elle mesure trente mètres de haut, un peu plus de quarante-deux mètres avec la base, le chapiteau et la statue. Elle est couverte de bas-reliefs en spirale qui illustrent les épisodes les plus marquants des expéditions militaires de l'empereur Trajan contre les Daces ➞ p. 65.
Cette colonne fut successivement surmontée d'une chouette, symbole de la culture grecque, d'un aigle, symbole du pouvoir impérial, d'une statue de Trajan et d'une statue de saint Pierre.

L'*Ara Pacis*

L'Ara Pacis, l'Autel de la Paix, fut construit sur le Champ de Mars en l'honneur d'Auguste, et orné de superbes sculptures, ➞ p. 20.

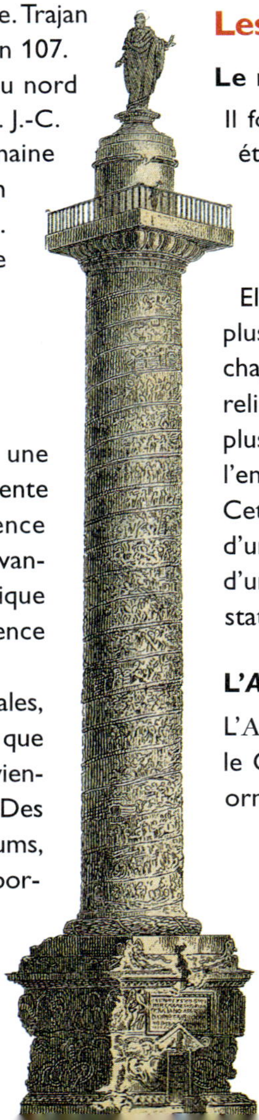

La colonne trajane, 110-113 ap. J.-C. (dessin d'après marbre ; haut. : 35 m, diam. : 3,80 m ; Rome, Forums impériaux).

La villa Adriana

Elle fut construite aux environs de Rome, pour l'empereur Hadrien. La propriété, de vastes proportions, mariait les plaisirs du corps et de l'esprit : des jardins agrémentés de fontaines, un vallon artificiel du nom de Canope, ➽ p. 71, des thermes, un théâtre maritime, des bibliothèques grecque et latine entouraient en effet le palais impérial lui-même. Hadrien y fit porter les collections et les livres acquis au cours de ses voyages.

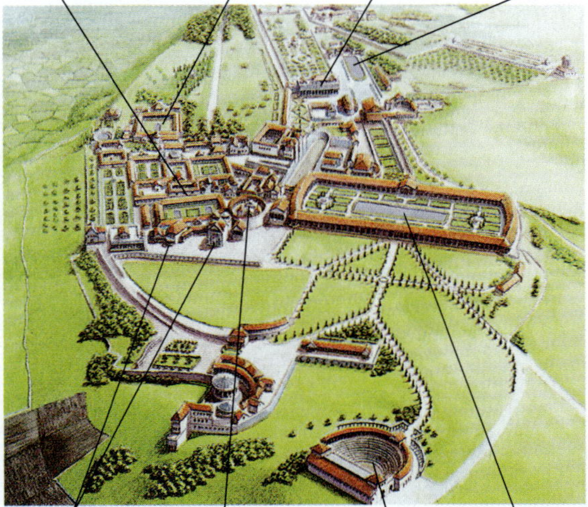

L'héritage romain

L'architecture

Sur le plan architectural, nous devons aux Romains des arcs de triomphe (à Orange et à Saint-Rémy-de-Provence, par exemple), des amphithéâtres (à Vienne, en Isère), des thermes (thermes de Lutèce, sous le musée de Cluny, à Paris), des aqueducs (le pont du Gard, l'aqueduc de Ségovie), construits principalement sous l'Empire. En outre, pour relier entre elles les différentes parties de l'empire, des travaux très importants furent entrepris qui aboutirent à un immense réseau de voies romaines, modèles des routes actuelles et de l'urbanisme moderne.

La culture

Sur le plan culturel, nous sommes redevables aux Romains du calendrier julien, ➽ p. 245, de l'alphabet, de la langue et même de modèles littéraires.

La politique

Sur le plan politique, la notion d'égalité est un des principaux héritages romains. Ainsi, les hommes libres des pays conquis ont-ils reçu les mêmes droits que les Romains. Ceux-ci se sont, de fait, beaucoup intéressés à la notion de droit : ils ont défini les règles du droit civil, qui gère les relations entre individus, et celles du droit international, qui concerne les États. Néanmoins, la société romaine de l'Empire a vu s'accroître l'écart entre Romains riches et pauvres.

La religion

Sur le plan religieux, nous avons hérité du christianisme, né sous l'Empire, ➽ p. 55 et 72. Petit à petit, les Romains se détournent, en effet, du polythéisme ; ils s'intéressent davantage aux rites orientaux, qui promettent l'immortalité, et au monothéisme : le christianisme va combler, ainsi, les aspirations de beaucoup.

L'aqueduc romain de Ségovie, IIe s. ap. J.-C.
(aqueduc en granit, 813 x 28,5 m ; Espagne).

Les douze Césars

Une formule mnémotechnique permet de retenir le nom des douze premiers empereurs romains, à partir de la première syllabe de chacun :

CES-AU-TI-CA CLAU-NÉ-GAL-O
VI-VES-TI-DO :

César, Auguste, Tibère, Caligula, Claude, Néron, Galba, Othon, Vitellius, Vespasien, Titus, Domitien.

4. Néron et Agrippine

54-68 ap. J.-C.

Jean Marais, maquette de décor pour *Britannicus* de Racine, mise en scène, décor et costumes de Jean Marais, 1952 (gouache, 32 x 49 cm ; Paris, Bibliothèque de la Comédie Française).

Lire l'image

Comme la plupart des dramaturges classiques, Jean Racine a emprunté le sujet de sa tragédie, *Britannicus* (1669), à l'Antiquité romaine. On y découvre Néron jeune empereur, cherchant à se dégager de l'influence de sa mère, Agrippine, et à assumer seul le pouvoir.

- *Par quels procédés la grandeur de la Rome impériale est-elle soulignée ? Étudiez les jeux de lumières, les contrastes, les éléments du décor, les personnages, les proportions.*

Un meurtre prémédité

Poussé par sa maîtresse Poppée, Néron souhaite répudier son épouse Octavie ; mais cela semble difficile du vivant de sa mère, Agrippine. Aussi décide-t-il de tuer celle-ci.

Interficere constituit. Placuitque primo venenum ; sed, inter epulas **principis** si daretur, referri ad **casum** non poterat, tali jam Britannici **exitio** ; et ministros temptare **arduum** videbatur mulieris, usu scelerum adversus **insidias** intentae ; atque ipsa praesumendo remedia munierat corpus.

Il résolut de la mettre à mort. Il pensa d'abord au poison : mais, si on le donnait à la table du prince, mettre en cause le hasard était impossible après la fin identique de Britannicus ; d'autre part, corrompre les serviteurs d'Agrippine semblait malaisé, parce que la pratique des crimes avait rendu cette femme attentive aux traîtrises ; de plus, elle-même, par l'usage des antidotes, s'était immunisée.

Néron a alors l'idée de faire embarquer Agrippine sur un bateau saboté…

Noctem sideribus inlustrem et placido mari quietam quasi convincendum ad scelus dii praebuerunt. Nec multum erat progressa navis cum, dato signo, **ruerunt tectum** loci, multo plumbo grave. Nec dissolutio navigii sequebatur, turbatis omnibus. Agrippina – unum tamen vulnus humero excepit – nando, deinde occursu lenunculorum Lucrinum in lacum **vecta**, villae suae infertur.

At Neroni, nuntios patrati facinoris opperienti, adfertur evasisse ictu levi sauciam. Tum, **pavore** exanimis et jam jamque adfore obtestans vindictae properam, sive servitia armaret **vel** militem accenderet, sive ad senatum et populum pervaderet, naufragium et vulnus et interfectos amicos objiciendo.

Une nuit illuminée d'étoiles et rendue paisible par le calme de la mer semblait ménagée par les dieux pour mettre le crime en évidence. Le navire n'avait pas beaucoup progressé quand, à un signal donné, voilà que s'écroule le plafond de la pièce sous une lourde charge de plomb. Et le vaisseau tardait à se disloquer, en raison du désordre général. Agrippine – elle reçut pourtant une blessure à l'épaule – en nageant, puis en rencontrant des barques de pêcheurs, gagne le lac Lucrin, d'où elle se fait porter à sa villa.

Mais Néron attendait qu'on lui annonçât l'exécution du crime, quand on lui apprend qu'elle s'en est tirée avec une plaie légère. Alors, à demi-mort de peur, il s'écrie qu'elle va bientôt arriver, prompte à la vengeance, soit qu'elle armât ses esclaves ou soulevât les soldats, soit qu'elle se tournât vers le sénat et le peuple, en dénonçant le naufrage, sa blessure et le meurtre de ses amis.

TACITE (vers 55-120 ap. J.-C.), *Annales*, livre XIV, 3, 5, 7 (extraits), traduction P. Wuilleumier, revue par J. Hellegouarc'h, © Les Belles Lettres, CUF, 1978.

Agrippine, début Ier s. ap. J.-C. (sculpture en marbre ; musée Capitolini, Rome).

Lire le texte

1. *Retrouvez les différentes étapes du récit, en vous appuyant sur les mots de liaison. Ex. :* primo, sed, et, tum. *Un effet de « suspense » est ainsi ménagé : montrez-le.*

2. *Rappelez la traduction du groupe de mots* pavore exanimis. à demi-mort de peur
Comment Néron réagit-il en apprenant que son projet a échoué ? terrifié
Quel trait de son caractère est ainsi mis en lumière ? dominé par sa mère, veule

Lire en latin

La mort d'Agrippine

Puisque tout a échoué jusqu'à présent, Anicetus, un affranchi de Néron, décide de se charger lui-même du crime.

Cubiculo modicum lumen inerat et ancillarum una, magis ac **magis** anxia Agrippina. Abeunte dehinc ancilla, « Tu quoque me deseris » prolocuta[1], **respicit** Anicetum ; ac, si ad visendum[2] venisset, refotam[3] nuntiaret, sin facinus **patraturus**[4], nihil se de filio credere : non imperatum parricidium. Circumsistunt lectum percussores, et prior trierarchus **fusti** caput ejus adflixit ; jam in mortem centurioni ferrum destringenti protendens uterum, « Ventrem feri » exclamavit, multisque vulneribus confecta est.

1. **prolocuta** : lança-t-elle.
2. **ad visendum** : pour lui rendre visite.
3. **refotam** : rétablie.
4. **sin facinus patraturus** : s'il allait commettre un crime.

Haec consensu produntur. **Aspexerit**ne matrem exanimem Nero et formam corporis ejus laudaverit, sunt qui tradiderint, sunt qui abnuant. Cremata est nocte eadem convivali lecto et exsequiis vilibus.

Tels sont les faits sur lesquels la tradition est unanime. Néron contempla-t-il sa mère inanimée et loua-t-il la beauté de son corps ? Certains l'ont rapporté, certains le nient. Elle fut brûlée la même nuit, sur un lit de table, au cours d'obsèques misérables.

Hunc sui **finem** multos ante annos crediderat Agrippina **contempserat**que : nam consulenti super Nerone responderunt Chaldaei fore ut imperaret, matremque occideret ; atque illa : « Occidat, inquit, dum imperet ! »

Cette fin, bien des années auparavant, Agrippine en avait cru et méprisé l'annonce : en effet, comme elle les consultait au sujet de Néron, les Chaldéens lui répondirent qu'il régnerait et qu'il tuerait sa mère ; et elle : « Qu'il tue, dit-elle, pourvu qu'il règne ! »

Tacite, *Annales*, livre XIV, 7, 8, 9 (extraits), traduction P. Wuilleumier, revue par J. Hellegouarc'h,

Tacite (vers 55-120 ap. J.-C.)
Publius Cornélius Tacitus, issu du milieu équestre, entra dans la carrière administrative sous Vespasien. Il fut consul en 97, puis proconsul de 110 à 113. Son éloquence lui assura très vite une grande réputation. Il rédigea le *Dialogue des Orateurs*, la *Vie d'Agricola*, les *Histoires* et les *Annales*.

Lire le texte

1. *Quelles sont les trois parties distinctes du texte ? En quoi la deuxième diffère-t-elle des autres ?*

2. *Quelle opinion Tacite cherche-t-il à donner d'Agrippine ? Justifiez votre réponse par des exemples précis.*

3. *Quelle phrase du texte montre le souci d'objectivité de l'historien ?*

Précis p. 177-192

La conjugaison du subjonctif

	1re conjugaison	2e conjugaison	3e conjugaison	4e conjugaison	conjugaison mixte
	o, as, are	**eo, es, ere**	**o, is, ere**	**io, is, ire**	**io, is, ere**
	amo, as, are, avi, atum : aimer	**habeo, es, ere, ui, itum** : avoir	**dico, is, ere, dixi, dictum** : dire	**audio, is, ire, ivi, itum** : entendre	**facio, is, ere, feci, factum** : faire
subjonctif présent	**amem** **ames** **amet** **amemus** **ametis** **ament**	**habeam** **habeas** **habeat** **habeamus** **habeatis** **habeant**	**dicam** **dicas** **dicat** **dicamus** **dicatis** **dicant**	**audiam** **audias** **audiat** **audiamus** **audiatis** **audiant**	**faciam** **facias** **faciat** **faciamus** **faciatis** **faciant**
subjonctif imparfait	**amarem** **amares** **amaret** **amaremus** **amaretis** **amarent**	**haberem** **haberes** **haberet** **haberemus** **haberetis** **haberent**	**dicerem** **diceres** **diceret** **diceremus** **diceretis** **dicerent**	**audirem** **audires** **audiret** **audiremus** **audiretis** **audirent**	**facerem** **faceres** **faceret** **faceremus** **faceretis** **facerent**
subjonctif parfait	**amaverim** **amaveris** **amaverit** **amaverimus** **amaveritis** **amaverint**	**habuerim** **habueris** **habuerit** **habuerimus** **habueritis** **habuerint**	**dixerim** **dixeris** **dixerit** **dixerimus** **dixeritis** **dixerint**	**audiverim** **audiveris** **audiverit** **audiverimus** **audiveritis** **audiverint**	**fecerim** **feceris** **fecerit** **fecerimus** **feceritis** **fecerint**
subjonctif plus-que-parfait	**amavissem** **amavisses** **amavisset** **amavissemus** **amavissetis** **amavissent**	**habuissem** **habuisses** **habuisset** **habuissemus** **habuissetis** **habuissent**	**dixissem** **dixisses** **dixisset** **dixissemus** **dixissetis** **dixissent**	**audivissem** **audivisses** **audivisset** **audivissemus** **audivissetis** **audivissent**	**fecissem** **fecisses** **fecisset** **fecissemus** **fecissetis** **fecissent**

Sur les valeurs du subjonctif ➠ Précis p. 202-209, 216, 218, 222-225.

Sur la concordance des temps ➠ Précis p. 207.

Le subjonctif en interrogation indirecte

- On peut poser une question directement :

Venisne ? *Viens-tu ? Est-ce que tu viens ?*

- La question peut également être indirecte, introduite par des verbes comme **quaero** : *je demande*, **nescio** : *je ne sais pas*. En ce cas, le latin utilise le mode subjonctif :

Quaero veniasne. *Je demande si tu viens.*

Quaesivi quis veniret. *J'ai demandé qui venait.*

Quaero venerisne. *Je demande si tu es venu.*

Quaesivi quis venisset. *J'ai demandé qui était venu.*

Exercices

Vocabulaire à retenir

Noms

casus, us, m : chute, hasard
exitium, ii, n : ruine, perte
finis, is, m : limite, fin
fustis, is, m : bâton
insidiae, arum, f pl : embuscade
pavor, oris, m : effroi, épouvante
princeps, cipis, m : le premier, prince, empereur
tectum, i, n : toit

Adjectif qualificatif

arduus, a, um : difficile

Verbes

aspicio, is, ere, spexi, spectum : examiner
contemno, is, ere, tempsi, temptum : mépriser
patro, as, are, avi, atum : accomplir, perpétrer (un crime)
respicio, is, ere, spexi, spectum : se retourner vers, regarder vers
ruo, is, ere, rui, rutum : s'élancer, tomber
veho, is, ere, vexi, vectum : transporter

Mots invariables

magis : plus ; **magis... quam** : plus... que
vel : ou, même

Réviser et appliquer

Exercice 1 : réviser un champ lexical, la criminalité

Retrouvez ou cherchez le sens des mots suivants :

1. latro, onis, m - fur, furis, m - scelus, eris, n - facinus, oris, n - vitium, ii, n - culpa, ae, f - parricidium, ii, n - matricidium, ii, n - venenum, i, n - poena, ae, f. 2. atrox, ocis - infamis, e - indignus, a, um - innocens, entis - improbus, a, um - nocens, entis. 3. punio, is, ire, ivi, itum - occido, is, ere, cidi, cisum - interficio, is, ere, feci, fectum - neco, as, are, avi, atum.

Exercice 2 : reconnaître un subjonctif

Cherchez, dans le texte *➠ p. 42* *: trois verbes au subjonctif présent, trois verbes au subjonctif imparfait, un verbe au subjonctif plus-que-parfait. À quoi les reconnaissez-vous ?*

Exercice 3 : conjuguer au subjonctif

Conjuguez au subjonctif présent, imparfait, parfait et plus-que-parfait les verbes suivants :

possum, potes, posse - eo, is, ire - objicio, is, ere - contemno, is, ere - debeo, es, ere - volo, vis, velle - credo, is, ere - do, as, are - transeo, is, ire - dubito, as, are - veho, is, ere - impero, as, are - desidero, as, are.

Exercice 4 : réviser la grammaire

Traduisez ces phrases au subjonctif :

1. Quo curram ? Quo non curram ? 2. Veniat ! 3. Utinam amicus veniat ! 4. Quid dicam ? 5. Quid faciam ? 6. Eamus ! 7. Ne hoc faciamus ! 8. Exeat !

Exercice 5 : employer le subjonctif avec *cum*

1. *Traduisez les propositions suivantes :*

cum iter facerem - cum hostes fugissent - cum mater filium despiceret - cum Nero matrem occidere vellet - cum mater nando fugisset.

2. *Traduisez les phrases suivantes :*

1. Cum servus denarios quingentos accepisset, Augustus crura ei fregit. 2. Cum Caligula insanus esset, equum consulatum traditur destinavisse. 3. Cum Nero matrem interficere constituisset, placuit primo venenum.

Exercice 6 : employer *ut* et *ne*

Complétez ces phrases avec **ut** *ou* **ne** *selon le sens :*

1. Timebam .... fur domum veniret. 2. Tibi scribo .... rem magnam nuntiem. 3. Romam eo .... spectaculum videam. 4. Nero imperavit .... Anicetus matrem occideret. 5. Urbem muniebamus .... hostes eam caperent.

Exercice 7 : exprimer la conséquence

Complétez ces phrases en mettant le verbe donné entre parenthèses au temps qui convient :

1. Tam laborat ut fessus (esse) .... 2. Tam prudens fuit ut omnes eum (laudare) .... 3. Tantum scelus patravit ut homines eum (timere) .... 4. Ita urbem defendunt ut hostes abire (statuo) .... 5. Sic egit Nero ut mater (perire) ....

Exercice 8 : utiliser le subjonctif parfait

Traduisez les phrases suivantes :

1. Nescio quis venerit. 2. Nescio quid Nero fecerit. 3. Quaero quis rem Neroni narraverit. 4. Sunt qui tradiderint principis exitium. 5. Nescimus aspexeritne Nero matrem exanimem. 6. Nescimus laudaveritne formam matris ejus.

Exercice 9 : version

Les femmes de Néron

Uxores praeter Octaviam[1] duas postea duxit[2] : Poppaeam Sabinam, deinde Statiliam Messalinam.

Eamdem (Octaviam) mox saepe frustra strangulare meditatus[3] dimisit ut[4] sterilem, sed, improbante divortium[5] populo, etiam relegavit, denique occidit sub crimine adulteriorum. Poppaeam, duodecimo die post divortium Octaviae in matrimonium acceptam[6] dilexit unice ; et tamen ipsam quoque ictu calcis[7] occidit, quod se ex aurigatione[8] sero reversum[9] gravida[10] et aegra conviciis incesserat[11].

SUÉTONE (70-128 ap. J.-C.), *Vie des douze Césars*, « Nero », XXXV.

1. Octavia, Poppaea Sabina, Statilia Messalina : noms des femmes de Néron, Octavie, Poppée Sabine, Statilia Messaline. - 2. uxorem duco, is, ere, duxi, ductum : épouser. - 3. meditatus : après avoir projeté. - 4. ut : sous prétexte de. - 5. divortium, ii, n : divorce. - 6. in matrimonium accipio, is, ere, cepi, ceptum : se marier. - 7. calx, calcis, f : talon. - 8. aurigatio, onis, f : course de char. - 9. reversum : revenu. - 10. gravida : enceinte. - 11. conviciis incesserat : elle lui avait reproché en criant.

Jouer avec la langue

Exercice 10 : le latin et le grec

Anima, *en latin, et* **psukhê**, *en grec, signifient* âme.

1. *Comment expliquez-vous la formation du mot* **exanimis** *?*

2. *Cherchez le sens des mots suivants :*
– animal - animé - inanimé - magnanime - unanime ;
– psychique - psychiatre - psychopathe - psychanalyse.

Exercice 11 : enrichir son vocabulaire

Expliquez les phrases suivantes en vous référant à l'origine latine des mots soulignés :

1. C'est une tâche ardue. 2. C'est un cas de conscience. 3. Le cinéaste a été fustigé par les critiques. 4. L'autopsie révéla des traces indubitables de poison. 5. Ce fut la ruée vers l'or. 6. La voie est interdite à tout véhicule. 7. La maladie l'a insidieusement gagné. 8. Le gros du travail est terminé : restent les finitions.

Récréation

Exercice 12 : méli-mélo

Reconstituez la phrase dont les syllabes ont été mélangées :

tum - ci - erunt - nec - pro - cum - er - ssa - tec - na - mul - tum - vis - ru - gre - lo - at.

Exercice 13 : *veho*

Trouvez les mots correspondant à ces définitions, issus de **veho, is, ere, vexi, vectum** : transporter *:*

qui sert à transporter - parole amère et injurieuse - ardent, impétueux.

Le linguiste en herbe

Artem quaevis terra alit.

Chaque terre nourrit l'art.

Cette devise de Néron témoigne de la passion qu'il nourrissait à l'égard de la poésie et du théâtre.

Groupement de textes

Une reine en voie de disgrâce

Jean Racine, au XVIIe siècle, s'est inspiré de Tacite dans Britannicus. *À l'acte I, Agrippine, qui a tout mis en œuvre pour placer Néron à la tête de l'empire, se rend compte que celui-ci cherche à l'écarter du pouvoir…*

L'actrice Madame Dumesnil en Agrippine, XVIIIe s.
(Paris, Bibliothèque de la Comédie Française).

Ce jour, ce triste jour frappe encor ma mémoire,
Où Néron fut lui-même ébloui de sa gloire,
Quand les ambassadeurs de tant de rois divers
Vinrent le reconnaître au nom de l'univers.
Sur son trône avec lui j'allais prendre ma place.
J'ignore quel conseil prépara ma disgrâce ;
Quoi qu'il en soit, Néron, d'aussi loin qu'il me vit,
Laissa sur son visage éclater son dépit.
Mon cœur même en conçut un malheureux augure.
L'ingrat, d'un faux respect colorant son injure,
Se leva par avance, et, courant m'embrasser,
Il m'écarta du trône où je m'allais placer.
Depuis ce coup fatal, le pouvoir d'Agrippine
Vers sa chute, à grands pas, chaque jour s'achemine.
L'ombre seule m'en reste, et l'on n'implore plus
Que le nom de Sénèque et l'appui de Burrhus[1].

RACINE (1639-1699), *Britannicus*, Acte I, scène 1.

1. Les gouverneurs de Néron.

L'hypocrisie de Néron

Néron, décidé à tuer sa mère, l'accueille avec tendresse pour dissiper ses soupçons.

Lorsqu'elle arriva, il se rendit à sa rencontre sur le rivage, l'accueillit en lui donnant la main et en l'embrassant, et il la conduisit à Baules. Là se dressait un navire plus orné que les autres, comme si cette nouvelle marque d'honneur était donnée à sa mère, car elle utilisait habituellement une trirème et les rameurs de la flotte pour se déplacer. De plus, elle avait été invitée à un festin, afin de dissimuler le crime à la faveur de la nuit. On admet en général qu'il y eut un traître et qu'Agrippine, avertie du piège et ne sachant si elle devait y croire, se fit porter en chaise à Baïes. Là, les cajoleries dissipèrent sa crainte : elle fut accueillie avec prévenance et placée à table au-dessus de Néron lui-même.

TACITE (vers 55-120 ap. J.-C.), *Annales*, livre XIV, 4, traduction P. Wuilleumier, revue par J. Hellegouarc'h, © Les Belles Lettres, CUF, 1978.

Britannicus, Acte I, scène 2, XIXe s. (gravure de C. Normand ; Paris, Bibliothèque nationale de France).

Parodie de la mort d'Agrippine

Clanet / Clapat, *Alcibiade Didascaux chez les Romains*, © Athéna, 1994.

Comparer les textes

1. *Racine cherche-t-il à donner d'Agrippine la même image que Tacite ? Comparez cette scène avec le début du texte* ➜ *p. 41.*

2. *Comment le texte de Tacite ci-contre et la bande dessinée soulignent-ils l'hypocrisie de Néron à l'égard de sa mère ?*

3. *Rédigez une légende en latin pour chaque vignette de la bande dessinée. Puis expliquez en quoi on peut parler ici de parodie.*

5. Néron et les chrétiens

Hubert Robert (1733-1808), *L'Incendie de Rome* (huile sur toile, 76 x 93 cm ; Le Havre, musée des Beaux-Arts).

Lire l'image

Hubert Robert, artiste français du XVIIIe siècle, tour à tour dessinateur, décorateur et paysagiste, s'apparente au mouvement préromantique. Il reste surtout connu comme le peintre des ruines. Aussi est-ce tout naturellement qu'il a choisi d'emprunter à l'histoire romaine la scène de l'incendie de Rome attribué au cynisme de Néron et qui, en juillet 64, dura six jours et six nuits.

- *Quels éléments (construction, personnages) permettent de situer cette scène à Rome ?*
- *Par quels moyens (composition, couleurs, mouvements) le peintre parvient-il à créer une atmosphère particulièrement dramatique ?*

Lire en latin

L'incendie de Rome

En 64 après J.-C., éclate à Rome un gigantesque incendie qui va ravager la ville.

Sequitur **clades**, omnibus quae huic Urbi per violentiam **ignium** acciderunt gravior atque atrocior. Initium in ea parte circi ortum quae Palatino Caelioque montibus contigua est, ubi per tabernas, quibus id mercimonium inerat quo flamma alitur, simul coeptus ignis et statim validus ac vento citus, longitudinem circi **corripuit**. **Impetu** pervagatum, incendium plana primum, deinde, in edita adsurgens et rursus inferiora populando, anteiit remedia velocitate mali et obnoxia Urbe artis itineribus hucque et illuc flexis atque enormibus **vicis**, **qualis** vetus Roma fuit.

Pervaserat rumor, ipso tempore flagrantis Urbis, (Neronem) iniisse eum domesticam scaenam et cecinisse Trojanum excidium, praesentia mala vetustis cladibus adsimulantem.

Une catastrophe survient, plus grave et plus atroce que toutes celles que fit subir à cette Ville la violence des incendies. Le feu prit d'abord dans cette partie du cirque voisine des monts Palatin et Caelius, puis à travers les boutiques remplies de marchandises dont le feu se nourrit ; violent dès son origine et poussé par le vent, il attaqua toute la longueur du cirque. Propagé par son élan, l'incendie se répandit d'abord dans les parties basses, puis, s'élançant vers les hauteurs et ravageant de nouveau les bas quartiers, il devança les remèdes par la rapidité du mal. La ville était une proie facile avec ses rues étroites et sinueuses, ses quartiers bâtis sans régularité, telle que fut la Rome d'autrefois.

Une rumeur s'était répandue, selon laquelle, au moment même où la Ville flambait, Néron s'était rendu dans son théâtre privé et avait chanté la ruine de Troie, comparant les malheurs présents aux désastres anciens.

Tacite (55-120 ap. J.-C.), *Annales*, livre XV, 38-39 (extraits), traduction P. Wuilleumier, revue par J. Hellegouarc'h,

Filippino Lippi (1457-1504), « Saint Pierre et saint Paul devant Néron », détail de la fresque du cycle de la légende de saint Pierre, 1481-1483 (Florence, Chapelle Brancacci).

Lire le texte

1. *Quelles sont les étapes de la progression de l'incendie ? Appuyez-vous en particulier sur les mots de liaison.*
2. *L'auteur accumule les termes pour décrire. Étudiez les verbes, les noms et les adjectifs qu'il emploie.*
3. *À quelle voix se trouve le verbe alitur ? Montrez que Tacite a fait du feu un élément souple, vivant et sans cesse grandissant.*

Persécution des chrétiens

Qui a provoqué l'incendie ? Nombreux sont ceux qui attribuent ce crime à Néron. Celui-ci, pour faire taire la rumeur, incrimine les chrétiens...

Ergo abolendo rumori[1] Nero subdidit reos et quaesitissimis poenis[2] adfecit quos, per flagitia **invisos**[3], vulgus Chrestianos appellabat. Auctor nominis ejus Christus Tiberio imperitante per procuratorem Pontium Pilatum supplicio adfectus erat[4]. Igitur primum correpti qui fatebantur[5], deinde indicio eorum **multitudo** ingens haud proinde in crimine incendii[6] quam odio humani generis **convicti** sunt. Et pereuntibus addita ludibria[7], ut ferarum tergis contecti[8] laniatu[9] canum interirent, aut crucibus adfixi, ubi defecisset dies[10], in **usum** nocturni luminis[11] **urerentur**. Unde, quamquam adversus sontes[12] et novissima exempla[13] meritos, miseratio oriebatur[14], **tamquam** non utilitate publica, sed in saevitiam unius[15] absumerentur[16].

Tacite (55-120 ap. J.-C.), *Annales*, livre XV, 44 (extraits).

1. **abolendo rumori** : pour étouffer la rumeur.
2. **quaesitissimis poenis** : aux châtiments les plus raffinés.
3. **per flagitia invisos** : haïs pour leurs turpitudes.
4. **adfectus erat** : avait été livré.
5. **fatebantur** : avouaient.
6. **haud proinde in crimine incendii** : moins du crime d'incendie.
7. **pereuntibus addita ludibria** : à ceux qui mouraient, on ajouta des outrages.
8. **contecti** : couverts.
9. **laniatus, us**, m : morsure.
10. **ubi defecisset dies** : quand le jour serait tombé.
11. **in usum luminis** : utilisés comme une torche.
12. **sontes** : coupables.
13. **novissima exempla** : châtiments exemplaires.
14. **oriebatur** : se levait.
15. **in saevitiam unius** : à la cruauté d'un seul.
16. **absumerentur** : ils étaient sacrifiés.

Néron, 60-68 ap. J.-C. (sculpture en marbre, haut. : 31 cm ; musée des Thermes, Rome).

Lire le texte

1. *Quel sentiment la foule éprouve-t-elle à l'égard des chrétiens ? Relevez les termes qui le montrent.*

2. *Examinez les expressions* per flagitia invisos – adversus sontes et novissima exempla meritos. *En quoi révèlent-elles la position de Tacite vis-à-vis des chrétiens ?*

3. correpti – convicti sunt – contecti – urerentur – absumerentur : *à quelle voix sont employés ces verbes ? Quelle attitude des chrétiens est soulignée ainsi ?*

➡ Précis p. 178-190

La conjugaison du passif infectum

Les désinences du passif pour les temps de l'**infectum** (présent, imparfait, futur ➡ p. 25) sont :
-or / -r, -ris, -tur, -mur, -mini, -ntur.
Pour former un temps du passif, on substitue ces désinences à celles de l'actif.

	indicatif		
	présent	**imparfait**	**futur**
1re conjugaison **amare** : aimer	**amor, aris, atur...** je suis aimé	**amabar, baris, batur...** j'étais aimé	**amabor, beris, bitur...** je serai aimé
2e conjugaison **habere** : posséder	**habeor, eris, etur...** je suis possédé	**habebar, baris, batur...** j'étais possédé	**habebor, beris, bitur...** je serai possédé
3e conjugaison **dicere** : dire	**dicor, eris, itur...** je suis dit	**dicebar, baris, batur...** j'étais dit	**dicar, eris, etur...** je serai dit
4e conjugaison **audire** : entendre	**audior, iris, itur...** je suis entendu	**audiebar, baris, batur...** j'étais entendu	**audiar, dieris, dietur...** je serai entendu
conjugaison mixte **conficere** : achever[1]	**conficior, eris, itur...** je suis achevé	**conficiebar, baris, batur...** j'étais achevé	**conficiar, cieris, cietur...** je serai achevé

	subjonctif		infinitif
	présent	**imparfait**	**présent**
1re conjugaison **amare** : aimer	**amer, eris, etur...** que je sois aimé	**amarer, reris, retur...** que je fusse aimé	**amari** être aimé
2e conjugaison **habere** : posséder	**habear, aris, atur...** que je sois possédé	**haberer, reris, retur...** que je fusse possédé	**haberi** être possédé
3e conjugaison **dicere** : dire	**dicar, aris, atur...** que je sois dit	**dicerer, reris, retur...** que je fusse dit	**dici** être dit
4e conjugaison **audire** : entendre	**audiar, aris, atur...** que je sois entendu	**audirer, reris, retur...** que je fusse entendu	**audiri** être entendu
conjugaison mixte **conficere** : achever[1]	**conficiar, aris, atur...** que je sois achevé	**conficerer, reris, retur...** que je fusse achevé	**confici** être achevé

1. Le verbe facere lui-même n'a pas de passif infectum.

Attention : la voyelle **-i-**, quand elle est brève, devient **-e-** devant **-r-**. C'est ce qui explique, par exemple, que **dicis** (actif : *tu dis*) devient **diceris** au passif, ou que **amabis** (actif : *tu aimeras*) devient **amaberis** au passif.

Pour le complément du verbe passif ➡ Précis p. 226.

Vocabulaire à retenir

Adjectifs et pronoms

invisus, a, um : détesté, haï
qualis, e : quel

Verbes

convinco, is, ere, vici, victum : convaincre (de culpabilité), dénoncer
corripio, is, ere, ripui, reptum : saisir, s'emparer de
uro, is, ere, ursi, ustum : brûler

Noms

clades, is, f : désastre
ignis, is, m : feu, flamme
impetus, us, m : élan, assaut
multitudo, dinis, f : multitude, foule
usus, us, m : usage, utilité
vicus, i, m : quartier

Mot invariable

tamquam : comme, comme si

Réviser et appliquer

Exercice 1 : réviser un champ lexical, la ville

Retrouvez ou cherchez le sens des mots suivants :

1. civis, is, m - civitas, atis, f - turba, ae, f - incola, ae, m - vulgus, i, n - taberna, ae, f - aedificium, ii, n - cloaca, ae, f - forum, i, n - insula, ae, f - via, ae, f - templum, i, n - aedes, ium, f pl - thermae, arum, f pl - urbs, urbis, f - oppidum, i, n - porta, ae, f - portus, us, m - vicus, i, m. 2. civilis, e - urbanus, a, um - vicinus, a, um.

Exercice 2 : traduire le passif à l'infinitif présent

Traduisez :

dari - imperari - haberi - teneri - audiri - faci - fingi - sumi - vinci - uri - rapi - tradi - surgi.

Exercice 3 : former le passif à l'indicatif

Traduisez ces formes actives, puis transposez-les au passif :

1. occidit - invenimus - trahit - mittis - creditis - agunt - rapio - terres - habet.
2. scribebam - legebat - gerebamus - rogabant - vocabas.
3. appellabo - credam - rapies - condent - credemus - timebimus - spectabitis.

Exercice 4 : former le passif au subjonctif

Traduisez les groupes de mots suivants, puis transposez-les au passif :

ut ducat - ne capiant - ne imperes - utinam diligat ! - cum audiret - cum scriberet - cum bellum gereret - cum contemneres.

Exercice 5 : traduire le passif

villae suae infertur - adfertur - incendium flamma alitur - ut urerentur - tamquam in saevitiam unius absumerentur.

Exercice 6 : manipuler le vocabulaire

Traduisez en latin :

il est examiné - les ruses sont dénoncées - vous êtes transportés - un crime est perpétré - il sera refait - tu étais brûlé - il est saisi - vous étiez accusés - il était réclamé - les richesses sont méprisées - tu seras interrogé - ils étaient méprisés - ils sont transportés.

Exercice 7 : résumer un texte

Reprenez le texte ➠ *p. 49* *et réduisez-le à des phrases minimales.*

Exercice 8 : utiliser le passif impersonnel

Traduisez ces verbes :

traditur - credebatur - scitur - narrabatur - dicitur - putatur - contemnitur - vehebatur.

Exercice 9 : traduire le complément d'agent

Intégrez ces compléments aux phrases suivantes : fuste - pavore - a principe - flamma - ab histrione - a ministris.

1. Incendium .... alitur. 2. Servus .... feritur. 3. Fabula agebatur .... 4. Iniquus dominus .... despicitur. 5. Claudius terrebatur .... 6. Pulchra villa .... habitatur.

Exercice 10 : version

La mort de Néron

Scrobem coram fieri[1] imperavit dimensus[2] ad corporis sui modulum[3], flens ad singula atque identidem dictitans : « qualis artifex pereo ! ».

Jamque equites appropinquabant. Quod ut sensit[4], ferrum jugulo adegit[5]. Semianimis[6] adhuc irrumpenti centurioni et in auxilium se venisse simulanti, non aliud respondit quam[7] : « Sero » et « Haec est fides. » Atque in ea voce defecit.

SUÉTONE (70-128 ap. J.-C.),
Vie des douze Césars, « Nero », XLIX (extraits).

1. fieri : infinitif de fio : faire. - 2. dimensus : ayant calculé. - 3. ad modulum : selon la mesure. - 4. quod (id) sensit : quand il comprit cela. - 5. adegit : il enfonça. - 6. semianimis, e : à demi mort. - 7. non aliud quam : pas autre chose que.

Jouer avec la langue

Exercice 11 : le latin et le grec

Sachant qu'en latin, le feu se *dit* **ignis, is**, m, la flamme **flamma, ae**, f, brûler **uro, is, ere, ursi, ustum,** *et qu'en grec* le feu se *dit* **pyr, pyros**, *expliquez le sens des mots soulignés dans les phrases suivantes.*

1. Les spécialistes de la pyrotechnie ne sont pas des pyromanes. 2. Il est très utile d'avoir des plats en pyrex. 3. La pyrogravure se fait sur du bois. 4. Certaines charpentes sont traitées pour être ignifugées. 5. L'essence est particulièrement inflammable. 6. Le bois et le charbon sont des combustibles solides. 7. Le médecin lui a prescrit un anti-inflammatoire.

Exercice 12 : rapprocher le français du latin

Trouvez le lien qui existe entre :

- convinco, is, ere, vici, victum et une pièce à conviction ;
- uro, is, ere, ursi, ustum et la combustion ;
- pudeo, es, ere, dui, ditum et la pudeur ;
- impetus, us, m et l'impétuosité ;
- vicus, i, m et un chemin vicinal.

Exercice 13 : *qualis, e*

Complétez ces phrases avec le mot qui convient, dérivé de **qualis, e** : quel.

1. L'équipe de notre ville a été .... à la dernière minute. 2. Nous avons été trompés sur la .... de la marchandise. 3. La comtesse avoua avoir .... soixante ans. 4. Il n'a pas pu nous rejoindre, pour une raison ....

Récréation

Exercice 14 : récréation

Traduisez ces mots en latin, puis cherchez quel est leur point commun :

1. le cou - clément - le surnom - le désastre - le hasard. 2. le cou - le chef - la voix - la marchandise - tenace. 3. l'élan - repousser - désespérer - l'emporter - l'empereur. 4. stupide - digne - le bâton - le toit - l'enfance. 5. quartier - voisin - route - vainqueur - vivre. 6. feu - mou - pardonner - ignorant - inconnu. 7. usage - main - élan - char - course.

Le linguiste en herbe

Qualis artifex pereo !

Quel artiste meurt avec moi !

SUÉTONE, « Nero », XLIX

Cette phrase, prononcée par Néron mourant, est restée plus célèbre que sa devise ➡ p. 45. L'une et l'autre reflètent sa passion pour l'art.

Portrait de Néron

Monogramme du Christ (Vatican, musée Pio Cristiano).

Néron (37-68 ap. J.-C.). Empereur romain de **54** à **68** ; fils de Cnaius Domitius Ahenobarbus et d'Agrippine, qui fut plus tard la quatrième femme de l'empereur Claude ; ce dernier adopta Néron comme fils et héritier. À l'origine il s'appelait Lucius Domitius Ahenobarbus, et prit lors de son adoption le nom de Néron, un **cognomen** de la **gens Claudia** [...].

Néron avait un talent considérable. Il dessinait, peignait, modelait, chantait et composait des poèmes. Le fait qu'il ait protégé les arts et encouragé les concours musicaux et dramatiques (auxquels lui-même participait parfois) scandalisait la classe sénatoriale et fut largement cause de son impopularité. L'incendie catastrophique qui détruisit la moitié de Rome en **64** ne fut probablement pas allumé sur son ordre, mais il se servit des chrétiens comme d'un bouc émissaire responsable de ce malheur ; il se montra empressé à ordonner des mesures pour soulager la cité. Il prit prétexte de la destruction de sa propre maison par l'incendie pour se faire construire un palais remarquable, la **Domus Aurea** (« Maison dorée »), dont les ruines ont été fouillées.

Dictionnaire de l'Antiquité. Mythologie, littérature et civilisation, sous la direction de M. C. Howatson, © Robert Laffont, coll. « Bouquins », 1996.

L'incendie de Rome vu par un chrétien

Dans le Nouveau Testament, seconde partie de la **Bible**, *saint Pierre s'adresse aux chrétiens de Rome :*

Très chers, ne jugez pas étrange l'incendie qui sévit au milieu de vous pour vous éprouver, comme s'il vous survenait quelque chose d'étrange. Mais, dans la mesure où vous participez aux souffrances du Christ, réjouissez-vous, afin que, lors de la révélation de sa gloire, vous soyez aussi dans la joie et l'allégresse. Heureux, si vous êtes outragés pour le nom du Christ, car l'Esprit de gloire, l'Esprit de Dieu repose sur vous. Que nul de vous n'ait à souffrir comme meurtrier, ou voleur, ou malfaiteur, ou comme délateur, mais si c'est comme chrétien, qu'il n'ait pas honte, qu'il glorifie Dieu de porter ce nom.

La Bible, « Première Épître de saint Pierre », 4, 12-17, © Le Cerf, 1978.

Patène, monture or et pierreries, IXe s, ancien trésor de l'abbaye de Saint-Denis, Saint-Denis carolingien (serpentine).

Les secrets des graffiti de Pompéi

Un carré magique

S	A	T	O	R
A	R	E	P	O
T	E	N	E	T
O	P	E	R	A
R	O	T	A	S

Cette inscription chrétienne fut découverte à Pompéi en 1936. Le christianisme est une religion monothéiste (du grec **monos** : *un seul* et **théos** : *dieu*), « fondée sur l'enseignement, la personne et la vie de Jésus-Christ ». Les premiers chrétiens de Rome se heurtèrent à la tradition polythéiste de la majorité des Romains.

Il s'agit d'un palindrome : le texte peut être lu en tous sens. Quelle que soit la façon dont on le lit, en effet, il signifie : *Le semeur de son araire*[1] *tient avec soin les roues (du destin).*

Des historiens, replaçant cette inscription dans le contexte des persécutions dont furent victimes les premiers chrétiens de Rome, lui ont donné une autre interprétation : il s'agirait d'une prière cachée. Ce carré de lettres contient en effet, deux fois répétées, toutes les lettres de la prière chrétienne : le **Pater noster**. Il reste alors deux **A** et deux **O**, et il manque un **N**. Or, d'après la religion chrétienne, le Christ est l'**alpha** et l'**oméga**, le début et la fin de toutes choses, ce qui explique la répétition des lettres **A** et **O**. La lettre **N** se trouve en croix sur le mot **TENET**, au centre du carré. Ce graffiti constituerait donc l'anagramme[2] du **Pater noster**.

Ikhthus : le poisson

Le dessin du poisson était pour les chrétiens une façon de se faire reconnaître des leurs, à l'insu des Romains. Il s'agit là de l'acrostiche[3] du nom du Christ : Ιέσος Χριστός Θεοῦ Υιός Σωτήρ, c'est-à-dire Iésos Khristos Théou Uios Sôtèr : Jésus-Christ, fils de Dieu, sauveur.

1. Araire : charrue simple. - **2.** Anagramme : mot formé en transposant les lettres d'un premier mot. - **3.** Acrostiche : poème où les initiales de chaque vers composent un mot secret.

Le Christ-poisson gravé sur des pierres fines des premiers temps chrétiens (extrait de l'ouvrage *Le Bestiaire du Christ*, par L. Charponneau-Lassay, gravure sur bois par l'auteur).

Comparer les textes

1. *Pourquoi peut-on dire que l'article de dictionnaire s'efforce de donner de Néron un portrait objectif ?*

2. *Quel est l'essentiel de l'enseignement de Pierre, d'après son épître ? En quoi cet idéal pouvait-il choquer les Romains ?*

3. *Quels renseignements les graffiti nous donnent-ils sur les conditions de vie des premiers chrétiens ?*

4. *D'après les textes de ce chapitre et en complétant par des recherches personnelles, faites un exposé sur l'origine du christianisme, son histoire, son enseignement.*

6. Sous le règne de Titus

79-81 ap. J.-C.

RENÉ PIOT (1869-1934), *Mort de Pline l'Ancien* (aquarelle ; Paris, musée du Louvre).

Lire l'image

René Piot a fait de l'éruption du Vésuve et de la mort de Pline l'Ancien le sujet de son aquarelle. Observez la composition du tableau, les couleurs utilisées, les attitudes et les regards des personnages :

- *Comment la violence de l'éruption est-elle soulignée ?*
- *Comment l'affolement des personnages est-il rendu ?*

Une nuée se formait…

En 79 ap. J.-C. eut lieu l'éruption du Vésuve ; trois villes furent recouvertes de lave et de cendres : Herculanum, Pompéi et Stabies. Cet événement nous est rapporté par Pline le Jeune. Son oncle, Pline l'Ancien, se trouvait à Misène le jour de l'éruption.

Erat Miseni classemque imperio praesens regebat. Nonum Kal. Septembres hora fere septima mater mea indicat ei **apparere nubem** inusitata et magnitudine et specie. Poscit soleas, **ascendit** locum ex quo maxime miraculum illud conspici poterat. Nubes oriebatur, candida interdum, **interdum sordida** et maculosa.

Egrediebatur domo ; accipit codicillos Rectinae Casci **imminenti** periculo exterritae (nam villa ejus subjacebat, nec ulla nisi navibus fuga) ; ut se tanto **discrimini eriperet** orabat. **Vertit** ille consilium et, quod studioso animo inchoaverat obit maximo. **Deducit** quadriremes, ascendit ipse non Rectinae modo, sed multis laturus auxilium. Properat illuc, unde alii fugiunt rectumque cursum, recta gubernacula in periculum tenet.

Interim e Vesuvio monte pluribus locis latissimae flammae altaque incendia relucebant, quorum **fulgor** et claritas **tenebris** noctis excitabatur. Crebris vastisque tremoribus tecta nutabant.

Il se trouvait à Misène et commandait la flotte en personne. Le 9 avant les kalendes de septembre, aux environs de la septième heure, ma mère lui apprend qu'on voit un nuage extraordinaire par sa grandeur et son aspect. Il demande ses chaussures, monte à l'endroit d'où l'on pouvait le mieux contempler le phénomène en question : une nuée se formait, par endroits elle était d'un blanc brillant, ailleurs poussiéreuse et tachetée.

Il sortait de chez lui ; on lui remet un billet de Rectina, femme de Cascus, effrayée du danger qui la menaçait (sa villa était en bas et elle ne pouvait plus fuir qu'en bateau) ; elle suppliait qu'on l'arrachât à une situation si terrible. Mon oncle change son plan et ce qu'il avait entrepris par amour de la science, il l'achève par héroïsme. Il fait sortir des quadrirèmes et s'embarque lui-même, avec l'intention de secourir, outre Rectina, beaucoup d'autres personnes. Il gagne en toute hâte la région que d'autres fuient et vogue en droite ligne, le cap sur le point périlleux.

Pendant ce temps, le sommet du mont Vésuve brillait sur plusieurs points de larges flammes et de grandes colonnes de feu dont la rougeur et l'éclat étaient avivés par l'obscurité de la nuit. Des tremblements de terre fréquents et amples agitaient les maisons.

PLINE LE JEUNE (61-114 ap. J.-C.), *Lettres*, VI, 16 (extraits), traduction A.-M. Guillemin, © Les Belles Lettres, CUF, 1989.

Figure féminine, art romain du Ier s. (fresque provenant de la villa rustique de Carmiano ; Castellammare, musée des Stabia-Antiquarium).

Lire le texte

1. *Relevez les adjectifs qualificatifs : quelles indications fournissent-ils sur la progression de l'incendie ?*

2. *À quels temps se trouvent les verbes décrivant la catastrophe ? Et ceux qui relatent les actes de Pline l'Ancien ? Justifiez l'emploi de ces temps.*

La mort de Pline l'Ancien

Pline le Jeune continue son récit et analyse le calme affiché par son oncle lors de la catastrophe.

Jam dies **alibi**, illic nox omnibus noctibus nigrior densiorque. Placuit egredi[1] in **litus** et ex proximo[2] adspicere, ecquid jam mare admitteret[3] ; quod[4] adhuc vastum et adversum permanebat. Ibi super abjectum linteum **recubans** semel atque iterum[5] frigidam poposcit hausitque[6]. Deinde flammae flammarumque praenuntius odor sulpuris[7] et alios in fugam **vertunt** et excitant illum. Innitens[8] servolis duobus adsurrexit et statim **concidit**, ut ego colligo, crassiore caligine[9] spiritu obstructo clausoque stomacho. Ubi dies redditus[10], corpus inventum[11] integrum, inlaesum[12] **opertum**que ut fuerat indutus[13] ; habitus[14] corporis quiescenti quam defuncto similior.

PLINE LE JEUNE, *Lettres*, VI, 16 (extraits).

1. **placuit egredi** : on décida de sortir.
2. **ex proximo** : de près.
3. **ecquid mare admitteret** : si l'on avait accès à la mer.
4. **quod** : mais celle-ci.
5. **semel atque iterum** : à plusieurs reprises.
6. **haurio, is, ire, hausi, haustum** : boire.
7. **sulpuris** : de soufre.
8. **innitens** : s'appuyant sur.
9. **crassiore caligine** : par l'air rendu plus épais.
10. **redditus (est)** : fut revenu.
11. **inventum (est)** : fut trouvé.
12. **inlaesum** : non endommagé.
13. **indutus** : vêtu.
14. **habitus (erat)** : son aspect (était).

PLINE LE JEUNE (61-114 ap. J.-C.)
Confié, après la mort de son père, à son oncle Pline l'Ancien – d'où son nom –, Caius Plinius Caecilius Secundus Junior se lança très tôt dans une brillante carrière d'avocat, puis d'homme politique. Consul en 100 et légat de l'empereur Trajan en Bithynie (111-112), il n'en mena pas moins une œuvre très personnelle ; ses *Lettres* témoignent d'une grande curiosité d'esprit et d'une extrême générosité.

Lire le texte

1. *Observez la longueur des phrases décrivant la mort de Pline. Quel effet est ainsi produit ?*

2. *Relevez, dans ce texte et dans celui de la p. 57, les termes qui mettent en valeur la dignité de Pline l'Ancien.*

3. *Quel point de vue le narrateur adopte-t-il à l'égard de son oncle ? La mort de celui-ci est-elle dramatique ? Justifiez votre réponse en vous appuyant sur le texte.*

Précis p. 177-192, 200, 224

L'emploi du participe présent

Le participe présent peut être traduit en français par un nom, un adjectif qualificatif, un participe présent ou une proposition subordonnée relative.

nom	adjectif qualificatif	participe présent	proposition subordonnée relative
audientes : les auditeurs	**periculo imminenti** : un danger menaçant	**recubans** : se couchant	**habitus corporis quiescenti** : l'aspect d'un homme qui repose

Le groupe formé d'un participe présent et d'un nom à l'ablatif s'appelle « ablatif absolu ». Il équivaut à une proposition subordonnée circonstancielle, que l'on peut traduire de différentes manières ➡ p. 33 et Précis ➡ p. 200 :

Romani, Caesare imperante, Galliam subegerunt.
Les Romains, alors que César commandait, soumirent la Gaule. **(valeur temporelle ou causale)**

L'expression du temps

Le complément de temps peut être exprimé par une proposition subordonnée à l'indicatif ou au subjonctif, ou bien un groupe nominal à l'ablatif ou à l'accusatif.

proposition subordonnée à l'indicatif	proposition subordonnée au subjonctif	groupe nominal à l'ablatif, pour indiquer le moment où se situe l'action	groupe nominal à l'accusatif pour indiquer la durée
ubi dies redditus est : quand le jour revint	**cum iter faceret** : comme il voyageait	**quando** : quand ? **septima hora** : à la septième heure	**quamdiu** : combien de temps ? **septem menses** : pendant sept mois

Les nombres latins

adjectifs cardinaux		adjectifs ordinaux
I	unus, a, um	primus, a, um
II	duo, duae, duo	secundus, a, um
III	tres, tres, tria	tertius, a, um
IV	quattuor	quartus, a, um
V	quinque	quintus, a, um
VI	sex	sextus, a, um
VII	septem	septimus, a, um
VIII	octo	octavus, a, um
IX	novem	nonus, a, um

adjectifs cardinaux		adjectifs ordinaux
X	decem	decimus, a, um
XI	undecim	undecimus, a, um
XII	duodecim	duodecimus, a, um
XX	viginti	vicesimus, a, um
XXX	triginta	tricesimus, a, um
XL	quadraginta	quadragesimus, a, um
L	quinquaginta	quinquagesimus, a, um
C	centum	centesimus, a, um
M	mille	millesimus, a, um

Exercices

Vocabulaire à retenir

Verbes

appareo, es, ere, rui, ritum : apparaître, se montrer
ascendo, is, ere, scendi, scensum : gravir, monter sur
concido, is, ere, cidi, cisum : tomber
deduco, is, ere, duxi, ductum : faire sortir, mettre à flot
eripio, is, ere, ripui, reptum : arracher
immineo, es, ere : menacer
operio, is, ire, perui, pertum : couvrir
recubo, as, are : être couché
verto, is, ere, ti, sum : tourner, changer

Adjectif qualificatif

sordidus, a, um : sale, poussiéreux

Noms

discrimen, minis, n : position critique
fulgor, oris, m : éclair, lueur
litus, oris, n : rivage
mensis, mensis, m : mois
nubes, is, f : nuage, nuée
tenebrae, arum, f pl : obscurité, ténèbres

Mots invariables

alibi : ailleurs, partout
interdum : parfois

Réviser et appliquer

Exercice 1 : réviser un champ lexical, le feu

Retrouvez ou cherchez la traduction des mots suivants :

1. calor, oris, m - focus, i, m - incendium, ii, n - lumen, inis, n - ignis, is, m - flamma, ae, f - cinis, eris, m. 2. accendo, is, ere, di, sum - ferveo, es, ere, ferbui - uro, is, ere, ustum - incendo, is, ere, cendi, censum - torreo, es, ere, ui, tostum - flagro, as, are, avi, atum.

Exercice 2 : former le part. présent

Donnez le participe présent des verbes suivants, au nominatif et génitif singulier :

dubito - nuntio - probo - recubo - appareo - terreo - immineo - ascendo - concido - obstruo - verto - quaero - nescio - operio - eripio.

Exercice 3 : traduire le part. présent

Traduisez les phrases suivantes, en utilisant soit un participe présent, soit une subordonnée relative.

1. Mater indicat nubem apparentem. 2. Homines fugientes properant. 3. E Vesuvio flammas apparentes videbant. 4. Urbem urentem Nero spectabat. 5. Corpus hominis quiescentis simile erat.

Exercice 4 : manipuler l'ablatif absolu

1. *Traduisez les groupes de mots suivants, en variant la formulation :*

periculo terrente homines - homine recubante - ancilla abeunte - militibus pugnantibus - domino vocante - imperatore procedente - omnibus dubitantibus.

2. *Même consigne avec les phrases suivantes :*

1. Nube apparente, omnes terrebantur. 2. Rectina auxilium poscente, Plinius quadriremes deducit. 3. Flammis relucentibus, claritas tenebris noctis excitabatur.

Exercice 5 : reconnaître les compléments de temps

Recopiez, puis reliez les phrases et les compléments de temps qui se correspondent :

Tenebrae veniunt	totum diem
Discipuli in ludo laborant	Caesare imperante
Fulgor caelum obstruxit	prima hora
Nautae navem deduxerunt	novem menses
Romani Galliam subegerunt	tres annos
In Gallia vixi	nocte

Exercice 6 : transposer

Reprenez les ablatifs absolus de l'exercice 4 et transformez-les en subordonnées temporelles ou causales, introduites par **cum** *suivi de l'indicatif ou du subjonctif.*

Ex. : periculo terrente homines → cum periculum homines terreret (ou terrebat) : comme le danger terrifiait les hommes.

Exercice 7 : compter en latin

Complétez ces additions :

1. Tres et quattuor sunt .... 2. Septem et tres sunt .... 3. Quinque et sex sunt .... 4. Novem et undecim sunt .... 5. .... et quinque sunt octo. 6. .... et unus sunt decem. 7. .... et quinquaginta sunt centum. 8. .... et octo sunt viginti.

Exercice 8 : reconnaître les chiffres romains

Écrivez en toutes lettres les nombres suivants, en respectant bien le cas du nom proposé :

XII filiae - XX naves - in II pocula - C equos - M dies - I filius - II consules - XXX servos - III exercitus - L discipuli.

Exercice 9 : traduire les chiffres

Traduisez les phrases suivantes :

1. Unus miles duos pedes habet. 2. Una manus quinque digitos habet. 3. Centum equi imperatori sunt. 4. Viginti servi domino sunt. 5. Sunt tria templa in foro. 6. Cum mille militibus dux procedit. 7. Magister imperat triginti discipulis.

Le linguiste en herbe

Bonus princeps tristem a se dimittit neminem.

Le bon prince ne renvoie personne triste de chez lui.

Cette devise prêtée à Titus montre qu'un empereur doit avoir à cœur le bonheur des hommes.

Exercice 10 : version

Pline le Jeune raconte la catastrophe de Pompéi à Tacite

Jam hora diei prima, et adhuc dubius et quasi languidus dies ; jam quassatis[1] circumjacentibus tectis, magnus et certus ruinae metus. Tum demum excedere oppido visum[2] ; sequitur[3] vulgus attonitum[4]. Nam vehicula quae produci jusseramus, in contrarias partes[5] agebantur. Praeterea mare in se resorberi et tremore terrae quasi repelli[6] videbamus. Ab altero latere nubes atra et horrenda[7] in longas flammarum figuras dehiscebat[8].

Pline le Jeune (61-114 ap. J.-C.), *Lettres*, VI, 20 (extraits).

1. quasso, as, are, avi, atum : secouer, agiter fortement. - 2. visum : on décida. - 3. sequitur : suit. - 4. attonitus, a, um : frappé de stupeur. - 5. in contrarias partes : dans des directions opposées. - 6. quasi repelli : comme repoussée. - 7. horrendus, a, um : effroyable. - 8. dehisco, is, ere : s'ouvrir, se fendre.

Jouer avec la langue

Exercice 11 : le latin et le grec

1. *Sachant que* **verto** *signifie en latin* tourner, *cherchez le sens des mots suivants :* versatile - vertige - version - avertir - divertir - convertir - invertir - pervertir.

2. *Sachant que la racine grecque* **trop-** / **trep-** *signifie* tourner, *expliquez le sens de ces mots :*

1. Le nom savant du tournesol est l'héliotrope. - 2. Les dépouilles d'un ennemi vaincu sont des trophées. - 3. Les tropiques sont deux cercles du globe terrestre parallèles à l'équateur.

Récréation

Exercice 12 : anagrammes

Chaque groupe de mots constitue l'anagramme d'un troisième mot : lequel ?

LIMEN - TU	ORI - OPE
LUCE - ORE	BENE - ATER
REDIT - NUM	DARE - CENES

L'ancienne Pompéi est ressuscitée

Dès le XVIIIe siècle, des fouilles mirent au jour les vestiges des villes enfouies sous la lave. Schiller, poète et dramaturge allemand, nous fait part de son émotion devant les ruines.

Homme figé par les cendres de l'éruption du Vésuve à Pompéi (Naples, Musée archéologique).

Quel miracle se produit ? Ô terre, nous t'implorons à propos de sources potables que nous envoient tes entrailles : la vie existe-t-elle dans tes profondeurs ? une nouvelle espèce habite-t-elle encore cachée sous la lave ? Ce qui a fui revient-il ?

Grecs ! Romains ! Ô venez ! Ô voyez, l'ancienne Pompéi est ressuscitée, de nouveau s'édifie la cité d'Hercule. Pignon contre pignon, elle s'élève ; le spacieux portique ouvre ses galeries : ô hâtez-vous de le faire revivre. Le vaste théâtre est ouvert, que la foule s'y précipite à flot par ses sept vomitoires[1] ! Vous, les comédiens, où restez-vous ? Surgissez ! Que le fils d'Atrée[2] accomplisse le sacrifice préparé ! Que le chœur frémissant d'horreur suive Oreste ! Où mène l'arc de la victoire ? Reconnaissez-vous le forum ? Quelles silhouettes ont pris place sur la chaise curule ? Et vous les licteurs, portez en avant les faisceaux ! Que le préteur en jugeant prenne place sur le siège, que le témoin entre, que s'avance le plaignant !

Des ruelles propres se déroulent, le chemin plus étroit se déploie entre les maisons. Tutélaires[3], les toits jaillissent, les pièces élégantes se rangent, secrètes et confortables, autour de l'atrium solitaire.

SCHILLER (1759-1805), *Pompéi et Herculanum*, traduction B. Milès, 1997.

1. Larges issues des théâtres antiques servant à évacuer la foule. **2.** Agamemnon. **3.** Qui protègent.

Le volcan fumait sa pipe

Trois jeunes gens, Max, Fabio et Octavien, héros d'une nouvelle de Théophile Gautier (XIXe siècle), visitent l'Italie. Le train s'arrête à Pompéi.

Œufs momifiés, objets trouvés dans les premières fouilles de Pompéi (Naples, Musée archéologique).

La ville ressuscitée, ayant secoué un coin de son linceul de cendre, ressortait avec ses mille détails sous un jour aveuglant. Le Vésuve découpait dans le fond son cône sillonné de stries de laves bleues, roses, violettes, mordorées par le soleil. Un léger brouillard, presque imperceptible dans la lumière, encapuchonnait la crête écimée de la montagne. Le volcan, d'humeur débonnaire ce jour-là, fumait tout tranquillement sa pipe. De l'autre côté, de belles collines aux lignes ondulées arrêtaient l'horizon ; et plus loin la mer, qui autrefois apportait les birèmes et les trirèmes sous les remparts de la ville, tirait sa placide barre d'azur.

L'aspect de Pompéi est des plus surprenants ; ce brusque saut de dix-neuf siècles en arrière étonne. Octavien regardait ces ornières de char creusées dans le paysage cyclopéen des rues et qui paraissait dater d'hier, tant l'empreinte en est fraîche ; ces inscriptions tracées en lettres rouges sur les parois des murailles : affiches de spectacle, demandes de locations, formules votives, enseignes, annonces de toutes sortes ; ces maisons aux toits effondrés laissant pénétrer d'un coup d'œil tous ces mystères de l'intérieur, tous ces détails domestiques que négligent les historiens et dont les civilisations emportent le secret avec elles ; ces fontaines à peine taries, ce forum surpris au milieu d'une réparation par la catastrophe ; ces temples voués à des dieux passés à l'état mythologique et qui alors n'avaient pas un athée ; ces boutiques où ne manque que le marchand ; ces cabarets où se voit encore sur le marbre la tache circulaire laissée par la tasse des buveurs ; cette caserne aux colonnes peintes d'ocre et de minium que les soldats ont égratignée de caricatures de combattants, et ces doubles théâtres de drame et de chant juxtaposés, qui pourraient reprendre leurs représentations…

MAZOIS, *Les Ruines de Pompéi*, 1824-1838 (dessin aquarellé ; Paris, Bibliothèque nationale de France).

THÉOPHILE GAUTIER (1811-1872), *Récits fantastiques*, « Arria Marcella » (extraits).

Comparer les textes

1. *De quels types de phrases le poème de Schiller est-il principalement composé ? Quel sentiment est ainsi traduit ? Quelles images rendent vivantes les villes englouties ?*

2. *Les habitants de Pompéi ne s'attendaient pas à l'éruption du volcan. Comment Théophile Gautier le fait-il sentir au lecteur ?*

3. *Quels sont les objectifs de Pline ➞ p. 57, Schiller et Théophile Gautier ? En quoi diffèrent-ils ? Pour quelles raisons ?*

7. Trajan et Hadrien

98-117 ap. J.-C. - 117-138 ap. J.-C.

EUGÈNE DELACROIX (1798-1860), *La Justice de Trajan*, 1840 (huile sur toile ; Rouen, Musée des Beaux-Arts).

Lire l'image

S'inspirant de *La Divine Comédie* de Dante, Delacroix exposa ce tableau de grand format au Salon de 1840. Cette œuvre suscita l'admiration de Baudelaire et des artistes romantiques.

- *Par quels moyens (lignes de force, attitudes des personnages) le peintre souligne-t-il :*
  – la détresse de la femme qui supplie l'empereur ?
  – la gloire qui auréole Trajan ?

- *Comment Delacroix suggère-t-il l'atmosphère proprement romaine de cette scène ?*

L'entrée triomphale de Trajan à Rome

Trajan, empereur très populaire, fut un excellent chef de guerre et mena une politique de conquêtes. Pline le Jeune nous relate son retour à Rome.

Ac primum qui dies ille quo exspectatus desideratusque urbem tuam ingressus es ! Jam hoc ipsum, quod ingressus es, quam mirum laetumque ! Nam priores invehi et importari solebant, non dico quadrijugo curru et **albentibus** equis, sed umeris hominum. Tu sola corporis proceritate **elatior aliis** et **excelsior** non de patientia nostra quemdam triumphum, sed de **superbia** principum egisti. Te parvuli **noscere**, ostentare juvenes, mirari senes ; aegri quoque neglecto medentium imperio ad **conspectum** tui quasi ad salutem **sanitatem**que **prorepere**. **Inde alii** se **satis** vixisse te viso, te recepto, **alii** nunc magis esse vivendum praedicabant.

Et d'abord quel beau jour que celui où, attendu, désiré, tu as fait à pied ton entrée dans la ville ! Cette seule façon d'y entrer, quelle merveille, quel heureux présage ! car tes prédécesseurs aimaient à se faire voiturer et même porter ; ce n'était pas assez d'un quadrige attelé de blancs coursiers, il fallait des épaules humaines pour plus d'arrogance. Toi, seule ta taille te faisait plus haut et plus grand que les autres et tu remportais comme un triomphe non sur notre soumission, mais sur la superbe des princes. Les enfants apprenaient à te connaître, les jeunes ne cessaient de te montrer, les vieux t'admiraient ; les malades eux-mêmes, au mépris de l'ordre des médecins, se traînaient vers ton apparition comme vers celle de la santé et de la guérison. Et les uns proclamaient qu'ils avaient assez vécu maintenant qu'ils t'avaient vu et t'avaient reçu, les autres que c'était surtout maintenant qu'il fallait vivre.

Pline le Jeune (61-114 ap. J.-C.), *Panégyrique de Trajan*, 22 (extraits), traduction M. Durry,

Détail de la colonne trajane : *Triomphe de Trajan sur les Daces* (moulage ; Rome, musée de la civilisation romaine).

Lire le texte

1. *Quels adjectifs décrivent Trajan ? À quel degré sont-ils ? Quelle idée, à votre avis, Pline veut-il donner de l'empereur ?*
2. *Relevez les noms et les adjectifs substantivés qui montrent l'admiration de tous pour Trajan.*
3. *À partir des observations précédentes, donnez la définition du panégyrique.*

Lire en latin

De sombres présages

Fils adoptif de Trajan, l'empereur Hadrien, après plus de vingt ans de règne, sentit que sa mort était proche. Voici ce qui se produisit lors de son soixante-deuxième et dernier anniversaire.

Signa mortis haec habuit : natali suo ultimo, cum Antoninum commendaret[1], praetexta[2] **sponte** delapsa[3] caput ei aperuit. Anulus in quo imago ipsius sculpta erat sponte de digito delapsus est[4]. Ante diem natalis ejus nescio qui ad senatum ululans[5] venit : contra quem Hadrianus ita motus est, **quasi** de sua morte loqueretur[6], cum ejus verba nullus agnosceret[7]. Idem cum vellet in senatu dicere : « post filii mei mortem » « post meam » dixit. **Somniavit** praeterea se a patre potionem soporiferam impetrasse[8]. Item somniavit a leone se **oppressum esse**.

Histoire auguste (auteur anonyme), « Vie d'Hadrien », XXV, 6-10.

1. **cum commendaret** : alors qu'il faisait l'éloge de.
2. **praetexta** : la toge prétexte.
3. **delapsa** : ayant glissé.
4. **delapsus est** : glissa.
5. **ululans** : en hurlant.
6. **quasi loqueretur** : comme s'il parlait.
7. **cum nullus agnosceret** : alors que personne ne comprenait.
8. **impetrasse** = **impetravisse** : qu'il avait reçu.

Temple d'Hadrien, construit par Trajan puis dédié à Hadrien, Ier-IIIe s. (Éphèse, Turquie).

Lire le texte

1. *Classez les présages de la mort d'Hadrien ; ils appartiennent à trois domaines : lesquels ?*
2. *Quelles craintes d'Hadrien les ablatifs* a patre *et* a leone *révèlent-ils ?*
3. *Quelles préoccupations les rêves d'Hadrien soulignent-ils ? Qu'en déduisez-vous sur la personnalité de cet empereur ?*

Précis p. 178-190, 215

La conjugaison du passif perfectum

Les temps du **perfectum** (parfait, plus-que-parfait, futur antérieur p. 25) sont formés, au passif, à l'aide du participe parfait passif et de l'auxiliaire **esse**.

Voici la conjugaison au **perfectum** passif du verbe **amo, as, are, avi, atum** : *aimer*.

indicatif		
parfait	**plus-que-parfait**	**futur antérieur**
amatus, a, um sum	amatus, a, um eram	amatus, a, um ero
amatus, a, um es	amatus, a, um eras	amatus, a, um eris
amatus, a, um est	amatus, a, um erat	amatus, a, um erit
amati, ae, a sumus	amati, ae, a eramus	amati, ae, a erimus
amati, ae, a estis	amati, ae, a eratis	amati, ae, a eritis
amati, ae, a sunt	amati, ae, a erant	amati, ae, a erunt

subjonctif		infinitif
parfait	**plus-que-parfait**	**parfait**
amatus, a, um sim	amatus, a, um essem	amatum, a, um esse
amatus, a, um sis	amatus, a, um esses	amatos, ae, a esse
amatus, a, um sit	amatus, a, um esset	
amati, ae, a simus	amati, ae, a essemus	
amati, ae, a sitis	amati, ae, a essetis	
amati, ae, a sint	amati, ae, a essent	

La proposition infinitive

- L'infinitif présent marque une action **simultanée** dans la proposition principale et la subordonnée.
- L'infinitif parfait marque dans la proposition subordonnée une action **antérieure** à celle de la proposition principale.

infinitif présent	infinitif parfait
Scimus imperatorem Romam venire. Nous savons que l'empereur vient à Rome.	**Alii dicunt se satis vixisse.** Les uns disent qu'ils ont assez vécu.
Scimus eum a populo amari. Nous savons qu'il est aimé du peuple.	**Dicunt imperatorem amatum esse.** Ils disent que l'empereur a été aimé.
Sciebamus eum venire. Nous savions qu'il venait.	**Alii dicebant se satis vixisse.** Les uns disaient qu'ils avaient assez vécu.
Sciebamus eum amari. Nous savions qu'il était aimé.	**Dicebant eum amatum esse.** Ils disaient qu'il avait été aimé.

Exercices

Vocabulaire à retenir

Noms

conspectus, us, m : vue, regard, apparition
sanitas, atis, f : santé
superbia, ae, f : orgueil

Adjectifs qualificatifs

alius, a, ud : autre
alius… alius : l'un, un autre (au pluriel : les uns, les autres)
elatus, a, um : élevé, haut
excelsus, a, um : élevé, grand

Verbes

albeo, es, ere : être blanc
nosco, is, ere, novi, notum : apprendre à connaître, reconnaître
prorepo, is, ere, repsi, reptum : avancer en rampant, se traîner
opprimo, is, ere, pressi, pressum : écraser, étouffer
somnio, as, are, avi, atum : rêver

Mots invariables

inde : de là
quasi : comme si, pour ainsi dire
satis : assez, suffisamment
sponte : de soi-même

Réviser et appliquer

Exercice 1 : réviser un champ lexical, la vie politique

Rappelez ou cherchez le sens des mots suivants :

1. aedilis, is, m - civis, is, m - civitas, atis, f - res, ei, f - publica, ae, f - lex, legis, f - magistratus, us, m - patres, um, m - plebs, plebis, f - potestas, atis, f - potentia, ae, f - praetor, oris, m - quaestor, oris, m - rex, regis, m - senatus, us, m - senator, oris, m - suffragium, ii, n - tribunus, i, m. 2. nobilis, e - plebeius, i, m - regius, a, um - servilis, e. 3. gero, is, ere, gessi, gestum - peto, is, ere, petivi (ii), petitum - instituo, is, ere, tui, tutum - impero, as, are, avi, atum - possum, potes, posse, potui.

Exercice 2 : traduire le parfait passif

Traduisez :

1. victus sum - captus es - relictus est - auditi sumus - crediti estis - contempti sunt - occisa est - convictae sunt - ustum est - vectae estis - deleta sunt - laudatum esse.
2. elle fut donnée - j'ai été approuvé - il a été fait - nous avons été envoyés - vous avez été écoutés - elles ont été portées - tu as été dénoncé - avoir été appelé.

Exercice 3 : reconnaître les temps

Traduisez :

1. Domus deleta erat. 2. Facinus patratum erit. 3. Liber aspectus erat. 4. Urbs usta est. 5. Merces vectae erunt. 6. Claudius contemptus est.

Exercice 4 : traduire la proposition infinitive

Traduisez en latin ou en français, selon le cas :

1. Scimus simulacrum deletum esse. 2. On raconte que l'empereur fut aimé de tous. 3. Traditur urbem opertam nubibus esse. 4. On dit que le corps de Pline fut retrouvé intact.

Exercice 5 : traduire et comparer

Traduisez ce poème mot à mot, puis comparez avec les deux traductions proposées. Laquelle est la plus proche du texte ? Pourquoi ? Laquelle préférez-vous ?

Les adieux d'Hadrien au monde

Anima vagula[1], blandula[2],
Hospes comesque corporis,
Quae nunc abibis in loca
Pallidula[3], rigida, nudula,
Nec, ut soles, dabis jocos[4].

P. Aelius Hadrianus, Imp.

1. vagus, a, um : flottant. - 2. blandus, a, um : caressant, tendre. - 3. pallidulus, a, um : livide. - 4. jocus, i, m : jeu.

Traduction 1

Petite âme, âme tendre et flottante, compagne de mon corps, qui fut ton hôte, tu vas descendre dans ces lieux pâles, durs et nus, où tu devras renoncer aux jeux d'autrefois.

M. YOURCENAR, *Mémoires d'Hadrien*, © Gallimard, 1958.

Traduction 2

Âmelette vaguelette, tendrelette,
Hôtesse et compagne de mon corps,
Vers quels lieux maintenant vas-tu t'en aller,
Pâlotte, raide, toute nue,
Sans désormais le goût de la moquerie !

Histoire auguste, « Vie d'Hadrien », XXV, 9, traduction J.-P. Callu, © Les Belles Lettres, CUF, 1992.

Exercice 6 : version

Réponse d'Hadrien à l'écrivain Florus

Floro poetae scribenti ad se :
Ego nolo Caesar esse
amblare[1] per Britannos
latitare[2] per Germanos
Scythicas[3] pati pruinas[4]
rescripsit :
Ego nolo Florus esse,
amblare per tabernas[5],
latitare[5] per popinas[6],
culices[7] pati[8] rutundos[9].

Histoire auguste, « Vie d'Hadrien », XVI, 3-4.

1. amblare : faire le tour. - 2. latito, as, are, avi, atum : être caché, enterré. - 3. Scythiae, arum, f : Scythes, habitants de la Scythie, contrée la plus au nord du monde connu des Anciens. - 4. pruina, ae, f : frimas, gelées. - 5. taberna, ae, f : cabaret. - 6. popina, ae, f : auberge, taverne. - 7. culex, icis, m et f : moustique. - 8. pati : supporter. - 9. rutundus (rotondus), a, um : rond.

Jouer avec la langue

Exercice 7 : le latin et le grec

1. *Complétez ces phrases avec un mot dérivé du verbe latin* **albeo** *:* être blanc.

1. C'est un lapin .... 2. Il range ses photos dans un .... 3. Nous partirons dès l'.............. . 4. L'.............. est un buisson épineux à fleurs blanches ou roses, très odorantes.

2. *Le terme grec* **leukos** *:* blanc *a donné le radical latin* **luc-** *qui comporte l'idée de lumière. Complétez les phrases suivantes avec des mots issus du latin :*

1. Cet homme a un esprit très clair : il est parfaitement .... 2. Les petits insectes lumineux que l'on peut voir l'été sont des .... 3. Personne n'a réussi à .... ce mystère. 4. Le verre dépoli de cette vitre est ....

Exercice 8 : comprendre le sens des mots

Quel rapport voyez-vous entre :
– *l'adjectif latin* excelsus *et le français* excellent ?
– *le nom latin* sanitas *et l'adjectif français* sanitaire ?
– *le verbe latin* nosco *et le nom français* notoriété ?
– *l'adverbe latin* satis *et l'adjectif français* satisfaisant ?

Récréation

Exercice 9 : grille de mots

Complétez cette grille.

1			T	I								
2				T	I							
3			T	I								
4										T	I	
5						T	I					
6				T	I							
7			T	I								
8				T	I							

1. Qualité qu'il faut posséder pour mener une tâche jusqu'au bout. 2. Sentiment qui est aussi un prénom. 3. Se place devant *-faire, -faisant, -faction.* 4. C'est le bel âge ! 5. L'époque qui précède le bel âge. 6. Une triste fin. 7. Elle vous élève, dans tous les cas. 8. Il peut servir à marcher ou à frapper.

Le linguiste en herbe

Humanitas, Felicitas, Libertas

Humanité, Bonheur, Liberté

Tels sont les trois mots qui figurent sur les monnaies frappées sous le règne d'Hadrien.

Le séduisant Hadrien

L'empereur Hadrien, vers 130 ap. J.-C. (camée ; Paris, Bibliothèque nationale de France).

Il avait une haute taille, la silhouette élégante, les cheveux peignés en boucle, la barbe longue, pour cacher les marques qu'il avait de naissance sur le visage, et sa constitution était robuste. Il montait à cheval et marchait beaucoup, et il s'entraînait toujours aux armes et au javelot. Il chassait très fréquemment et tuait le lion de sa propre main – c'est d'ailleurs en chassant qu'il se cassa une clavicule et une côte – ; à la chasse toujours ses amis prenaient part. Dans les banquets, il présentait toujours, suivant les circonstances, des tragédies, des comédies, des atellanes[1], des joueuses de sambuque[2], des récitations, des poètes. Il fit bâtir sa merveilleuse villa de Tibur, conçue de telle sorte que les noms des provinces et les lieux les plus célèbres s'y trouvassent attribués ; c'est ainsi qu'il donna, par exemple, les dénominations de Lycée, d'Académie, de Prytanée, de Canope [...] ; et, pour ne rien laisser de côté, il représenta même les Enfers.

Histoire auguste, « Vie d'Hadrien », XXVI, 1-5.

1. atellanes : farces issues de jeux funéraires qui utilisaient des personnages immuables portant le masque.
2. sambuque : sorte de harpe, spécialité des joueuses de mauvaise réputation.

L'œuvre d'Hadrien en bande dessinée

CLANET / CLAPAT, *Alcibiade Didascaux chez les Romains*, © Athéna, 1994.

Mon renoncement à la politique de conquête

Voici ce qu'Hadrien dit du mur qui porte son nom, symbole de sa politique pacifiste :

J'ai inspecté moi-même une bonne partie de ces travaux engagés partout à la fois sur un glacis de quatre-vingts lieues : j'y trouvais l'occasion d'essayer, sur cet espace bien délimité qui va d'une côte à l'autre, un système de défense qui pourrait ensuite s'appliquer partout ailleurs. Mais déjà cet ouvrage purement militaire favorisait la paix, développait la prospérité de cette partie de la Bretagne ; des villages se créaient ; un mouvement d'afflux se produisait vers nos frontières. Les terrassiers de la légion étaient secondés dans leur tâche par des équipes indigènes ; l'érection du mur était pour beaucoup de ces montagnards, hier encore insoumis, la première preuve irréfutable du pouvoir protecteur de Rome ; l'argent de la solde la première monnaie romaine qui leur passait par les mains. Ce rempart devint l'emblème de mon renoncement à la politique de conquête ; au pied du bastion le plus avancé, je fis ériger un temple au dieu Terme[3].

M. Yourcenar (1903-1987), *Mémoires d'Hadrien*, © Gallimard, 1958.

Villa Adriana, Le Canope ➞ p. 39.

3. Terme : divinité romaine primitive, qui fut identifiée aux bornes des champs.

Comparer les textes

1. *En vous appuyant sur le premier texte, citez toutes les activités que pratiquait Hadrien. Quel genre de portrait l'auteur souhaite-t-il présenter de l'empereur ?*

2. *Cherchez la signification des noms de lieux cités : quels sont leurs points communs ? Que nous fait comprendre ce choix sur la personnalité d'Hadrien ?*

3. *Complétez le portrait d'Hadrien à partir de la vignette de bande dessinée. Quels sont en particulier ses grands principes politiques ?*

4. *Quels sont les objectifs d'Hadrien, d'après le dernier texte ?*

LA RELIGION SOUS L'EMPIRE

L'Empire étant en pleine expansion, Rome connaît un vaste brassage de populations ; l'influence des peuples étrangers s'étend alors aux croyances et pratiques religieuses des Romains.

Décadence de la religion traditionnelle

Une religion plus intériorisée

Sous l'Empire, la religion ne disparaît pas mais revêt une autre forme, moins rituelle, moins intéressée, pour laisser place à une plus grande spiritualité et à une pratique plus individuelle. Sans aller cependant jusqu'au scepticisme, des auteurs comme Juvénal, Tacite, Pline le Jeune, Suétone témoignent dans leurs écrits d'un véritable détachement. On ne vénère plus les multiples dieux, sinon pour rassurer le peuple contre les intempéries ou les guerres ; on profite des fêtes qui leur sont consacrées pour s'amuser, plus que par esprit de piété.

Pline le Jeune souligne ainsi dans une de ses lettres, à propos de la réfection d'un temple de Cérès, le but utilitaire qu'il poursuit :

Aux alentours, nul abri contre la pluie et le soleil. Il me semble donc que ce sera à la fois générosité et piété que de bâtir un temple aussi beau que possible, d'adjoindre des colonnades à ce temple, le premier pour la déesse, les secondes pour les visiteurs.

PLINE LE JEUNE (61-114 ap. J.-C.), *Correspondance*, IX, 39.

Dans les provinces, on honore l'empereur comme un dieu, parce qu'il représente l'accomplissement de l'homme sur terre. Auguste est officiellement divinisé après sa mort : on parle dans ce cas d'« apothéose » (➞ p. 36).

Mithra sacrifiant un taureau dans la grotte sacrée, art romain, IIIe siècle (Palerme, Musée archéologique).

L'influence de l'Orient

À partir du Ier s. av. J.-C., certains cultes orientaux s'implantent à Rome. Ainsi, malgré les efforts d'Auguste pour maintenir les croyances traditionnelles, l'Égyptienne Isis gagne de plus en plus de fidèles : les lentes processions en musique, les parfums et le mystère dont s'entourent les prêtres sont autant d'attraits pour les Romains. De même, au Ier s. ap. J.-C., Mithra, le dieu perse du ciel, de la terre et des morts s'implante dans tout l'Empire : le culte se pratique dans un lieu souterrain avec sacrifice de taureau ; le sang se répand sur les fidèles, qui sont ainsi baptisés.
Ces deux religions monothéistes apaisent l'esprit des fidèles, leur promettant un salut et une vie après la mort. Le culte de Mithra est tout particulièrement propre à préparer l'avènement du christianisme.

Naissance du christianisme

Le christianisme apparaît sous le règne de Claude (41-54 ap. J.-C.) : née en Palestine après la disparition de Jésus-Christ, cette nouvelle religion se répand peu à peu dans tout l'empire romain, portée par les apôtres (compagnons de Jésus-Christ chargés de diffuser son message) ; elle parvient à Rome par l'intermédiaire de saint Pierre (➜ p. 54).

Sa doctrine

Les chrétiens honorent un dieu unique, souverain et paternel. Leur Dieu est bon, et devant lui, tous sont égaux. S'ils aiment leur Dieu et aiment les autres hommes comme leurs frères, ils connaîtront la vie éternelle.
Cette doctrine, jugée dangereuse pour l'État, provoque contre les chrétiens de terribles persécutions, à la différence des cultes orientaux : Claude chasse de Rome les premiers chrétiens (41-54 ap. J.-C.). Puis le christianisme se développe sous Néron (54-68), malgré les critiques et attaques dont elle est la cible. Les autorités craignent en effet l'esprit de rébellion, le détournement de l'esprit polythéiste, la diminution du pouvoir impérial.

Ses monuments et lieux de culte

Les chrétiens persécutés doivent se réunir en cachette : ils se retrouvent d'abord dans des maisons particulières, puis dans des basiliques, inspirées des basiliques romaines. Les baptêmes, qui marquent l'entrée dans la communauté, se déroulent dans de petits édifices appelés « baptistères », où une cuve baptismale permet d'immerger le futur chrétien. Une fois morts, les fidèles se font enterrer dans des cimetières souterrains, les catacombes.

Catacombes de St Callixte, Rome.

Andrea Mantegna (1431-1506), *Saint Sébastien* (Paris, Musée du Louvre).

Le martyre de Sébastien

Bien des romanciers se sont inspirés de cette époque tourmentée et nouvelle. L'œuvre du cardinal Wiseman, Fabiola, *retrace l'histoire et la conversion au christianisme d'une noble patricienne, Fabiola. L'extrait suivant relate le supplice de Sébastien, jeune tribun officier supérieur de la garde impériale ou prétorienne, condamné à mort comme chrétien.*

Sébastien fut conduit dans une cour voisine plantée d'arbres et consacrée à Adonis. Il marcha joyeusement entre ses exécuteurs suivis de toute la troupe admise comme spectateurs. L'officier fut dépouillé de ses vêtements et lié à un arbre. Pendant ce temps, les cinq archers prenaient leurs places, froids et impassibles…
Le premier archer maure tendit la corde de son arc à la hauteur de son oreille et la flèche alla se planter en vibrant dans la chair de Sébastien. Chaque archer vint à son tour et des cris d'applaudissements suivaient chaque coup d'adresse qui approchait sans les atteindre les parties vitales, selon les ordres de l'empereur. Le jeu continua ainsi au milieu des clameurs, des rires et des plaisanteries, sans une ombre de compassion pour ce corps humain défaillant et teint de sang.

Cl. Wiseman, *Fabiola*, © Gautier-Languereau, 1949.

OTIUM

1 Carré magique

Les douze Césars se cachent dans cette grille, ainsi que certains membres de leur famille et les lieux qui ont marqué leur règne ; en tout, vingt-quatre noms propres en latin, placés horizontalement ou verticalement, à l'endroit ou à l'envers : retrouvez-les.

A	B	C	A	L	I	G	U	L	A	C	M	F	E	S
B	P	L	N	S	A	U	I	J	U	D	I	E	A	U
H	O	A	I	U	R	S	A	U	G	U	S	T	A	N
A	M	U	C	I	A	O	R	T	U	U	E	I	G	A
D	P	D	E	V	V	R	A	I	S	T	N	A	R	I
R	E	I	T	U	S	B	O	H	T	O	U	D	I	T
I	I	U	U	S	U	U	I	U	U	A	M	T	P	I
A	I	S	S	E	T	C	A	E	S	A	R	U	P	M
N	O	U	I	V	I	O	C	T	A	V	I	A	I	O
U	A	I	N	O	T	N	A	M	A	V	R	E	N	D
S	M	R	N	R	N	I	U	A	A	A	B	L	A	G
S	O	E	R	E	S	S	T	R	A	J	A	N	U	S
T	R	B	T	N	O	V	I	T	E	L	L	I	U	S
V	V	I	L	L	A	H	A	D	R	I	A	N	A	N
N	U	T	V	S	U	N	A	I	S	A	P	S	E	V

2 Étudier un suffixe

1. *Les trois mots* **humanitas, felicitas, libertas** *figuraient sur la monnaie frappée sous le règne d'Hadrien. Rappelez leur sens.*

2. *Qu'est devenu le suffixe* **-tas** *en français ? Retrouvez d'autres mots composés du même suffixe.*

3. *Devinez le sens des mots suivants :*

gravitas - levitas - novitas - mobilitas - voluntas - malignitas - probitas - majestas - mediocritas - vanitas - timiditas - temeritas.

3 Revoir la civilisation

Une seule des deux solutions proposées est la bonne. Trouvez laquelle.

1. Pline le Jeune est :
– le fils de Pline l'Ancien ;
– le neveu de Pline l'Ancien.
2. L'éruption du Vésuve ensevelit :
– deux villes ;
– trois villes.
3. Tacite a écrit :
– *la Vie des douze Césars* ;
– *des Annales*.
4. Un panégyrique est :
– une biographie rigoureuse ;
– un discours élogieux.
5. L'Ara Pacis Augustae est :
– un autel représentant des bas reliefs ornés de sujets allégoriques ;
– un mausolée renfermant la sépulture d'Auguste.
6. La colonne Trajane mesure :
– environ trente mètres ;
– environ soixante mètres.
7. La villa Hadriana est située :
– près de Naples ;
– près de Rome.
8. La Domus Aurea fut construite par :
– Néron ;
– Auguste.

4 Chaîne de mots

Traduisez en latin les mots suivants. Il se formera une chaîne de mots.

la joie - l'autel - rarement - je regarde en arrière - je jette en avant - je cours au devant - Rome - les mères de famille - je vais - je couvre - étouffer - la ruine - les serviteurs - le feu - de soi-même - les ténèbres - élevée - ailleurs - je suis allé - la maison.

5 Jeu des syllabes

À votre tour inventez une chaîne de mots : partez d'un mot du vocabulaire étudié et cherchez-en un autre en reprenant la dernière syllabe. Essayez d'aller le plus loin possible.

Ex. : histrio - offero - rogas - aspicio...

6 Le vocabulaire de la vie civique et politique

Quelle est la bonne traduction pour chacune des expressions proposées ?

1. ad rem publicam accedere
2. honorum cupiditas
3. cursus honorum
4. rem publicam gerere
5. nobili genere natus
6. rerum potentia
7. imperatore regnante
8. consensu omnium
9. jus suffragii
10. agere cum patribus, cum plebe

a. la puissance politique
b. le droit de vote
c. l'ambition
d. sous le règne de César
e. s'adresser aux sénateurs, au peuple
f. aborder la carrière politique
g. de haute naissance
h. la carrière des honneurs
i. exercer des fonctions publiques
j. à l'unanimité

7 Réviser la grammaire

Les phrases et groupes de mots suivants sont des exemples-types illustrant les règles de grammaire que vous venez de découvrir au fil des textes. Que signifient-ils ? Puis rappelez, pour chacun, de quelle règle il s'agit.

1. Accepi litteras a patre.
2. Amor a patre.
3. Audi ut discas.
4. Doctior quam Petrus, doctior Petro.
5. Altissima arborum.
6. Cicerone consule.
7. Cum id cupias, maneo.
8. Litterae quas scripsisti mihi jucundissimae fuerunt.
9. Partibus factis, verba facit leo.
10. Scio vitam brevem esse.
11. Dicunt Homerum caecum fuisse.
12. Pugnatur.
13. Tres annos regnavit.
14. Tertia hora venit.
15. Tam prudens est hic homo ut decepi non possit.

8 Légender des ilustrations

Quels textes ces vignettes illustrent-elles ? Rédigez une légende en latin pour chacune.

a

b

c

d

QUIBUS VE
UM AEDEM
POLLONIS
VIS IN CAP
N EA PARTE
UAM FULM
DEO HARU
DITIT PO

PARTIE 2

Des mythes à la littérature

8. Narcisse

LES GRANDS MYTHES

GUSTAVE MOREAU (1826-1898), *Narcisse* (huile sur toile, 92 x 118 cm ; Paris, musée Gustave Moreau).

Lire l'image

Le peintre français Gustave Moreau a reçu un double héritage : celui des classiques (XVIIe s.) ➞ p. 104, que les symbolistes (fin du XIXe s.) redécouvrent, et celui des romantiques allemands.

- *Quels éléments du mythe de Narcisse l'artiste a-t-il fidèlement repris ?*
- *Observez le jeu des lumières, qui donne à l'œuvre sa force et sa beauté.*

Lire en latin

Séduit par son image

Né de l'union de deux cours d'eau, le beau Narcisse plaît à bien des jeunes filles, mais son orgueil est tel qu'il ne laisse personne l'approcher et dédaigne les nymphes. Un jour, fatigué d'avoir chassé, il va se reposer auprès d'une source et aperçoit son image.

Fons erat inlimis, nitidis argenteus undis,
Quem neque pastores neque pastae monte capellae
Contigerant aliudve **pecus**, quem nulla volucris
Nec fera turbarat nec lapsus ab **arbore** ramus.
Gramen erat circa, quod proximus umor alebat,
Silvaque sole locum passura tepescere nullo.
Hic puer, et studio venandi lassus et aestu,
Procubuit **faciem**que loci fontemque secutus.
Dumque sitim **sedare** cupit, sitis altera crevit ;
Dumque bibit, visae correptus **imagine** formae,
Spem sine corpore amat ; corpus putat esse quod [unda est.
Adstupet ipse sibi vultuque inmotus eodem
Haeret, ut e Pario formatum marmore signum.
Spectat humi positus geminum, sua **lumina**, **sidus**
Et dignos Baccho, dignos et Apolline crines
Impubesque genas et eburnea colla **decus**que
Oris et in niveo mixtum candore ruborem
Cunctaque miratur quibus est **mirabilis** ipse.
Se cupit inprudens et qui probat ipse probatur,
Dumque petit petitur pariterque accendit et ardet.

Ovide (43 av. J.-C. - 17 ap. J.-C.), *Les Métamorphoses*, livre III, vers 407-426, traduction G. Lafaye, © Les Belles Lettres, CUF, 1985.

Il y avait une source limpide dont les eaux brillaient comme de l'argent ; jamais les pâtres ni les chèvres qu'ils faisaient paître sur la montagne, ni aucun autre bétail ne l'avaient effleurée, jamais un oiseau, une bête sauvage ou un rameau tombé d'un arbre n'en avait troublé la pureté. Tout alentour s'étendait un gazon dont ses eaux entretenaient la vie par leur voisinage, et une forêt qui empêchait le soleil d'attiédir l'atmosphère du lieu. Là le jeune homme, qu'une chasse ardente et la chaleur du jour avaient fatigué, vint se coucher sur la terre, séduit par la beauté du site et par la fraîcheur de la source. Il veut apaiser sa soif ; mais il sent naître en lui une soif nouvelle ; tandis qu'il boit, séduit par l'image de sa beauté qu'il aperçoit, il se passionne pour une illusion sans corps ; il prend pour un corps ce qui n'est que de l'eau ; il s'extasie devant lui-même ; il demeure immobile, le visage impassible, semblable à une statue taillée dans le marbre de Paros. Étendu sur le sol, il contemple ses yeux, deux astres, sa chevelure digne de Bacchus et non moins digne d'Apollon, ses joues lisses, son cou d'ivoire, sa bouche gracieuse, son teint qui à un éclat vermeil unit une blancheur de neige ; enfin il admire tout ce qui le rend admirable. Sans s'en douter, il se désire lui-même ; il est l'amant et l'objet aimé, le but auquel s'adressent ses vœux ; les feux qu'il cherche à allumer sont en même temps ceux qui le brûlent.

Lire le texte

1. *Que décrit la première partie du poème (vers 1 à 6) ? Relevez les termes qui font de ce décor un cadre enchanteur.*

2. *Par quels mots Narcisse décrit-il sa propre beauté, dans la seconde partie du poème ? Quelle image le poète nous donne-t-il ainsi du héros ?*

3. *Quel est l'effet produit par les répétitions dans les trois derniers vers ?*

Lire en latin

La mort de Narcisse

Amoureux de lui-même, Narcisse ne peut supporter que s'efface son image lorsque l'eau s'agite. Il dépérit et se désespère.

Ille caput viridi fessum **submisit** in herba ;
Lumina mors clausit domini mirantia formam.
Tum quoque se, **postquam** est inferna sede receptus,
In Stygia[1] spectabat aqua. Planxere[2] sorores
Naides[3] et sectos fratri posuere[4] capillos ;
Planxerunt dryades[5] ; plangentibus adsonat[6] Echo[7].
Jamque rogum[8] quassasque faces[9] feretrumque parabant ;
Nusquam corpus erat ; croceum[10] **pro** corpore **florem**
Inveniunt foliis medium cingentibus **albis**[11].

Ovide, *Les Métamorphoses*, livre III, vers 502-510.

1. **Styx, igis**, f : le Styx.
2. **planxere** = **planxerunt** : le pleurèrent.
3. **Naides** : les Naïades.
4. **posuere** : les consacrèrent.
5. **dryades** : les Dryades.
6. **adsono, as, are** : répondre.
7. **Echo** : Écho, nymphe amoureuse de Narcisse.
8. **rogus, i**, m : bûcher.
9. **quassasque faces** : et les torches qu'on secoue dans les airs.
10. **croceus, a, um** : jaune safran.
11. **foliis medium cigentibus albis** : dont le centre est entouré de blancs pétales.

Ovide (43 av. J.-C. - 17 ap. J.-C.)
Se surnommant lui-même le « chantre léger des tendres amours », Publius Ovidius Naso fut un grand poète élégiaque. Ses premières œuvres, *Les Amours* et *L'Art d'aimer* (➠ p. 103), lui assurèrent vite une place de choix dans la haute société romaine. Devenu un favori d'Auguste, il composa *Les Métamorphoses*. Exilé par l'empereur pour des raisons mystérieuses, au bord du Pont-Euxin, il y termina sa vie.

Lire le texte

1. *Combien de vers relatent la mort de Narcisse ? Quel est l'effet produit par cette brièveté ?*
2. *Qui pleure Narcisse ? Quel est le but de cette accumulation ?*
3. *Relevez les indications de temps et de lieu qui sont données : quels effets stylistiques sont ainsi produits ?*
4. *Le poème se termine par une métamorphose : justifiez le choix du poète.*

Précis p. 224, 177-192

Les subordonnées de temps

La proposition principale peut marquer l'antériorité, la simultanéité ou la postériorité par rapport aux propositions subordonnées de temps.

antériorité	simultanéité	postériorité
antequam, priusquam : avant que **donec, quoad** : tant que, jusqu'au moment où	**dum** : pendant que **ubi, ut, cum** : lorsque **ubi primum** : dès que **simul ac** : aussitôt que **quoties, quotiescumque** : toutes les fois que	**postquam** : après que
Antequam lux est, alauda canit. Avant qu'il fasse jour, l'alouette chante.	**Cum ver adest, adsunt hirundines.** Lorsque le printemps est là, les hirondelles sont là.	**Postquam abiit feles, mures saltant.** Après que le chat est parti, les souris dansent.

Dans les subordonnées de temps, le verbe est soit à l'indicatif soit au subjonctif. L'emploi de l'indicatif exprime une simple notion de temps. L'emploi du subjonctif ajoute à cette notion de temps une notion de but, de cause, de concession ou de conséquence.

emploi de l'indicatif	emploi du subjonctif
Dum bibit, spem sine corpore amat. Tandis qu'il boit, il se passionne pour une illusion sans corps. **Cum Caesar in Galliam venit (factiones erant).** Quand César vint en Gaule (il y avait des partis rivaux).	**Antequam agatis, cogitate.** Avant d'agir, réfléchissez. **(temps + but)** **Cum haec dixisset, abiit.** Quand il eut dit cela (et parce qu'il l'avait dit), il partit. **(temps + cause)**

Le plus-que-parfait et le futur antérieur actif

	1re conjugaison	2e conjugaison	3e conjugaison	4e conjugaison	conjugaison mixte
	amo, as, are, avi, atum : aimer	habeo, es, ere, ui, itum : avoir	dico, is, ere, dixi, dictum : dire	audio, is, ire, ivi, itum : entendre	facio, is, ere, feci, factum : faire
parfait	amav-i	habu-i	dix-i	audiv-i	fec-i
plus-que-parfait	amaveram amaveras amaverat amaveramus amaveratis amaverant	habueram habueras habuerat habueramus habueratis habuerant	dixeram dixeras dixerat dixeramus dixeratis dixerant	audiveram audiveras audiverat audiveramus audiveratis audiverant	feceram feceras fecerat feceramus feceratis fecerant
futur antérieur	amavero amaveris amaverit amaverimus amaveritis amaverint	habuero habueris habuerit habuerimus habueritis habuerint	dixero dixeris dixerit dixerimus dixeritis dixerint	audivero audiveris audiverit audiverimus audiveritis audiverint	fecero feceris fecerit fecerimus feceritis fecerint

Vocabulaire à retenir

Noms

arbor, oris, f : arbre
decus, oris, n : ce qui sied, ornement, honneur
facies, ei, f : aspect, figure
flos, oris, m : fleur
fons, tis, m : source
imago, inis, f : représentation, image, portrait
lumen, inis, n : lumière, yeux
pecus, oris, n : bétail
sidus, eris, n : étoile, constellation

Adjectifs qualificatifs

albus, a, um : blanc
cunctus, a, um : tout, tout entier
mirabilis, e : admirable, merveilleux, étonnant

Verbes

contingo, is, ere, tigi, tactum : atteindre, toucher
sedo, as, are, avi, atum : calmer, apaiser
submitto, is, ere, misi, missum : soumettre, abaisser

Mots invariables

nusquam : nulle part
postquam + indicatif : après que
pro + ablatif : pour, à la place de

Réviser et appliquer

Exercice 1 : réviser un champ lexical, la nature

Rappelez ou cherchez le sens des mots suivants :

1. rus, ruris, n - silva, ae, f - campus, i, m - ager, gri, m - hortus, i, m - folium, ii, n - umbra, ae, f - frons, frondis, f - arbor, oris, f - platanus, i, f - quercus, us, f - cupressus, i, f - herba, ae, f - rosa, ae, f - flumen, fluminis, n - rivus, i, m - fons, fontis, m - lapis, idis, m.
2. carpo, is, ere, carpsi, carptum - floreo, es, ere, rui - cresco, is, ere, crevi, cretum.

Exercice 2 : réviser le perfectum

Traduisez :

1. miseram - posueras - sitieramus - processeratis - despexerant - contempserat.

2. vexero - ruerit - dubitaverimus - aspexerint - argueris - probaverint - posuerit - submiseris.

Exercice 3 : savoir choisir les temps

Complétez au plus-que-parfait ou au futur antérieur :

1. Cum imaginem suam vid..., laetus erat. 2. Cum flores inven..., eas carpebat. 3. Cum milites magno animo pugn..., imperator eos laudabit. 4. Cum virginem amav..., eam uxorem ducet.

Exercice 4 : traduire les temporelles

Faites attention au mode utilisé dans la subordonnée !

1. Postquam epistulam meam acceperis, mihi respondebis. 2. Caesar, ubi primum Brutum vidit, clamavit : « Tu quoque, fili. » 3. Dum vivunt, homines sperant. 4. Cum multa legas, multa scis. 5. Cum milites imperatorem timerent, non eum laudabant.

Exercice 5 : version

La nymphe Écho poursuit Narcisse

Spreta[1] latet silvis pudibundaque[2] frondibus [ora
Protegit[3] et solis ex illo[4] vivit in antris[5].
Sed tamen haeret amor crescitque dolore [repulsae
Et tenuant[6] vigiles corpus miserabile curae
Adducitque cutem macies et in aera sucus[7]
Corporis omnis abit. Vox tantum atque ossa [supersunt ;
Vox manet ; ossa ferunt[8] lapidis traxisse[9] [figuram.
Inde latet silvis nulloque in monte videtur ;
Omnibus auditur ; sonus est, qui vivit in illa.

Ovide (43 av. J.-C. - 17 ap. J.-C.), *Les Métamorphoses*, livre III, vers 393-401.

1. spreta : méprisée. - 2. pudibundus, a, um : honteux. - 3. protegit : elle abrite. - 4. ex illo : depuis lors. - 5. antrum, i, n : grotte, caverne, antre. - 6. tenuo, as, are, avi, atum : amaigrir. - 7. sucus, i, m : sève, bonne santé. - 8. ferunt : on rapporte que. - 9. traxisse : ont pris.

Jouer avec la langue

Exercice 6 : le latin et le grec

1. *Quel est le sens de ces expressions utilisant le mot* fleur *?*

couvrir de fleurs - faire une fleur - être fleur bleue - comme une fleur - dans la fleur de l'âge - la fine fleur de la société - à fleur de peau.

2. *Sachant que* **flos** *(radical* flor- / fleur-*) signifie* fleur *en latin, complétez les phrases suivantes avec le mot dérivé qui convient :*

1. En cette saison, les pommiers sont en pleine .... 2. Cette idée ne m'avait jamais .... 3. Les icebergs qui .... sont dangereux pour les navires. 4. Un .... est un recueil de morceaux choisis.

3. *Sachant que* fleur *se dit en grec* **anthos**, *complétez les phrases suivantes avec des mots issus du grec :*

1. Une .... est le synonyme grec du terme latin de la phrase 4 ci-dessus. 2. Le .... est une fleur à pétales rayonnants. 3. On appelle .... les insectes mangeurs de fleurs.

Exercice 7 : comprendre les sens des mots

En vous reportant au vocabulaire du chapitre, expliquez les expressions suivantes :

un spécialiste en arboriculture - un faciès grotesque - des Gaulois insoumis - un regard lumineux - un médicament sédatif - une tapisserie très décorative.

Exercice 8 : découvrir des noms de fleurs

Retrouvez les noms de fleurs correspondants :

colchicum	glaïeul
gladiolus	pavot
lilium	pervenche
convolvulus	violette
vincapervinca	pivoine
bellis	bleuet
papaver	liseron
viola	colchique
paeonia	lys
cyanus	marguerite

Exercice 9 : imago, inis

Quelle différence faites-vous entre les adjectifs imaginatif, imaginaire *et* imagé *? Employez-les dans une phrase qui en fasse clairement apparaître le sens.*

Récréation

Exercice 10 : acrostiche

Pour compléter cet acrostiche, relisez le texte ➠ *p. 79* *: tous les mots à trouver y figurent.*

1	N						
2	A						
3	R						
4	C						
5	I						
6	S						
7	S						
8	U						
9	S						

1. Aspect des eaux où se mirait Narcisse. 2. De là tombe une branche. 3. Cette branche. 4. Alentour. 5. Tel est le visage de Narcisse quand il se contemple. 6. Elle empêchait le soleil d'attiédir les lieux. 7. Elle oblige Narcisse à boire. 8. Narcisse la prend pour un corps. 9. Tels sont les yeux de Narcisse.

Le linguiste en herbe

Pecus et pecunia

Apparemment, les mots pecus, oris, n : *bétail* et pecunia, ae, f : *argent* n'ont pas la même origine. Or, il n'en est rien : pecunia désigna d'abord la richesse en bétail, puis la richesse en général.

Narcisse

Le nom de Narcisse a été emprunté au mot grec narkissos. Selon Plutarque, il serait issu du verbe narkein : *engourdir* ; de là viendrait le mot *narcotique*, en raison du pouvoir calmant attribué au narcisse. Mais il s'agit là d'une origine populaire et peu certaine.

Du mythe à la psychologie

Qui n'a jamais admiré, au printemps, cette fleur délicate, au bord des ruisseaux ou dans les sous-bois humides ? À la différence de la jonquille, toute jaune, le narcisse épanouit ses pétales blancs autour d'un cœur jaune safran. Le cœur de Narcisse...

On retrouve, une fois de plus, le thème de la vengeance divine dans la légende de Narcisse, telle que la raconte le poète Ovide dans ses *Métamorphoses*. Sa mère avait consulté le divin Tirésias pour savoir si son fils serait heureux. « Oui », avait répondu le devin, « à condition qu'il ne se connaisse pas ».

Mais il se connut trop !

Négligeant l'amour et le désespoir de la nymphe Écho, il approcha un jour, fatigué par la chaleur excessive, un lieu enchanteur ; de frais ombrages, de l'herbe humide entouraient une source. Narcisse s'allonge, se penche pour boire... Et se voit. Il s'enflamme d'amour pour lui-même, séduit par sa propre beauté. Mais le reflet, comme tous les reflets du monde, reste muet ; il disparaît, même, lorsque les larmes de Narcisse, en tombant, le troublent. Narcisse, en proie aux tourments de l'amour déçu, s'étiole auprès de son double immatériel.

Un jour, ses sœurs les Naïades le découvrent mort, allongé près de la source fatale. En pleurant, elles vont préparer la cérémonie funèbre. Mais entre-temps, Narcisse était métamorphosé en narcisse. Les Naïades trouvent une fleur à sa place, aussi fragile, aussi éphémère que leur frère.

On dit que dans sa folie, Narcisse, une fois descendu chez les morts, dans le froid royaume d'Hadès, se mirait encore dans l'eau du Styx, le plus terrible des fleuves infernaux.

Au sens courant, une personne narcissique est imbue d'elle-même, se prend pour le centre du monde. Pour les psychologues, cette tendance, qui existe en chacun de nous, peut se développer anormalement et engendrer de graves troubles de la personnalité : l'individu narcissique ne peut plus, dans son comportement, construire de relations harmonieuses entre lui-même et les autres.

C. Eugène, *La Flèche du Parthe*, © Hatier, 1995.

Narcisse à la fontaine, fresque de Pompéi, IVe style (fresque provenant de la maison de Marcus Lucretius Fronto, 55,5 x 47,5 cm ; Pompéi).

« Adieu, mon Âme... »

Le mythe de Narcisse a attiré bien des poètes. Ainsi, au XXe siècle, Paul Valéry crée la Cantate du Narcisse. *Voici les dernières paroles du héros :*

Mais Narcisse ne peut, mais Narcisse ne veut
Aimer d'amour quelque autre que soi-même.
Au noir serment répond le clair aveu :
Ce n'est qu'à soi qu'il murmure : Je t'aime
Sans jamais craindre un regard mensonger.
Narcisse tient pour le péril suprême
Le cœur d'autrui qui ne peut que changer...
Mais écoutez, délicieux danger :
Ô Palpitante, ô Tendre
Divinité des bois,
Je ne hais point d'entendre
Le son de votre voix ;
Je ne hais point vos charmes ;
Mais je vois dans vos yeux
Des larmes
Que j'aime encore mieux...
En vain, dans leur fauve demeure,
Les sombres Maîtres de l'Azur
Ont voulu que Narcisse meure
Si son orgueil se garde pur ;
En vain parlent-ils par la foudre,
Menacent-ils de le dissoudre,
De le réduire à quelque fleur,
Ce destin ne sera des pires
Si quelquefois tu me respires :
L'ombre odorante espère un pleur...
Adieu, mon Âme, il faut que l'on s'endorme :
Le temps finit d'être de forme en forme
Force, présence et noble mouvement...
Et vous, Beau Corps, claire Idole de l'Onde,
Voici pour vous le dernier jour du monde
Où rien de pur ne pare qu'un moment...

Il disparaît.

P. Valéry (1871-1945), *Cantate du Narcisse*, © Gallimard, 1939.

Ludovico Cardi, dit L. Cigoli (1559-1613), *Narcisse à la fontaine* (plume, lavis brun, encre brune, pierre noire ; Paris, musée du Louvre, département des Arts graphiques).

Comparer les textes

1. *Relevez, dans la fin du texte de Catherine Eugène, les termes montrant que le narcissisme est un comportement égocentrique. Quelles peuvent en être les graves conséquences ?*
2. *À qui Narcisse s'adresse-t-il successivement, dans le poème ? Que traduit cette progression ?*
3. *Qu'est-ce qu'une cantate ? Cherchez dans le poème ce qui illustre le mot : sonorités, rimes, rythme.*

9. Pygmalion

Harmensz van Rijn Rembrandt (1609-1669), *Le Dessinateur et son modèle, ou allégorie de l'art du dessin*, vers 1639 (eau-forte, pointe sèche et burin ; Paris, musée du Louvre, collection Rothschild).

Lire l'image

Rembrandt et Falconet, ➠ p. 87, se sont souvent tournés vers l'Antiquité. Alors que le dessinateur de Rembrandt est occupé à examiner le modèle d'une œuvre à venir, c'est une œuvre finie qu'admire l'artiste de Falconet. Cette sculpture est tout à fait représentative de l'art baroque, art du mouvement et de l'exubérance.

- *Quels points communs et quelles différences ces deux œuvres présentent-elles (composition, attitudes, modèle, détails choisis) ?*

Pygmalion amoureux

Roi légendaire de Chypre, Pygmalion s'est voué au célibat… Un jour, il se met à sculpter un corps de femme.

Interea niveum mira feliciter **arte**
Sculpsit ebur formamque dedit, qua femina **nasci**
Nulla potest ; operisque sui concepit amorem.
Virginis est verae facies, quam vivere credas,
Et, si non obstet reverentia, velle moveri ;
Ars adeo latet arte sua. **Miratur** et haurit
Pectore Pygmalion simulati corporis ignes.
Saepe manus operi temptantes admovet, **an** sit
Corpus an illud ebur ; nec **adhuc** ebur esse **fatetur**.
Oscula dat reddique putat **loquitur**que tenetque
Et credit **tactis** digitos insidere membris
Et metuit, pressos veniat ne livor in artus ;
Et **modo** blanditias adhibet, **modo grata** puellis
Munera fert illi, conchas teretesque lapillos
Et parvas volucres et flores mille colorum.

OVIDE (43 av. J.-C. - 17 ap. J.-C.), *Les Métamorphoses*, livre X, vers 247-261, traduction C. Milès et S. Thornes.

Cependant, il sculpta merveilleusement, avec un art étonnant, un ivoire blanc comme neige et lui donna une beauté qu'aucune femme ne peut avoir à la naissance et il devint amoureux de son œuvre. Elle a l'aspect d'une véritable jeune fille, on la croirait vivante et, si la décence ne la retenait, elle voudrait bouger, tant l'art se cache grâce à l'art. Pygmalion l'admire et son cœur s'enflamme pour ce semblant de corps. Souvent il approche ses mains de son œuvre pour voir si c'est un corps ou de l'ivoire ; et il ne peut admettre que ce soit de l'ivoire. Il lui donne des baisers et s'imagine qu'elle les lui rend, il lui parle, la serre contre lui et croit que ses doigts marquent les membres qu'il touche, il a peur que des bleus ne se forment sur les parties du corps qu'il a pressées ; tantôt il la caresse, tantôt il lui apporte ces présents qui plaisent aux jeunes filles : coquillages, cailloux polis, petits oiseaux et fleurs aux mille couleurs.

E.-M. FALCONET (1716-1791), *Pygmalion* (marbre ; Paris, musée du Louvre).

Lire le texte

1. Sculpsit, formam dedit, concepit amorem, miratur, haurit, oscula dat, blanditias adhibet, munera fert : *quelle progression notez-vous dans ces verbes ? Comment Pygmalion évolue-t-il ?*

2. *Le texte contient de nombreux verbes : à quels temps sont-ils ? Comment comprenez-vous le changement de temps ?*

3. Munera, conchas, lapillos, volucres, flores : *quelle relation s'établit entre Pygmalion et la statue qu'il a façonnée ?*

Lire en latin

« C'était un corps vivant »

Pygmalion se rend à la fête de Vénus et lui adresse une prière : avoir une épouse « semblable à la vierge d'ivoire ». Vénus accède à ses désirs...

Ut rediit, simulacra suae petit ille puellae
Incumbensque toro dedit oscula ; visa tepere est.
Admovet os **iterum**, manibus quoque pectora temptat ;
Temptatum mollescit ebur positoque rigore
Subsidit digitis ceditque, ut Hymettia sole
Cera remollescit tractataque pollice multas
Flectitur in facies ipsoque fit **utilis** usu.
Dum stupet et dubie gaudet fallique **veretur**,
Rursus amans rursusque manu sua vota retractat ;
Corpus erat ; saliunt temptatae pollice venae[1].
Tum vero Paphius **plenissima** concipit heros[2]
Verba quibus Veneri[3] grates agat[4] ; oraque tandem
Ore suo non falsa premit ; dataque oscula Virgo
Sensit et erubuit[5] timidumque ad lumina lumen
Attollens[6] pariter cum caelo vidit amantem.
Conjugio, quod fecit, adest dea.

OVIDE (43 av. J.-C. - 17 ap. J.-C.), *Les Métamorphoses*, livre X, vers 280-297, traduction C. Milès et S. Thornes.

Quand il revint, il alla trouver la statue de sa bien-aimée et, se penchant sur le lit, il lui donna un baiser ; elle lui parut tiède. Il approche de nouveau sa bouche, tâte aussi de ses mains la poitrine ; à ce geste, l'ivoire mollit et, perdant sa rigidité, s'attendrit sous ses doigts : il cède, comme, sous le soleil de l'Hymette, s'amollit la cire qui, façonnée par le pouce, s'adapte à de multiples formes et redevient utilisable à force de servir.

1. **saliunt temptatae pollice venae** : les veines palpitent, touchées par son pouce.
2. **Paphius heros** : le héros de Paphos ; désigne Pygmalion.
3. **Venus, eris**, f : Vénus.
4. **grates ago, is, ere, egi, actum** : rendre grâce.
5. **erubesco, is, ere, bui** : rougir.
6. **lumen attollens** : levant le regard.

N. POUSSIN (1594-1665), *Statue de femme d'après l'Antique* (détail) (dessin ; Chantilly, musée Condé).

Lire le texte

1. Tepere, mollescit, subsidit, cedit... *: quelles sont les étapes de la transformation de la jeune fille ?*

2. Sensit, erubuit, timidum *: quelle personnalité Ovide a-t-il donnée à la jeune fille ?*

3. Conjugio... adest dea *: à quoi vous fait penser la chute du texte ? Puis relevez dans les deux extraits (➠ ci-dessus et p. 87) les autres éléments qui s'apparentent à ce genre littéraire.*

Précis p. 192-193

Les verbes déponents

Certains verbes latins ne possèdent pas de voix active : ils se conjuguent à la voix passive mais gardent un sens actif. Ils sont appelés **verbes déponents** :

miratur : *il s'émerveille* → **miror, aris, ari, atus sum**
veretur : *il craint* → **vereor, eris, eri, itus sum**
loquitur : *il parle* → **loquor, eris, loqui, locutus sum**
experitur : *il éprouve* → **experior, iris, iri, expertus sum**
patitur : *il souffre, il supporte* → **patior, eris, pati, passus sum**

Les verbes déponents se conjuguent comme les verbes que vous connaissez à la voix passive.

Indicatif infectum

	1re conjugaison	2e conjugaison	3e conjugaison	4e conjugaison	conjugaison mixte
	mirari : s'étonner	**vereri** : craindre	**loqui** : parler	**experiri** : éprouver	**pati** : supporter
présent	**miror** : je m'étonne	**vereor** : je crains	**loquor** : je parle	**experior** : j'éprouve	**patior** : je supporte
imparfait	**mirabar** : je m'étonnais	**verebar** : je craignais	**loquebar** : je parlais	**experiebar** : j'éprouvais	**patiebar** : je supportais
futur	**mirabor** : je m'étonnerai	**verebor** : je craindrai	**loquar** : je parlerai	**experiar** : j'éprouverai	**patiar** : je supporterai

Indicatif perfectum

parfait	**miratus, a, um sum** : je m'étonnai	**veritus, a, um sum** : je craignis	**locutus, a, um sum** : je parlai	**expertus, a, um sum** : j'éprouvai	**passus, a, um sum** : je supportai
plus-que-parfait	**miratus, a, um eram** : je m'étais étonné	**veritus, a, um eram** : j'avais craint	**locutus, a, um eram** : j'avais parlé	**expertus, a, um eram** : j'avais éprouvé	**passus, a, um eram** : j'avais supporté
futur antérieur	**miratus, a, um ero** : je me serai étonné	**veritus, a, um ero** : j'aurai craint	**locutus, a, um ero** : j'aurai parlé	**expertus, a, um ero** : j'aurai éprouvé	**passus, a, um ero** : j'aurai supporté

Le participe présent, cependant, garde une forme active :

mirans, antis : *s'étonnant*
verens, entis : *craignant*
loquens, entis : *parlant*
experiens, entis : *éprouvant*
patiens, entis : *supportant*

Exercices

Vocabulaire à retenir

Nom

ars, artis, f : art, technique, habileté

Mots invariables

adhuc : jusqu'ici, encore maintenant
an : est-ce que ?, si
interea : pendant ce temps
iterum : à nouveau
modo… modo : tantôt… tantôt

Adjectifs qualificatifs

gratus, a, um : agréable
plenus, a, um : plein, abondant, entier
utilis, e : utile

Verbes

fateor, eris, eri, fassus sum : avouer, reconnaître
loquor, eris, loqui, locutus sum : parler
miror, aris, ari, atus sum : admirer
nascor, eris, i, natus sum : naître
tango, is, ere, tetigi, tactum : toucher
vereor, eris, eri, veritus sum : craindre, respecter

Autres verbes déponents

experior, iris, iri, expertus sum : éprouver
imitor, aris, ari, imitatus sum : imiter
ingredior, eris, ingredi, ingressus sum : entrer
patior, eris, pati, passus sum : supporter, souffrir
progredior, eris, i, progressus sum : s'avancer
utor, eris, uti, usus sum + ablatif : se servir de

Réviser et appliquer

Exercice 1 : réviser un champ lexical, les relations humaines

Rappelez ou cherchez le sens des mots suivants :

1. amicus, i, m - comes, itis, m et f - hostis, is, m - inimicitia, ae, f - invidia, ae, f - gratia, ae, f - concordia, ae, f - fides, ei, f - consensus, us, m.
2. ceteri, ae, a - benignus, a, um - gratus, a, um - carus, a, um - mitis, e - timidus, a, um.
3. diligo, is, ere, lexi, lectum - credo, is, ere, didi, ditum - diffido, is, ere, fisus sum - faveo, es, ere, favi, fautum - invideo, es, ere, di, sum.

Exercice 2 : se familiariser avec les déponents

Traduisez :

fatemur - imitantur - pateris - loquuntur - utitur - vereris - ingredi - loquens - mirans - verens - uti - progrediens - imitari - loquebar - mirabaris - ingrediebatur - fatebamur - utebamini - verebantur - mirabor - loquar - uteris - ingredietur - patiemur - verebimini - imitabuntur - imitatus sum - veritus es - locutus est - passi sumus - ingressi estis - progressi sunt - locutus erat - expertus erit.

Exercice 3 : employer les déponents

Traduisez les phrases suivantes :

1. Latine bene loquimur. 2. Asini asinos imitantur. 3. Consul Romam ingressus est. 4. Necesse est injurias pati. 5. Saepe libris nostris utimur. 6. Romani malos imperatores verebantur. 7. Templa antiqua miramur. 8. E silva progreditur.

Exercice 4 : reconstituer un texte

Retrouvez les verbes déponents qui ont été effacés de ces vers et retraduisez l'ensemble :

1. Sculpsit ebur formamque dedit, qua femina .... nulla potest. 2. .... et haurit pectore Pygmalion simulati corporis ignes. 3. Nec adhuc ebur esse .... 4. Oscula dat reddique putat ....que tenetque. 5. Dum stupet et dubie gaudet fallique ....

Exercice 5 : conjuguer les déponents

Traduisez en latin :

je parle - tu avoues - il utilise - nous expérimentons - vous admirez - craignant - supporter - imiter - je parlais - tu imitais - il admirait - ils supportaient - je suis parti - tu as avoué - il est entré - nous avons admiré - vous avez utilisé - ils ont craint.

Exercice 6 : distinguer la voix passive des déponents

Traduisez :

1. A patre amor. 2. Patrem imitor. 3. A Romanis amatus est. 4. Hostis gladio feritur. 5. Hostis gladio utitur. 6. Imperator a civibus laudatur. 7. Cives imperatorem mirantur. 8. Magister a discipulis timetur.

Exercice 7 : reconnaître les temps

Quels temps de l'indicatif manquent à ces listes ?

1. utor - utebar - usus sum - usus eram - usus ero. 2. loquitur - loquebatur - loquetur - locutus erat - locutus erit. 3. mirabamur - mirabimur - mirati sumus - mirati eramus - mirati erimus.

Exercice 8 : version

Pygmalion offre des parures à Galatée

Ornat quoque vestibus artus,
Dat digitis gemmas[1], dat longa monilia[2] collo ;
Aure leves bacae[3], redimicula[4] pectore pendent.
Cuncta decent[5] ; nec nuda minus formosa videtur.
Collocat hanc stratis concha Sidonide[6] tinctis
Appellatque tori[7] sociam acclinataque colla
Mollibus in plumis, tamquam sensura[8], reponit.

OVIDE (43 av. J.-C. - 17 ap. J.-C.), *Les Métamorphoses*, livre X, vers 262-266.

1. gemma, ae, f : pierre précieuse. - 2. monile, is, n : collier - 3. baca, ae, f : perle - 4. redimiculum, i, n : chaînette, ruban. - 5. cuncta decent : tout lui convient.
6. stratis tinctis concha Sidonide : sur des tapis teints de la pourpre de Sidon (ville renommée pour cette spécialité). - 7. torus, i, m : lit. - 8. tamquam sensura : comme si elle y était sensible.

Jouer avec la langue

Exercice 9 : le latin et le grec

1. *Sachant qu'en latin* **loquor, eris, loqui** *signifie* parler, *trouvez le mot juste désignant, en français :*

celui qui parle beaucoup - celui à qui l'on s'adresse en parlant - un entretien, une conférence entre spécialistes - la manière d'articuler les mots.

2. *Le mot grec* **logos** *:* discours *a permis la formation d'un grand nombre de mots français : les suffixes* -logue *et* -logie *désignent tout ce qui est dit, étudié sur un sujet donné. Citez quelques mots français formés à partir de ces suffixes et donnez leur définition.*

Ex. : La biologie est l'étude générale des êtres vivants.

3. *Sachant que* **legein** *veut dire* parler *en grec, introduisez les mots suivants dans des phrases qui feront apparaître leur sens :*

lexique - dialecte - dialectique - dyslexie - dialogue.

4. *Savez-vous quel défaut est désigné par la* logorrhée *?*

Exercice 10 : à partir des déponents

Trouvez le plus de mots possibles formés sur les radicaux des verbes suivants : **miror - utor - experior - ingredior - patior - progredior.** *(Pensez en particulier au parfait de ces verbes.)*

Récréation

Exercice 11 : les voyelles ont disparu !

Dans ces verbes déponents, les voyelles ont été effacées. Retrouvez les formes conjuguées et précisez quels sont les temps obtenus. (Plusieurs formes sont parfois possibles.)

P R – G R – D – – B – M – R
V – R – B – N T – R
L – Q – – B – M – N –
– X P – R – – N T – R
– N G R – S S – – S T – S
P – S S – S – S
M – R – B – M – R

Le linguiste en herbe

Persona grata / non grata.

Mot à mot, persona grata signifie : *personne bienvenue.*
On désigne ainsi, par exemple,
le représentant d'un État agréé par un autre État.
Au contraire, une persona non grata
est une personne qui n'est pas en faveur.

La création selon les chrétiens

Dieu vient de créer l'homme et la femme. Il leur demande de ne pas manger à l'arbre de la connaissance.

Le serpent était le plus rusé de tous les animaux des champs que Yahvé Dieu avait faits. Il dit à la femme : « Alors, Dieu a dit : vous ne mangerez pas de tous les arbres du jardin ? » La femme répondit au serpent : « Nous pouvons manger du fruit des arbres du jardin. Mais du fruit de l'arbre qui est au milieu du jardin, Dieu a dit : "Vous n'en mangerez pas, vous n'y toucherez pas, sous peine de mort." » Le serpent répliqua à la femme : « Pas du tout ! Vous ne mourrez pas ! Mais Dieu sait que, le jour où vous en mangerez, vos yeux s'ouvriront et vous serez comme des dieux, qui connaissent le bien et le mal. » La femme vit que l'arbre était bon à manger et séduisant à voir, et qu'il était, cet arbre, désirable pour acquérir le discernement. Elle prit de son fruit et mangea. Elle en donna aussi à son mari qui était avec elle, et il mangea.

La Bible, Genèse, 3, 1-6, © Le Cerf, 1973.

ROGER BLAQUIÈRE (né en 1933), *Adam et Ève au Paradis*, 1997 (acrylique sur papier ; coll. particulière).

Un Pygmalion anglais

Le professeur de phonétique Higgins a décidé de transformer Eliza, une petite marchande de fleurs, en une grande dame. Il parvient à ses fins, mais oublie de féliciter Eliza ; vexée, elle se réfugie chez la mère de Higgins.

HIGGINS. – Levez-vous et rentrez à la maison. Ne faites pas la sotte.

Eliza tire son ouvrage de couture de son panier, et se met à coudre, sans prêter apparemment la moindre attention à ce mouvement d'humeur.

MADAME HIGGINS. – C'est très gentiment dit, en vérité, Henry. Aucune femme ne pourrait résister à pareille invitation.

HIGGINS. – Laisse-la, mère. Laisse-la parler d'elle-même. Tu pourras ainsi juger joliment vite si elle est capable d'une idée que je ne lui ai pas mise dans la tête ou d'un mot que je ne lui ai pas mis sur la langue. Je te dis que j'ai fabriqué cette chose avec les feuilles de chou qui traînaient, piétinées, sur le pavé de Covent Garden. Et maintenant elle a la prétention de jouer les grandes dames avec moi.

B. SHAW (1856-1950), *Pygmalion*, acte V, traduction M. Habart, © L'Arche, 1983.

Un Pygmalion italien

Le sculpteur Geppette fabrique un pantin de bois. Il a sculpté les cheveux, le front, les yeux, le nez, capable de s'allonger démesurément, puis la bouche… qui se met à se moquer de lui.

Après la bouche, il fit le menton, le cou, les épaules, la poitrine, les bras et les mains. À peine eut-il terminé les mains qu'il sentit sa perruque se détacher de sa tête. Il se retourna et que vit-il ? Il vit sa perruque jaune entre les mains du pantin.

– Pinocchio, rends-moi vite ma perruque !

Et Pinocchio, au lieu de rendre la perruque, l'enfonça sur sa tête et resta dessous, à moitié étouffé.

À ce geste comique, mais insolent, Geppette se fit triste et mélancolique comme il ne l'avait jamais été de toute sa vie.

Se retournant vers Pinocchio, il lui dit :

– Coquin de fils ! Tu n'es pas encore terminé, et déjà tu commences de manquer de respect à ton père. C'est mal, mon enfant, c'est bien mal !...

Et il essuya une larme.

Il restait encore à faire les jambes et les pieds. Quand Geppette eut fini les pieds, il reçut un coup de pied sur la pointe de son nez.

– Je le mérite bien, se dit-il à lui-même. Je devais le prévoir. Maintenant il est trop tard…

Il prit le pantin sous les bras, le posa debout sur le parquet de la pièce afin de le faire marcher. Comme Pinocchio avait les jambes engourdies et ne savait pas se mouvoir, Geppette le conduisit par la main pour lui apprendre à mettre un pied devant l'autre.

Quand les jambes furent dégourdies, Pinocchio commença à marcher tout seul et à courir. Enfin il prit la porte, sauta dans la rue et décampa.

C. Collodi (1826-1890), *Pinocchio*.

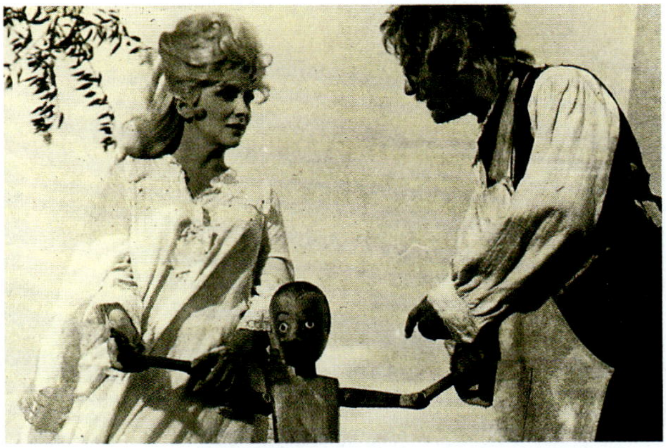

Les Aventures de Pinocchio, film de Luigi Comencini, 1975.

Comparer les textes

1. *Que symbolise le serpent dans l'extrait de la* Bible *?*

2. *Quels éléments rendent chacun de ces textes très vivant ?*

3. *Quelle est l'attitude commune des différents êtres créés envers leurs créateurs ?*

10. Les dieux et les hommes

LES GRANDS MYTHES

TITIEN, *Tityos*, vers 1548 (huile sur toile, 253 x 217 cm ; Madrid, musée du Prado).

Lire l'image

Titien, maître de l'École vénitienne (XVIe s.), a su allier la somptuosité des couleurs au réalisme des détails. Sculpteur du XXe siècle, Rodin a surtout été sensible aux lignes et aux formes du corps humain (➜ p. 95).

- *Montrez comment les deux artistes dont les œuvres sont ici représentées ont respecté les données du mythe qu'ils illustrent.*

Les supplices symboliques

Les rapports entre les dieux et les hommes engendrent parfois des conflits. C'est ainsi qu'Ixion, Sisyphe, Tantale, les Danaïdes et Tityos, coupables d'avoir offensé les dieux, subissent des supplices éternels.

Ixion, qui **versari** narratur rota,
volubilem fortunam jactari **docet**.
Adversus altos Sisyphus montes agit
saxum labore **summo**, quod de vertice
sudore semper irrito revolvitur ;
ostendit hominum id **sine** spe finis miserias.
Quod stans in amne Tantalus medio sitit,
avari describuntur, quos circumfluit
usus bonorum, sed nil possunt tangere.
Urnis scelestas Danaides portant aquas,
pertusa nec **complere** possunt dolia ?
immo luxuriae quicquid dederis perfluet.
Novem **porrectus** Tityos est per jugera,
tristi renatum suggerens **poenae** jecur ;
quo quis majorem possidet terrae locum,
hoc demonstratur cura graviore affici.
Consulto involvit veritatem **antiquitas**,
ut sapiens intellegeret, **erraret rudis**.

Ixion, dont on raconte qu'il tourne sans cesse sur une roue, enseigne que le destin est ballotté dans un mouvement de rotation perpétuelle. Contre les hautes montagnes, Sisyphe pousse, dans un immense effort, un rocher qui, du sommet, retombe toujours en roulant, tandis qu'il transpire en vain ; il montre que les malheurs de l'homme sont sans espoir de fin. Quand Tantale, debout au milieu du fleuve, a soif, ce sont les avares qui sont décrits à travers lui, eux qu'entoure l'usage des biens, mais qui ne peuvent rien toucher. Les Danaïdes, dans leurs urnes, portent les eaux maudites et ne peuvent remplir leurs jarres sans fond ? Bien au contraire, tout ce que vous donnerez au plaisir continuera à couler. Étendu sur une surface de neuf arpents, Tityos présente à un triste châtiment son foie qui repousse sans cesse ; plus l'on possède un grand espace de terre, plus sont lourds les soucis qui nous affectent, c'est évident. C'est exprès que les Anciens ont dissimulé la vérité, pour que le sage comprenne, et que l'inculte se trompe.

PHÈDRE (env. 15-50 ap. J.-C.), *Fables*, A, 5, traduction C. Milès et S. Thornes.

Lire le texte

1. *Quels sont les châtiments infligés à chaque héros ? Quelle explication Phèdre donne-t-il à chacun de ces châtiments ? Quel est leur point commun ?*

2. *Que peut-on en conclure sur la conception que les Anciens avaient de la condition humaine ? Et sur le rôle que jouaient les dieux vis-à-vis des hommes ?*

AUGUSTE RODIN (1840-1917), *La Danaïde* (sculpture en marbre ; Paris, musée Rodin).

Lire en latin

Actéon et ses chiens

Actéon, petit-fils d'Apollon et arrière-petit-fils de Mars, est parti chasser. Or, voici qu'il surprend la déesse Diane se baignant nue avec les Nymphes ses compagnes. Furieuse d'avoir été ainsi vue, la déesse décide de se venger...

Dat sparso capiti[1] vivacis cornua[2] cervi,
Dat spatium collo summasque cacuminat[3] aures
Cum pedibusque manus, cum longis bracchia mutat
Cruribus et velat[4] maculoso vellere[5] corpus.
Additus[6] et **pavor** est ; fugit Autonoeius[7] heros
Et se tam celerem[8] cursu miratur in ipso.
Ut vero vultus et cornua vidit in unda :
« Me miserum ! » dicturus erat[9] ; vox nulla **secuta est**[10] ;
ingemuit ; vox illa fuit[11] ; lacrimaeque per ora
non sua **fluxerunt** ; mens tantum pristina[12] mansit.
Quid faciat ? Repetatne[13] domum et regalia tecta[14]
An lateat silvis ? Pudor hoc, timor **impedit**[15] illud.
Dum dubitat, videre[16] canes.

Ovide (43 av. J.-C. - 17 ap. J.-C.), *Les Métamorphoses*, livre III, vers 194-206.

1. **sparso capiti** : à la tête ruisselante.
2. **cornu, us**, n : corne.
3. **cacuminat** : termine en pointe.
4. **velo, as are avi, atum** : couvrir.
5. **vellus, eris**, n : peau.
6. **additus... est** : y est ajouté.
7. **Autonoeius** : fils d'Autonoé (Actéon).
8. **tam se celerem (esse)** : d'être aussi rapide.
9. **dicturus erat** : allait-il dire.
10. **secuta est** : (ne) suivit.
11. **vox illa fuit** : ce fut sa seule parole.
12. **pristinus, a, um** : précédent, ancien.
13. **repetatne** : subjonctif de délibération.
14. **regalia tecta** : la demeure royale.
15. **impedit** : (lui) interdit.
16. **videre = viderunt** : l'ont vu.

Lire le texte

1. *Relevez les transformations physiques et morales du héros : quel est le but poursuivi par Diane ?*

2. pavor, fugit, me miserum, ingemuit, lacrimae, pudor, timor *: à partir de ces notations, étudiez l'évolution des sentiments d'Actéon.*

3. *Étudiez la longueur des phrases : comment le poète oppose-t-il la métamorphose décrite dans la première partie au désarroi du héros dans la seconde partie ?*

Plat représentant Diane et Actéon, vers 1530-1540 (faïence italienne ; Écouen, musée de la Renaissance).

Grammaire

➠ Précis p. 196, 197, 212, 222

Les pronoms-adjectifs démonstratifs

Le démonstratif **hic, haec, hoc** indique la proximité, dans le temps ou dans l'espace, et correspond à la 1re personne.

Le démonstratif **iste, ista, istud** indique ce qui est près de l'interlocuteur et correspond à la 2e personne. Il peut aussi avoir une valeur péjorative.

Le démonstratif **ille, illa, illud** indique ce qui est éloigné et correspond à la 3e personne. Il peut aussi avoir une valeur laudative.

Les pronoms-adjectifs démonstratifs

	1re personne	2e personne	3e personne
	hic, haec, hoc	**iste, ista, istud**	**ille, illa, illud**
exemples	**hic canis** : ce chien qui est près de moi, mon chien **addidit haec verba** : elle ajouta ces paroles que voici **hoc tempore** : à notre époque	**iste canis** : ce chien qui est près de toi, ton chien	**illa domus** : cette maison là-bas **in illo tempore** : dans ce temps-là
autres valeurs	–	péjorative **iste imperator** : ce malheureux empereur	laudative **ille heros** : cet illustre héros

Le pronom-adjectif is, ea, id

Le démonstratif **is, ea, id** (➠ Précis p. 212) reprend ce dont on a parlé.

Ostendit hominum id sine spe finis miserias.
Ceci (dont on vient de parler) montre que les misères des hommes sont sans espoir de fin.

Le pronom relatif qui, quae, quod

Le relatif **qui, quae, quod** s'accorde en genre et en nombre avec son antécédent et se met au cas voulu par sa fonction dans la subordonnée relative.

Agit saxum quod revolvitur. *Il pousse un rocher qui retombe en roulant.*

quod : neutre singulier → antécédent : **saxum**.
quod : nominatif → sujet du verbe **revolvitur**.

Le relatif de liaison

Placé en début de phrase, ou après une forte ponctuation, le relatif est l'équivalent du démonstratif de rappel **is, ea, id**, accompagné d'un connecteur logique :

qui = et is, is enim, is igitur…
quod = et id, id enim…

Dianam vidit. Quae irata est. *Il vit Diane. Et celle-ci fut en colère.*

Exercices

Vocabulaire à retenir

Verbes

compleo, es, ere, plevi, pletum : remplir
doceo, es, ere, docui, doctum : enseigner, instruire, montrer
erro, as, are, avi, atum : se tromper
fluo, is, ere, fluxi, fluctum : couler
impedio, is ire, ii, itum : empêcher
porrigo, is, ere, porrexi, porrectum : tendre, étendre
sequor, eris, i, secutus sum : suivre
verso, as are, avi, atum : tourner

Adjectifs qualificatifs

rudis, e : brut, grossier
summus, a, um : le plus élevé

Noms

antiquitas, atis, f : l'Antiquité, les Anciens
pavor, oris, m : effroi, épouvante
poena, ae, f : châtiment, punition

Mots invariables

adversus + accusatif : contre, en face de
consulto : exprès, à dessein
immo : bien plus, bien au contraire
sine + ablatif : sans

Réviser et appliquer

Exercice 1 : réviser un champ lexical, la religion

Retrouvez ou cherchez le sens des mots suivants :

1. ara, ae, f - templum, i, n - cella, ae, f - deus, i, m - auspicium, ii, n - augur, uris, m - religio, onis, f - haruspex, icis, m - sacerdos, otis, m - pontifex, icis, m - numen, inis, n - sacrificium, ii, n - fides, ei, f - salus, utis, f. 2. pius, a, um - impius, a, um - sanctus, a, um - divinus, a, um - sacer, cra, crum. 3. credo, is, ere, didi, ditum - precor, aris, ari, atus sum - sacrifico, as, are, avi, atum - immolo, as, are, avi, atum - pecco, as, are, avi, atum - oro, as, are, avi, atum.

Exercice 2 : traduire les démonstratifs

Retrouvez la traduction des phrases suivantes, puis précisez la valeur du démonstratif utilisé :

1. Ille caput viridi fessum submisit in herba. 2. Ut rediit, simulacra suae petit ille puellae. 3. Fastidit vinum, quia jam sitit iste cruorem. 4. Atque illa : « Occidat, inquit, dum imperet ! » 5. Mater mea indicat ei apparere nubem. 6. Ascendit locum ex quo maxime miraculum illud conspici poterat. 7. Flammae et alios in fugam vertunt et excitant illum.

Exercice 3 : manier les démonstratifs

Traduisez :

1. Hunc equum miror. 2. Iste imperator crudelis erat. 3. Illi duci gratias agimus. 4. Illo tempore, urbs deleta est. 5. Imperatorem vidimus : ille clarus erat, eum amabamus. 6. Statuas deorum vidimus : eas mirati sumus.

Exercice 4 : réviser le pronom *is, ea, id*

Substituez **is, ea, id** *au nom souligné, en l'accordant comme il convient.*

1. Nero erat saevus : Neronem Romani non laudabant. 2. Claudii soror dicebat fratrem imperii dignum non esse. 3. Augustus clemens et saevus erat : Augustum servi timebant. 4. Fons erat inlimis ; fontem numquam pastores contigerant. 5. Statua pulcherrima erat : statuae Pygmalion oscula dat.

Exercice 5 : réviser le pronom relatif

Traduisez les phrases suivantes :

1. Silva in qua ambulamus magna et pulchra est. 2. Videsne templa quae in foro stant ? 3. Poeta caelum spectat quod miratur. 4. Magister discipulos docet qui linguam Latinam discunt. 5. Princeps quem contemnebamus immitis erat. 6. Narcissus dilexit imaginem quam videbat.

Exercice 6 : réviser le relatif dans les textes

Traduisez les phrases suivantes :

1. Conjugio, quod fecit, adest dea. 2. Virginis est verae facies, quam vivere credas. 3. Fons erat quem nunquam pastores contigerant. 4. Corpus putat esse quod unda est. 5. Qui probat ipse probatur. 6. Correpti sunt qui fatebantur.

Exercice 7 : utiliser le relatif de liaison

Traduisez les phrases suivantes, puis remplacez le pronom-adjectif is, ea, id *par le relatif de liaison correspondant :*

1. Cicero epistulam scripsit. Eam uxori misit. 2. Narcissus vultum vidit in unda ; eum dilexit. 3. Dea in silvam venit : in ea latet. 4. Diana irata erat. Ea capiti juvenis cornua dedit. 5. Canes Heroem vident : ii ruunt in eum. 6. Heros clamabat : Actaeon ego sum. Ei canes non parebant.

Exercice 8 : version

La chevelure de Méduse

Clarissima forma
Multorumque fuit spes invidiosa[1] procorum[2]
Illa[3], neque in tota conspectior[4] ulla capillis
Pars fuit ; inveni[5], qui se vidisse referret.
Hanc pelagi rector[6] templo vitiasse[7] Minervae[8]
Dicitur ; aversa est[9] et castos[10] aegide[11] vultus
Nata Jovis[12] texit ; neve[13] hoc impune fuisset,
Gorgonem crinem turpes mutavit in hydros[14].
Nunc quoque, ut attonitos formidine[15] [terreat hostes,
Pectore in adverso[16], quos fecit, sustinet angues.

Ovide (43 av. J.-C. - 17 ap. J.-C.), *Les Métamorphoses*, IV, vers 794-803.

1. invidiosus, a, um : recherché, qui suscite l'envie. - 2. procus, i, m : prétendant. - 3. Illa : désigne Méduse. - 4. conspectus, a, um : admirable, remarquable. - 5. inveni, qui... referret : j'ai connu quelqu'un qui assurait. - 6. pelagi rector : le souverain des mers. - 7. vitio, as, are, avi, atum : déshonorer. - 8. C'est de cette union coupable que serait né Pégase. - 9. aversa est : se détourna. - 10. castos = castus : chaste. - 11. aegis, idis, f : égide (bouclier de Minerve avec la tête de Méduse). - 12. nata Jovis : la fille de Jupiter. 13. neve : et pour que... ne pas. - 14. hydrus, i, m : serpent, hydre. 15. attonitos formidine : frappés d'épouvante. - 16. pectore in adverso : devant sa poitrine.

Jouer avec la langue

Exercice 9 : le latin et le grec

1. *Le mot latin* **deus** *est à l'origine des mots français suivants :* déiste - déicide - déifier. *Proposez une définition pour chacun de ces mots.*

2. *Le terme grec* **theos** *:* dieu *a engendré de nombreux mots savants. Trouvez les mots qui correspondent aux définitions suivantes :*

– un régime dans lequel les dirigeants prétendent n'exécuter que les volontés de Dieu ;
– un personnage qui ne croit en aucun dieu ;
– le temple de tous les dieux ;
– l'élévation au rang des dieux ;
– la croyance en un dieu unique ;
– la croyance en plusieurs dieux.

Exercice 10 : *sine*

Que signifient les expressions suivantes héritées du latin : une condition sine qua non - une réunion ajournée sine die - ce n'est pas une sinécure ?

Récréation

Exercice 11 : pêle-mêle

Rétablissez l'ordre des mots dont les lettres ont été mélangées :

DURSAVES	TONDEC
TREBILEN	ANOPE
TRUVARENER	MUSMUS

Le linguiste en herbe

Errare humanum est.

Il est de la nature de l'homme de se tromper.

C'est à force d'erreur que l'homme accèdera à la vérité. On ajoute souvent à cette phrase : sed perseverare diabolicum. Quel est le sens de cette deuxième partie ?

Ulysse aux enfers

Ulysse est descendu aux enfers et a vu des défunts célèbres…

Je vis Tityos, fils de la noble Terre : il gisait sur le sol et couvrait neuf arpents. Un couple de vautours, posés à ses deux flancs, lui déchirait le foie et fouillait ses entrailles, et ses mains ne pouvaient les écarter de lui : il avait assailli la compagne de Zeus, cette auguste Léto, qui s'en allait à Delphes, à travers Panopée et sa riante plaine.

Je vis aussi Tantale en proie à ses tourments. Il était dans un lac, debout, et l'eau montait lui toucher le menton ; mais, toujours assoiffé, il ne pouvait rien boire ; chaque fois que, penché, le vieillard espérait déjà prendre de l'eau, il voyait disparaître en un gouffre le lac et paraître à ses pieds le sol de noir limon, desséché par un dieu. Des arbres à panache, au-dessus de sa tête, poiriers et grenadiers et pommiers aux fruits d'or, laissaient pendre leurs fruits ; à peine le vieillard faisait-il un effort pour y porter la main : le vent les emportait jusqu'aux sombres nuées.

HOMÈRE (poète mythique, IXe s. av. J.-C. ?), *Odyssée*, chant XI, vers 576-600, traduction V. Bérard,

La mort d'Actéon

Que font les chiens, lancés à la poursuite d'Actéon ?

Cette meute, avide de la curée, à travers les rochers, les escarpements, les blocs inaccessibles, sur des terrains difficiles ou sans routes, poursuit le jeune homme. Il fuit dans ces mêmes lieux où il a si souvent poursuivi le gibier ; hélas ! oui ! il fuit ceux qui étaient à son service. Il aurait voulu leur crier : « Je suis Actéon, reconnaissez votre maître. » Les mots n'obéissent plus à sa volonté ; seuls des aboiements font retentir les airs.

[…] Tous les crocs s'abattent à la fois sur son corps. Bientôt la place y manque pour de nouvelles blessures ; il gémit et, si sa voix n'est plus celle d'un homme, elle n'est pourtant pas celle qu'un cerf pourrait faire entendre ; il remplit de ses plaintes douloureuses les hauteurs qui lui étaient familières. […] Il voudrait bien être absent, mais il est présent ; il voudrait bien voir, sans en être aussi victime, les sauvages exploits de ses chiens. Ils se dressent de tous côtés autour de lui et, le museau plongé dans le corps de leur maître, caché sous la forme trompeuse d'un cerf, ils le mettent en lambeaux ; ce ne fut qu'en exhalant sa vie par mille blessures qu'il assouvit, dit-on, la colère de Diane, la déesse au carquois.

OVIDE (43 av. J.-C. - 17 ap. J.-C.), *Les Métamorphoses*, livre III, vers 225-253, traduction C. Lafaye,

Artémis et Actéon, métope du temple E. de Sélinonte, Ve s. av. J.-C. (Palerme, musée archéologique).

Le mythe de Sisyphe

Pour le philosophe Albert Camus (XXe siècle), la condition humaine est absurde, comme l'illustrent les mythes antiques, celui de Sisyphe en particulier.

Sisyphe puni, IVe s. av. J.-C. (peinture sur vase ; Munich, Antikensammlung).

On a compris déjà que Sisyphe est le héros absurde. Il l'est autant par ses passions que par son tourment. Son mépris des dieux, sa haine de la mort et sa passion pour la vie, lui ont valu ce supplice indicible où tout l'être s'emploie à ne rien achever. C'est le prix qu'il faut payer pour les passions de cette terre. On ne nous dit rien sur Sisyphe aux enfers. Les mythes sont faits pour que l'imagination les anime. Pour celui-ci on voit seulement tout l'effort d'un corps tendu pour soulever l'énorme pierre, la rouler et l'aider à gravir une pente cent fois recommencée ; on voit le visage crispé, la joue collée contre la pierre, le secours d'une épaule qui reçoit la masse couverte de glaise, d'un pied qui la cale, la reprise à bout de bras, la sûreté tout humaine de deux mains pleines de terre. Tout au bout de ce long effort mesuré par l'espace sans ciel et le temps sans profondeur, le but est atteint. Sisyphe regarde alors la pierre dévaler en quelques instants vers ce monde inférieur d'où il faudra la remonter vers les sommets. Il redescend dans la plaine. [...]

Je laisse Sisyphe au bas de la montagne ! On retrouve toujours son fardeau. Mais Sisyphe enseigne la fidélité supérieure qui nie les dieux et soulève les rochers. Lui aussi juge que tout est bien. Cet univers désormais sans maître ne lui paraît ni stérile ni futile. Chacun des grains de cette pierre, chaque éclat minéral de cette montagne pleine de nuit, à lui seul forme un monde. La lutte elle-même vers les sommets suffit à remplir un cœur d'homme. Il faut imaginer Sisyphe heureux.

A. Camus (1913-1960), *Le Mythe de Sisyphe*, © Gallimard, 1942.

Comparer les textes

1. *Reprenez chaque personnage cité dans ce chapitre : quelle mauvaise action a-t-il commise ? Quel est son châtiment ? Que symbolise-t-il ?*

2. *En quoi la punition d'Actéon est-elle particulièrement cruelle ? Pourquoi cette vengeance convient-elle à la déesse Diane ?*

3. *En quoi la punition de Sisyphe est-elle absurde ? Montrez comment le premier paragraphe du texte de Camus illustre la disproportion entre l'effort fourni par le héros et le résultat obtenu. Comment expliquez-vous la dernière phrase du texte :* Il faut imaginer Sisyphe heureux *?*

4. *En vous appuyant sur les chapitres 8 à 10, proposez une définition du mythe.*

LES SYMBOLES DU FEU ET DE L'EAU

Les éléments « feu » et « eau », bien qu'opposés, se ressemblent : tous deux purifient et régénèrent, mais aussi dévorent et détruisent. Ils sont à l'origine des grands mythes évoquant les fléaux qui, de tout temps, ont menacé l'humanité : déluges, incendies, éruptions volcaniques…

L'origine du feu

Dans tous les pays du monde, les hommes se sont interrogés sur la découverte du feu.

En Amérique du Nord, on raconte que seul l'Ours possédait le feu. Un oiseau vint un jour le lui dérober. L'Ours le poursuivit en vain, car les autres animaux faisaient la chaîne et se passèrent le feu de l'un à l'autre : ainsi, les nombreuses tribus de la terre entière connurent-elles le feu.

L'antre de Vulcain, art romain du IIIe s. (mosaïque provenant de Dougga ; Tunis, Musée du Bardo).

PAOLO VERONESE (1528-1588), *Jupiter foudroyant les crimes* (Paris, musée du Louvre).

Au Nouveau-Mexique, la légende veut que l'araignée Sussistinnako ait créé hommes et animaux. Dans sa maison souterraine, elle gardait jalousement le feu, prenant comme vigiles à chacune de ses portes un serpent, un couguar et un ours. Un jour, les habitants de la terre envoyèrent le coyote dérober le feu dans le monde inférieur. Il y parvint sans peine, tous les gardiens étant endormis. Quand l'araignée elle-même se réveilla et comprit, il était trop tard : le coyote avait déjà rejoint le monde d'en haut…

En Normandie, on dit que seul un petit roitelet accepta d'aller trouver Dieu pour lui demander le feu. Dieu accéda à son désir, mais le mit en garde : s'il volait trop vite, il mettrait le feu à ses plumes. Courageusement, le roitelet retourna vers la terre. Quand il aperçut tout le monde qui le regardait, il accéléra son vol et se brûla. Mais les hommes eurent le feu grâce à lui. Chaque oiseau s'arracha une plume pour en couvrir le roitelet : depuis, le plumage du roitelet est tacheté.

D'après J. G. FRAZER, *Mythes sur l'origine du feu*, © Payot, 1990.

La jarre de Pandore

Zeus, par l'intermédiaire d'Hermès, offre Pandore au frère de Prométhée, Épiméthée. Non seulement Pandore apporte aux hommes le feu dévorant de l'amour, mais elle va aussi répandre sur la Terre tous les maux possibles, cachés dans une jarre.

La race humaine vivait auparavant sur la terre à l'écart et à l'abri des peines, de la dure fatigue, des maladies douloureuses, qui apportent le trépas aux hommes. Mais la femme, enlevant de ses mains le large couvercle de la jarre, les dispersa par le monde et prépara aux hommes de tristes soucis. Seul, l'Espoir restait là, à l'intérieur de son infrangible prison, sans passer les lèvres de la jarre, et ne s'envola pas au dehors, car Pandore déjà avait replacé le couvercle, par le vouloir de Zeus, assembleur de nuées, qui porte l'égide. Mais des tristesses en revanche errent innombrables au milieu des hommes : la terre est pleine de maux, la mer en est pleine ! Les maladies, les unes de jour, les autres de nuit, à leur guise, visitent les hommes, apportant la souffrance aux mortels – en silence, car le sage Zeus leur a refusé la parole. Ainsi donc il n'est nul moyen d'échapper aux desseins de Zeus.

HÉSIODE (VIIIe ou VIIe s. av. J.-C.), *Les Travaux et les Jours*, v. 90-105, traduction P. Mazon, © Les Belles Lettres, CUF, 1928.

Le déluge purificateur

Les humains sont corrompus : crimes, mensonges et vices de tous ordres affligent les dieux. Jupiter décide donc de supprimer les hommes en leur envoyant le déluge. Les autres dieux s'alarment de voir le genre humain disparaître. Jupiter leur promet alors que renaîtra une nouvelle race d'hommes, dont l'origine sera merveilleuse.

Sur le mont Parnasse, seul endroit que le déluge n'a pas atteint, survivent un homme et sa compagne : Deucalion, fils de Prométhée, et Pyrrha, fille d'Épiméthée. Tous deux décident d'implorer les dieux et vont consulter l'oracle sacré de la déesse Thémis. L'oracle leur dit : « Éloignez-vous du temple, voilez-vous la tête, détachez la ceinture de vos vêtements et jetez derrière votre dos les os de votre grande mère. »

Après avoir écouté ces mystérieuses paroles, Pyrrha refuse d'obéir à l'oracle. Elle ne veut pas outrager ses ancêtres. Mais Deucalion comprend enfin le sens des paroles sacrées : « Notre grand mère, c'est la terre ; les pierres, dans le corps de la terre, sont, j'en suis convaincu, ce qu'il appelle ses os ; voilà ce qu'il nous ordonne de jeter derrière notre dos. »

Les deux jeunes gens s'exécutent et voient les pierres se transformer en un homme et une femme. « Voilà pourquoi nous sommes une race dure, à l'épreuve de la fatigue ; nous donnons nous-mêmes la preuve de notre origine première », conclut Ovide.

D'après OVIDE, *Les Métamorphoses*, I, v. 391-415, traduction Georges Lafaye, © Les Belles Lettres, CUF, 1925, revue par J. Fabre, 1999.

JEAN COUSIN (1490 - vers 1560), *Eva Prima Pandora* (peinture sur bois, 97,5 x 150 cm ; Paris, musée du Louvre).

11. La poésie amoureuse

CATULLE : 87-54 av. J.-C.

NICOLAS POUSSIN (1594-1665), *L'Inspiration du poète*, vers 1627 (huile sur toile, 132 x 213 cm ; Paris, musée du Louvre).

Lire l'image

Nicolas Poussin est considéré comme le maître du classicisme français. Les classiques, soucieux de retrouver l'idéal esthétique des Anciens, avaient pour principes la mesure et la pudeur dans l'expression des sentiments.

- *En tenant compte de la composition, des couleurs, des attitudes des personnages, des accessoires, étudiez la façon dont Nicolas Poussin glorifie le poète.*

Lire en latin

Donne-moi mille baisers…

Un grand nombre de poèmes rédigés par Catulle chantent son amour pour Lesbie.

Vivamus, mea Lesbia, atque amemus,
Rumoresque **senum** severiorum
Omnes unius aestimemus assis.
Soles occidere et redire possunt ;
Nobis cum semel occidit brevis **lux**,
Nox est perpetua una dormienda.
Da mi basia mille, deinde centum,
Dein mille altera, dein secunda centum,
Deinde usque altera mille, deinde centum.
Dein, cum milia multa fecerimus,
Conturbabimus illa, ne sciamus,
Aut ne quis malus **invidere**[1] possit,
Cum **tantum** sciat esse basiorum.

Catulle (87-54 av. J.-C.), *Poésies*, 5,
traduction C. Milès et S. Thornes.

1. La croyance au mauvais œil (fascinum) était générale dans l'Antiquité. On était convaincu que tout bonheur par lui-même attirait l'envie des jeteurs de sort, à plus forte raison celui qui dépassait la commune mesure.

Vivons, ma Lesbie, aimons-nous
et que tous les murmures des vieillards moroses
aient pour nous la valeur d'un as.
Les feux du soleil peuvent mourir et renaître ;
nous, une fois qu'est morte la brève lumière de notre vie,
il nous faut dormir une seule et même nuit éternelle.
Donne-moi mille baisers, puis cent,
puis mille autres, puis une seconde fois cent,
puis encore mille autres, puis cent.
Et puis, après en avoir additionné beaucoup de milliers,
nous embrouillerons le compte si bien que nous ne le saurons plus
et qu'un envieux ne pourra nous porter malheur,
en apprenant qu'il s'est donné tant de baisers.

Antonio Canova (1757-1822), *Psyché ranimée par le baiser de l'Amour* (groupe de marbre ; Paris, musée du Louvre).

Lire le texte

1. *Quel est le champ lexical dominant dans les vers 4 à 6 ? Quel est l'effet recherché par Catulle ?*

2. vivamus, amemus, aestimemus *: quel est le mode de ces verbes ? À quelle personne sont-ils ? Que veut ainsi souligner le poète ?*

3. *Relevez les répétitions dans les vers 7 et suivants. Vous pourrez ensuite dégager l'idée dominante et le ton du texte.*

Lire en latin

Pauvre Catulle

Miser Catulle, **desinas** ineptire[1],
Et quod vides perisse perditum ducas[2].
Fulsere[3] **quondam** candidi tibi **soles**,
Cum ventitabas[4] quo puella ducebat
Amata nobis quantum[5] amabitur nulla.
Ibi illa multa tum jocosa **fiebant**[6],
Quae tu **volebas** nec puella **nolebat**[7].
Fulsere vere candidi[8] tibi soles.
Nunc **jam** illa **non** vult ; tu quoque, **inpotens**, noli,
Nec quae fugit sectare[9], nec miser vive,
Sed obstinata **mente** perfer, obdura[10].
Vale, puella. Jam Catullus obdurat,
Nec te requiret nec rogabit **invitam** ;
At tu **dolebis**, cum rogaberis nulla[11].
Scelesta[12], vae te[13] ; quae tibi **manet** vita !
Quis nunc te adibit ? cui videberis bella ?
Quem nunc amabis ? cujus esse diceris ?
Quem basiabis[14] ? cui labella[15] **mordebis** ?
At tu, Catulle, destinatus[16] obdura.

CATULLE, *Poésies*, 8.

1. **desinas ineptire** : cesse d'être fou.
2. **perditum ducas** : tiens-le pour perdu.
3. **fulsere = fulserunt** : ont brillé.
4. **cum ventitabas** : comme tu accourais.
5. **quantum**, ici : comme.
6. **ibi… fiebant** : en ce temps-là ce n'étaient qu'ébats joyeux.
7. **nec nolebat** : le voulait aussi.
8. **candidi** : lumineux.
9. **ne sectare** : ne poursuis pas.
10. **obduro, as, are, avi, atum** : tenir bon.
11. **cum rogaberis nulla** : quand personne ne t'adressera plus de prières.
12. **scelestus, a, um** : scélérat, maudit.
13. **vae te** : malheur à toi !
14. **basio, as, are, avi, atum** : donner des baisers
15. **labellum, i**, n : lèvre
16. **destinatus, a, um** : ferme

CATULLE (vers 87-54 av. J.-C.)
Né à Vérone dans une très bonne famille, Caius Valérius Catullus alla faire ses études à Rome. Il y rencontra Lesbie, qui lui inspira ses plus beaux poèmes, sa passion résistant à toutes les ruptures. Il mourut alors qu'il était très jeune.

Lire le texte

1. *À qui Catulle s'adresse-t-il dans les vers 1 à 11 ? Et à partir du vers 12 ? Quel est l'effet produit par ce changement ?*
2. *Quel type de phrases le poète utilise-t-il à partir du vers 16 ? Quel ton emploie-t-il ? Comment expliquer ce ton ?*
3. *Que concluez-vous à la lecture du dernier vers ?*
4. *Repérez les termes indicateurs de temps dans le texte. Quels temps et modes sont utilisés dans chaque partie ? Quelle conclusion en tirez-vous ?*

Précis p. 190, 191, 218

Les verbes irréguliers volo, nolo, malo (indicatif)

	velle : vouloir	**nolle** : ne pas vouloir	**malle** : préférer
présent	**volo** **vis** **vult** **volumus** **vultis** **volunt**	**nolo** **non vis** **non vult** **nolumus** **non vultis** **nolunt**	**malo** **mavis** **mavult** **malumus** **mavultis** **malunt**
imparfait	**volebam, bas...**	**nolebam, bas...**	**malebam, bas...**
futur	**volam, es...**	**nolam, es...**	**malam, es...**
parfait	**volui, isti...**	**nolui, isti...**	**malui, isti...**
plus-que-parfait	**volueram, eras...**	**nolueram, eras...**	**malueram, eras...**
futur antérieur	**voluero, eris...**	**noluero, eris...**	**maluero, eris...**

Fio, fis, fieri, factus sum : devenir, être fait

Aux temps de l'**infectum**, ce verbe sert de passif à **facio** : *je fais*.

	présent	**imparfait**	**futur**
infectum	**fio, fis, fit...**	**fiebam, fiebas, fiebat...**	**fiam, fies, fiet...**

	parfait	**plus-que-parfait**	**futur antérieur**
perfectum	**factus, a, um sum...** **facti, ae, a sumus...**	**factus, a, um eram...** **facti, ae, a eramus...**	**factus, a, um ero...** **facti, ae, a erimus...**

L'ordre et la défense

Pour formuler un ordre, on utilise l'impératif à la deuxième personne du singulier et du pluriel, le subjonctif aux autres personnes.

Pour exprimer une défense, on utilise le subjonctif précédé d'une négation ; à la deuxième personne, on peut aussi employer l'impératif de **nolo** suivi de l'infinitif.

	ordre	**défense**
1re pers. singulier	**vivam** : que je vive	**ne doleam** : que je ne souffre pas
2e pers. singulier	**obdura** : tiens bon	**noli abire ; ne abieris** : ne pars pas
3e pers. singulier	**vivat** : qu'il vive	**ne abeat** : qu'il ne parte pas
1re pers. pluriel	**vivamus** : vivons	**ne hoc faciamus** : ne faisons pas cela
2e pers. pluriel	**obdurate** : tenez bon	**nolite abire ; ne abieritis** : ne partez pas
3e pers. pluriel	**vivant** : qu'ils vivent	**ne abeant** : qu'ils ne partent pas

Exercices

Vocabulaire à retenir

Verbes

desino, is, ere, sii, situm : cesser
doleo, es, ere, ui, itum (intransitif) : souffrir
fio, is, fieri, factus sum : se produire, arriver, devenir
invideo, es, ere, vidi, visum : jeter le mauvais œil, envier
malo, mavis, malle, malui : préférer
maneo, es, ere, mansi, mansum : rester
mordeo, es, ere, momordi, morsum : mordre
nolo, non vis, nolle, nolui : ne pas vouloir
volo, vis, velle, volui : vouloir

Adjectifs qualificatifs

impotens, entis : faible, qui n'est pas maître de soi
invitus, a, um : qui agit contre son gré

Noms

lux, lucis, f : lumière
mens, mentis, f : esprit, intelligence, raison
senex, senis, m : vieillard
sol, solis, m : soleil, jour

Mots invariables

non... jam : ne... plus
quondam : un jour, autrefois
tantum : tant

Réviser et appliquer

Exercice 1 : réviser un champ lexical, les sentiments

Rappelez ou cherchez le sens des mots suivants :

1. admiratio, onis, f - amor, oris, m - maeror, oris, m - ira, ae, f - dolor, oris, m - spes, ei, f - gaudium ii, n - lacrima, ae, f - voluptas, atis, f - odium, ii, n. 2. anxius, a, um - iratus, a, um - felix, icis - beatus, a, um - laetus, a, um - miser, era, erum - miserabilis, e - tristis, e. 3. diligo, is, ere, lexi, lectum - placeo, es, ere, ui, itum - despero, as, are, avi, atum - spero, as, are, avi, atum - delecto, as, are, avi, atum.

Exercice 2 : relire les textes

Relevez les impératifs utilisés dans les textes *➠ p. 105 et 106**, puis les formes de* volo *et de* malo*. Analysez-les.*

Exercice 3 : reconnaître *volo*, *nolo* et *malo*

Traduisez :

vult - nolumus - mavis - non vult - nolunt - malle - volens - velle - malebam - volebat - nolebant - malam - voles - malet - malui - voluit - noluerunt - malueram - noluerat - malueratis - noluero - malueris - voluerint.

Exercice 4 : conjuguer *volo*, *nolo* et *malo*

Traduisez en latin :

il veut - il préfère - nous ne voulions pas - nous préférions - je voudrai - je ne voudrai pas - tu n'as pas voulu - vouloir - préférer - avoir voulu - avoir préféré.

Exercice 5 : employer *volo*, *nolo* et *malo*

Traduisez en français :

1. Poeta vult cum Lesbia vivere. 2. Poeta in silvis ambulare quam in urbe mavult. 3. Quae volebat poeta, puella quoque volebat. 4. Domi manere voluerunt pueri. 5. Tristis sum quia mecum venire noluisti.

Exercice 6 : traduire *fio*

Traduisez en français ou en latin, selon le cas :

fieri - facta erat - il est devenu - ut fieret - fiet - fiebas - factum esse - il devenait - qu'il devienne ! - facti sunt - factae erunt.

Exercice 7 : transposer

Transformez en ordres les défenses suivantes :

1. Noli ridere ! 2. Nolite errare ! 3. Nolite homines contemnere ! 4. Nolite naves deducere ! 5. Noli totam noctem dormire !

Exercice 8 : traduire la défense au subjonctif

Traduisez en français ou en latin, selon le cas :

1. Ne exeat ! 2. Qu'il ne dise rien ! 3. Ne maneamus ! 4. Ne vous trompez pas ! 5. Qu'ils ne parlent pas ! 6. Ne invideritis ! 7. Qu'il ne se serve pas d'une épée ! 8. N'imitons pas le poète ! 9. Ne timeamus ! 10. Ne reviens jamais !

Exercice 9 : version

Comment te comparer avec Lesbie ?

Salve, nec minimo puella naso
Nec bello pede nec nigris ocellis[1]
Nec longis digitis nec ore sicco[2]
Nec sane nimis[3] elegante lingua,
Decoctoris[4] amica Formiani[5].
Ten[6] provincia narrat esse bellam ?
Tecum Lesbia nostra comparatur ?
O saeclum insapiens et infacetum[7] !

CATULLE (87-54 av. J.-C.), *Poésies*, 43.

1. ocellus, i, m : diminutif de oculus. - 2. ore : bouche, sicco : nette. - 3. nimis : trop. - 4. decoctor, oris, m : homme ruiné, banqueroutier. - 5. Formiani : de Formies, ville d'Italie. - 6. ten : est-ce bien toi ? - 7. infacetus, a, um : sans esprit.

Jouer avec la langue

Exercice 10 : le latin et le grec

1. *Complétez avec le mot juste issu du latin* **doleo, ere** *:* souffrir.

1. Ses membres sont tout .... parce qu'il est tombé dans l'escalier. 2. Cette opération insignifiante est tout à fait .... 3. Il cherche toujours à se faire plaindre et parle sur un ton .... 4. À l'occasion de votre deuil, je vous présente mes .... 5. Le jeune garçon se dirige vers l'école d'un pas ....

2. *Sachant que* **algos** *(de* **algeo, ere***) signifie :* douleur, *déterminez quels maux désignent les noms suivants :* une névralgie - une lombalgie - une dorsalgie - la nostalgie.

3. *Qu'est-ce qu'un* antalgique *?*

Exercice 11 : *lux, lucis*

Sachant que **lux, lucis**, *f signifie :* lumière, *complétez ces phrases avec le mot qui convient :*

1. Nous avons reçu une publicité pour une voyante .... 2. Les .... sont de petits insectes ailés et lumineux. 3. Le commissaire n'a pas encore réussi à .... toute l'affaire. 4. Les portes de cette pièce sont en verre ....

Exercice 12 : *mens, mentis*

Trouvez les mots qui conviennent, formés sur le radical de **mens, mentis**, *f :* esprit.

qui s'effectue uniquement par la pensée - qui a perdu l'esprit - donner pour vrai ce que l'on sait être faux - illustrer un texte par des remarques - carnet où l'on note ce dont on doit se souvenir.

Récréation

Exercice 13 : la ronde des mots

Trouvez les deux syllabes manquantes pour chacun des mots dont la définition vous est donnée.

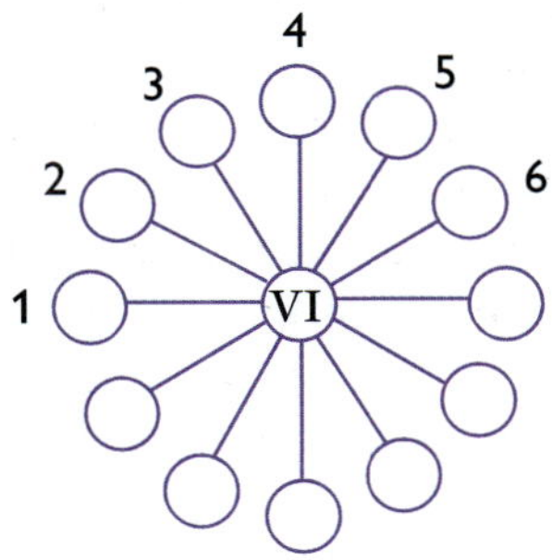

1. Il agit à contrecœur. 2. Je suis jaloux. 3. Rapidement. 4. Il va au-devant. 5. Qui est haï. 6. Les épaules.

Le linguiste en herbe

Fiat lux !

Que la lumière soit !

Il s'agit d'une citation de la Bible :
Dieu dit : « Que la lumière soit ! » et la lumière fut.
On emploie aujourd'hui cette formule pour désigner toute grande découverte.

Lesbie est de retour

Celui dont les désirs et les souhaits sont comblés par une faveur du sort contre son espérance en éprouve une joie particulière. J'éprouve donc, moi aussi, une joie, et plus précieuse que l'or, en te voyant revenir à moi, Lesbie, à mon désir, oui revenir à moi, à mon désir, contre mon espérance, et de toi-même me rendre ta personne. Ô jour bien digne que je le marque d'une pierre plus blanche ! Parmi les vivants y en a-t-il un plus heureux que moi, et qui pourra dire qu'il y ait rien de plus souhaitable que ma vie ?

CATULLE (87-54 av. J.-C.), *Poésies*, 107, traduction G. Lafaye,

Petit amour, provenant de Gortyne (Crète), époque hellénistique (Heracleion, Musée archéologique).

L'Amour mouillé

ANACRÉON, *L'Amour mouillé*, ode III (lithographie d'un anonyme du XIXe s. ; Paris, Bibliothèque nationale de France).

Un jour, à l'heure où vers minuit la Grande Ourse tourne déjà sous la main du Bouvier, où toute la race des mortels dort, domptée par la fatigue, l'Amour s'en vint heurter le marteau de ma porte.

« Qui donc, dis-je, frappe à ma porte et vient troubler mes songes ?

– Ouvre, fit l'Amour ; je ne suis qu'un bambin ; n'aie pas peur ; je suis tout mouillé et je me suis perdu par cette nuit sans lune. »

À ces mots, ému de pitié, je rallume vite ma lampe, j'ouvre et je vois un bambin qui portait un arc, des ailes et un carquois. Je le fais asseoir près du feu ; je réchauffe ses mains dans mes paumes et j'exprime de sa chevelure l'eau dont elle était toute trempée.

Dès qu'il cessa d'être transi : « Allons, dit-il, essayons cet arc, et voyons si l'averse n'en a pas gâté la corde. » Il bande son arc, et me frappe, comme d'un aiguillon, en plein cœur ; puis il saute de joie et éclate de rire : « Mon cher hôte, dit-il, tout va bien ; mon arc n'est pas gâté, et ton cœur s'en ressentira. »

ANACRÉON (poète grec, vers 570 av. J.-C.), *Odes*, III, traduction M. Rat.

Aimons-nous tous deux…

Le poète Tibulle, malade, a interrompu sa carrière militaire. Une fois guéri, il préfère s'adonner à une vie paisible dans son domaine et à l'amour.

Je suis retenu captif dans les chaînes d'une belle amie, et je suis le gardien assis à l'attache devant sa porte insensible. Non, je ne me soucie pas de la gloire, ma Délia : auprès de toi si je puis être, je consens qu'on m'appelle lâche et oisif ; ah ! te regarder, quand sera venue mon heure suprême, te tenir, en mourant, de ma main défaillante ! Et tu me pleureras, Délia, quand je serai déposé sur le lit près de s'allumer, et, mêlés à des larmes amères, tu me donneras tes baisers ; tu pleureras : tu n'as pas le cœur durement scellé avec du fer, ta tendre poitrine ne contient pas un caillou.

Cependant, tant que les destins le permettent, aimons-nous tous deux : bientôt viendra la mort, la tête enveloppée de ténèbres ; bientôt se glissera l'âge qui engourdit, et l'amour ne siéra plus, les caresses des mots non plus, quand nos têtes auront blanchi. C'est maintenant qu'il faut servir la légère Vénus, tandis qu'il n'y a pas de honte à briser des portes et qu'il y a du plaisir à faire entrer avec soi la querelle ; là je suis bon général et bon soldat : vous autres, enseignes et trompettes, loin d'ici, portez les blessures aux guerriers ambitieux, portez-leur aussi la fortune ; moi, à l'abri du souci grâce à mes provisions, je me rirai des riches et je me rirai de la faim.

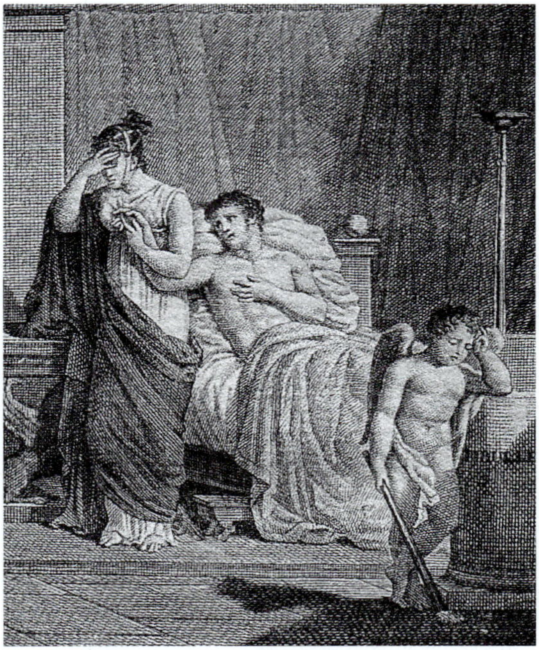

« Mourant, que je te voie, ô ma fidèle Amante, que je te presse encor de ma main défaillante. »

Illustration pour Tibulle, *Élégies*, 1816 (frontispice gravé par Delvaux ; Paris, Bibliothèque nationale de France).

TIBULLE (50-19 av. J.-C.), *Élégies*, I, 1, vers 51-78 (extraits), traduction M. Ponchont, © Les Belles Lettres, CUF, 1926.

Comparer les textes

1. *Dans le texte d'Anacréon, que symbolisent l'arc et les flèches ? Comment l'amour est-il dépeint ?*

2. *À quoi voit-on que Catulle, dans l'ensemble des textes de ce chapitre, est une victime de l'amour ?*

3. *Quelle idée de Catulle est reprise par Tibulle ? Comment celui-ci la développe-t-il ?*

12. *L'Art d'aimer*

OVIDE : 43 av. J.-C. - 17 ap. J.-C.

ALESSANDRO BOTTICELLI (1444-1510), *Allégorie du Printemps* (détail) : le Printemps, vers 1478 (détrempe sur bois, 203 x 314 cm ; Florence ; Galerie des Offices).

Lire l'image

Botticelli vécut à Florence au moment de la Renaissance. Cette œuvre, qu'il peignit pour la villa Médicis, date de 1478. La jeune femme se trouve au centre d'un tableau, entourée de personnages allégoriques évoluant dans un sombre sous-bois.

- *Qu'est-ce qui, allégoriquement, suggère ici le Printemps ?*
- *En quoi le personnage est-il un symbole de l'Amour ?*

Comment plaire aux jeunes filles…

Dans l'Ars amatoria, ou L'Art d'aimer, Ovide s'amuse à parodier des traités[1] techniques latins, de grammaire et de rhétorique notamment, en choisissant un sujet plus divertissant.

Cede repugnanti ; **cedendo** victor abibis ;
Fac modo, quas partis illa jubebit agas.
Arguet, arguito ; quidquid probat illa, probato ;
Quod dicet, dicas ; quod negat illa, neges ;
Riserit, adride ; si **flebit**, flere memento.
Imponat leges vultibus illa tuis.
Seu ludet **numeros**que manu jactabit eburnos,
Tu male jactato, tu male jacta dato ;
Seu jacies talos, victam ne poena **sequatur**,
Damnosi facito stent tibi saepe canes ;
Sive latrocinii sub imagine calculus ibit,
Fac pereat vitreo miles ab hoste tuus.
Ipse tene distenta suis umbracula virgis,
Ipse fac in turba, qua venit illa, locum,
Nec dubita tereti scamnum producere lecto
Et tenero soleam deme vel adde pedi.
Saepe etiam dominae, quamvis horrebis et ipse,
Algenti manus est calfacienda sinu ;
Nec tibi turpe puta (quamvis sit turpe, **placebit**)
Ingenua **speculum** sustinuisse manu.

Si ton amie te contredit, cède ; c'est en cédant que tu sortiras vainqueur de la lutte. Borne-toi à jouer le rôle qu'elle t'imposera. Elle blâme, blâme ; tout ce qu'elle approuve, approuve-le ; ce qu'elle dira, dis-le ; ce qu'elle niera, nie-le. Elle rit, ris avec elle ; si elle pleure, ne manque pas de pleurer. Que l'expression de ton visage se règle sur la sienne. Elle veut jouer, sa main agite les dés d'ivoire, toi, agite-les maladroitement, et après les avoir maladroitement agités, passe-lui la main. Si tu joues aux osselets, pour lui éviter de perdre et d'avoir à payer, arrange-toi pour avoir souvent les chiens qui font perdre ; si l'on fait marcher les pièces sur le damier, fais en sorte que ses ennemis de verre[2] triomphent de tes soldats. Tiens toi-même son ombrelle déployée ; toi-même fais-lui place dans la foule, si elle la traverse ; empresse-toi d'approcher l'escabeau d'un lit rebondi ; ôte ou mets les sandales à son pied délicat. Souvent aussi, bien que frissonnant toi-même de froid, il te faut réchauffer dans ton sein les mains gelées de ton amie. Et ne juge pas honteux (fût-ce honteux, cela doit te plaire), toi, un homme libre, de lui tenir le miroir.

OVIDE (43 av. J.-C. - 17 ap. J.-C.), *L'Art d'aimer*, II, vers 197-216, traduction H. Bornecque, , revue par Ph. Heuzé, 1999.

1. ars : traité. - **2.** Les pions étaient en verre ou en cristal.

Lire le texte

1. *Relevez les répétitions dans les vers 1 à 8. À quel mode sont les verbes ? Qu'en concluez-vous sur la nature du texte ?*

2. *Quels verbes décrivent les attitudes de la jeune fille ? Quel portrait d'elle est ainsi esquissé ?*

3. *Relevez les impératifs qui s'adressent au jeune homme : qu'en déduisez-vous sur l'attitude qu'il doit adopter ?*

Savoir cacher ses défauts

Toujours sur le mode parodique, Ovide s'adresse cette fois aux jeunes filles...

Rara tamen mendo[1] facies **caret** ; **occule** mendas,
Quaque[2] potes, **vitium** corporis abde tui.
Si brevis es, sedeas, ne stans videare[3] sedere,
Inque tuo jaceas quantulacumque[4] toro[5] ;
Hic quoque, ne possit fieri mensura cubantis[6],
Injecta **lateant** fac tibi veste pedes.
Quae nimium gracilis, pleno velamina[7] filo[8]
Sumat, et ex **humeris laxus** amictus[9] eat.
Exiguo signet **gestu** quodcumque[10] loquetur,
Cui **digiti pingues** et scaber unguis erit.
Si **niger aut** ingens **aut** non erit ordine natus[11]
Dens tibi, ridendo maxima damna feres.

OVIDE (43 av. J.-C. - 17 ap. J.-C.), *L'Art d'aimer*, III, vers 261-280 (extraits).

1. **mendum, i**, n **ou menda, ae**, f : défaut.
2. **quaque** : comme.
3. **ne videare** : pour ne pas paraître.
4. **quantulacumque** : si petite que tu sois.
5. **torus, i**, m : lit, coussin.
6. **hic ... cubantis** : même là, couchée, pour qu'on ne puisse juger de ta taille.
7. **velamen, minis**, n : vêtement.
8. **pleno filo** : en tissu épais.
9. **amictus, us**, m : manteau.
10. **quodcumque** : à chaque fois que.
11. **si non erit ordine natus** : si elle a poussé de travers.

La Dame de Sidi Ghrib à sa toilette, art romain, Ve s. (mosaïque de calcaire et de marbre, 185 x 298 cm ; Le Bardo, musée national du Bardo).

Lire le texte

1. *Relevez les mots qui traduisent les défauts de la jeune fille.*

2. *En quoi Ovide est-il très critique ?*

3. occule, abde, sedeas, jaceas *: quels sont les modes des verbes utilisés pour donner des conseils ?*

4. *D'où vient le comique de ces conseils ?*

Précis p. 177-192, 213

Le gérondif

- Le gérondif se forme à l'aide du suffixe **-nd**, ajouté au radical du présent.
- Il peut s'employer à l'accusatif, au génitif, au datif et à l'ablatif.

	accusatif	génitif	datif	ablatif
amo	**(ad) amandum**	**amandi**	**amando**	**amando**
habeo	**(ad) habendum**	**habendi**	**habendo**	**habendo**
dico	**(ad) dicendum**	**dicendi**	**dicendo**	**dicendo**
audio	**(ad) audiendum**	**audiendi**	**audiendo**	**audiendo**
miror	**(ad) mirandum**	**mirandi**	**mirando**	**mirando**
fonction	complément circonstanciel de but	complément du nom	complément de certains adjectifs / noms (rare)	complément circonstanciel de manière, moyen
exemples	**ad ridendum** : pour rire	**ridendi potestas** : la possibilité de rire	**aptus ridendo** : propre à rire	**ridendo** : en riant

L'adjectif verbal

- L'adjectif verbal se forme de la même manière que le gérondif, mais il possède un sens passif.

Manus est calfacienda. *La main doit être réchauffée.*

	amo	habeo	dico	audio	facio
adjectif verbal	**amandus, a, um**	**habendus, a, um**	**dicendus, a, um**	**audiendus, a, um**	**faciendus, a, um**

- Attribut, il exprime l'obligation.

Sedes petenda est. *Un lieu de résidence doit être recherché. Il faut rechercher un lieu de résidence.*

- Épithète, suivi d'un complément d'objet, il s'accorde en cas, genre et nombre avec le nom auquel il se rapporte. Il peut être employé à l'accusatif, au génitif, au datif ou à l'ablatif.

accusatif	génitif ou datif	ablatif
ad scribendum : pour écrire **ad epistulam scribendam** : pour écrire une lettre	**potestas videndi** : le pouvoir de voir **potestas videndae urbis** : le pouvoir de voir la ville	**legendo** : en lisant **legendis libris** : en lisant des livres

- Au neutre, l'adjectif verbal correspond à un passif impersonnel.

Laborandum est. *Il faut travailler.*
Tibi laborandum est. *Il te faut travailler* (complément au datif).

Exercices

Vocabulaire à retenir

Noms

dens, tis, m : dent
digitus, i, m : doigt
gestus, us, m : geste
humerus, i, m : épaule
numerus, i, m : nombre, ordre
speculum, i, n : miroir
vitium, ii, n : défaut

Mots invariables

aut... aut : ou bien... ou bien
seu... seu (sive... sive) : soit que... soit que

Adjectifs qualificatifs

exiguus, a, um : petit, faible
laxus, a, um : large, spacieux, vaste
niger, gra, grum : noir
pinguis, e : gras

Verbes

careo, es, ere, carui + abl. : ne pas avoir, être privé de
cedo, is, ere, cessi, cessum : s'en aller, céder
fleo, es, ere, evi, etum : pleurer
lateo, es, ere, ui : être caché, se cacher
occulo, is, ere, ului, ultum : cacher, dissimuler
placeo, es, ere, ui, itum : plaire
sequor, eris, sequi, secutus sum : suivre

Réviser et appliquer

Exercice 1 : réviser un champ lexical, la parure

Retrouvez ou cherchez le sens des mots suivants :

1. anulus, i, m - aurum, i, n - armilla, ae, f - calceus, i, m - ebur, oris, n - linum, i, n - lana, ae, f - pallium, ii, n - stola, ae, f - toga, ae, f - tunica, ae, f - vestis, is, f - amictus, us, m - speculum, i, n. 2. argenteus, a, um - muliebris, e - virilis, e - eburneus, a, um. 3. induo, is, ere, dui, dutum - convenio, is, ire, veni, ventum.

Exercice 2 : former le gérondif

Donnez le gérondif des verbes suivants et déclinez-le :

arguo - objicio - contemno - dubito - posco - uro - torpeo - ascendo - eripio - verto - operio - pono - probo.

Exercice 3 : utiliser le gérondif

Introduisez les gérondifs suivants dans les phrases proposées : legendo - ad dormiendum - loquendi - occulendo - latendo - ad laborandum.

1. Infantes in cubile sunt .... 2. Homines non nati sunt .... 3. .... docti erimus. 4. Orator arte .... utitur. 5. Agnus lupum fugit .... 6. Vitia .... virgo placet.

Exercice 4 : traduire le gérondif

Traduisez en latin ou en français selon le cas :

1. ad procedendum - ad audendum - ad mirandum - ad patiendum - ad docendum - pour rester - pour plaire - pour contraindre - pour montrer - pour dominer - pour utiliser. 2. ars amandi - potestas flendi - cupidus bibendi - consilium dominandi - l'art de plaire - le pouvoir d'imiter - désireux de parler - le projet de calmer - le goût d'imaginer. 3. latendo - sequendo - experiendo - admonendo - legendo - mirando - audiendo - en donnant - en naissant - en montrant - en parlant - en touchant - en recevant - en manquant.

Exercice 5 : traduire l'adjectif verbal

Traduisez ces adjectifs verbaux attributs :

1. Carthago delenda est. 2. Gloria contemnenda est. 3. Stulti non imitandi sunt. 4. Magister audiendus est. 5. Bellum gerendum est. 6. Puella amanda est.

Exercice 6 : accorder l'adjectif verbal

Traduisez en accordant l'adjectif verbal épithète avec le nom auquel il se rapporte.

pour défendre la ville - pour imiter les vieillards - pour voir la lumière - en contemplant la nature - l'espoir de voir la jeune fille - le pouvoir de prendre la ville - le projet de plaire au peuple.

Exercice 7 : s'exercer à la version

Traduisez ces phrases mot à mot, puis cherchez le proverbe français le plus proche.

1. De duobus malis minus deligendum est. 2. Fit fabricando faber. 3. Semper tempus est discendi. 4. Utendum est tempore. 5. De gustibus et coloribus non disputandum est.

Exercice 8 : version

Comment éviter d'ouvrir son porte-monnaie...

Magna superstitio tibi sit natalis[1] amicae,
Quaque aliquid dandum est, illa sit atra[2] dies !
Cum bene vitaris[3], tamen auferet ; invenit artem
Femina qua cupidi carpat amantis opes.
Institor[4] ad dominam veniet distinctus[5] emacem[6]
Expediet[7] merces teque sedente suas.
Quas illa inspicias, sapere[8] ut videare, rogabit.
Oscula deinde dabit ; deinde rogabit emas.
Hoc fore contentam[9] multos jurabit in annos...

OVIDE (43 av. J.-C. - 17 ap. J.-C.), *L'Art d'aimer*, I, vers 415-423.

1. natalis, is, m : anniversaire. - 2. ater, tra, trum : noir, funeste. - 3. vito, as, are, avi, atum : éviter, se dérober. - 4. institor, oris, m : marchand, colporteur. - 5. distinctus, a, um, participe passé de distinguo, ere : distingué. - 6. emax, acis : qui a la manie d'acheter. - 7. expedio, is, ire, i(v)i, itum : arranger, préparer, mettre en ordre. - 8. sapio, is, ere : avoir du goût. - 9. contentus, a, um : content, satisfait.

Le linguiste en herbe

Un crescendo

Ce gérondif de cresco, is, ere, crevi, cretum : *croître* indique qu'il faut augmenter progressivement l'intensité d'un son.

Un referendum

Ce gérondif de refero, fers, ferre, tuli, latum : *rapporter* était employé à Rome pour indiquer l'acceptation d'un projet à condition d'en référer : accepter une proposition ad referendum.

Aujourd'hui, c'est un nom commun utilisé pour désigner la consultation de tous les citoyens d'un pays sur une mesure proposée par les pouvoirs publics.

Jouer avec la langue

Exercice 9 : le latin et le grec

Digitus *en latin et* **daktulos** *en grec signifient :* doigt.

1. *Complétez les phrases suivantes avec le mot juste :*
1. La .... est une plante portant une longue grappe de fleurs en forme de doigts. 2. Pour éviter de se piquer, lorsque l'on fait de la couture, il vaut mieux porter un .... 3. La police réussit à trouver le coupable grâce à ses empreintes ....

2. *Expliquez le sens des mots soulignés dans ces phrases :*
1. On nous a remis un texte dactylographié. 2. Les Grecs anciens ont appelé le fruit du palmier la datte. 3. La dactylologie est le langage inventé par l'abbé de l'Épée pour les sourds-muets.

Exercice 10 : *dens, tis*

Complétez avec le mot juste formé sur **dens, tis**, *m :* dent.

1. Cette vieille femme est .... ; elle devrait porter un .... 2. Les consonnes D et T sont des .... 3. Traditionnellement, les femmes fabriquent la .... avec des fuseaux. 4. Neptune avait pour attribut une fourche à trois pointes appelée ....

Exercice 11 : tester son vocabulaire

Trouvez les mots dérivés des termes latins indiqués :

1. Insuffisance d'un élément indispensable à l'organisme (careo). 2. Qui demeure caché, qui ne se manifeste pas (lateo). 3. Oiseau marin piscivore (pinguis). 4. Un endroit où l'on manque de place (exiguus).

Exercice 12 : comprendre l'orthographe française

Justifiez l'orthographe des mots suivants, en vous référant aux mots latins dont ils sont issus : corps - temps - doigt - prénom - sort - art - part - dent - ration - occupation.

Récréation

Exercice 13 : alternatives latines

Trouvez deux possibilités pour compléter les mots suivants :

– A – U S	– U M E R U S	– A – EO
V – – – U –	L A – U S	– – N S

Tu ris !

Si je me présente devant toi[1] les cheveux coupés par un barbier qui fait des échelles, tu ris ; si par hasard, sous une tunique au poil bien peigné, je porte du linge usé, ou si ma toge se sépare en pans inégaux, tu ris. Et lorsque ma manière de penser est en lutte avec elle-même, dédaigne ce qu'elle recherchait, revient à ce que naguère elle laissait de côté ? lorsqu'elle n'est que flux et reflux, qu'inconséquence dans toute la suite de ma vie ? lorsqu'elle démolit, construit, fait rond ce qui était carré ? alors tu juges que je suis atteint d'une folie commune à tous, et tu ne ris point, et tu ne penses pas que j'aie besoin d'un curateur[2] que le préteur désigne, toi, mon appui en toute chose, toi qui te mets en colère si l'ami qui est pour ainsi dire suspendu à toi, qui ne voit que toi, a un ongle mal coupé.

HORACE (65-8 av. J.-C.), *Satires*, livre I, 1, vers 94-105,
traduction F. Villeneuve, © Les Belles Lettres, CUF, 1932.

Amour, *L'Attaque*, 1855 (figure allégorique gravée par Charles-Louis Bazin ; Paris, Bibliothèque nationale de France).

1. Horace s'adresse à son protecteur Mécène.
2. curateur : si un homme devenait fou, l'administration de ses biens passait à ses descendants, ou, s'il n'en avait pas, à un curateur désigné par le préteur.

Coquetterie de femme

Une femme se passe tout, rien ne lui paraît honteux, du moment qu'elle peut se mettre au cou un collier d'émeraudes et suspendre de grands pendants à ses oreilles distendues. Rien de plus intolérable qu'une femme riche. Risible et hideuse à voir, sa face est gonflée d'une couche épaisse de mie de pain, ou bien elle exhale l'odeur de la pommade Poppée[3] : c'est à cette glu que se prennent les lèvres du pauvre mari. Pour l'amant, on se lave la peau ! Est-ce qu'on se préoccupe de se faire belle au logis ? C'est pour les galants que se fabriquent les essences et qu'on achète les parfums que vous nous expédiez, maigres Indiens.

Amour, *Le Départ*, 1855 (figure allégorique gravée par Charles-Louis Bazin ; Paris, Bibliothèque nationale de France).

JUVÉNAL (55-140 ap. J.-C.), *Satires*, VI, vers 458-467,
traduction P. de Labriolle et F. Villeneuve,
© Les Belles Lettres, CUF, 1921, revue par J. Gérard, 1996.

3. Marque de pommade romaine, du nom de l'épouse de Néron.

Chez le coiffeur

Comment, tu les appelles oisifs, ceux qui passent de longues heures chez le coiffeur, où l'on détache ce qui a poussé la nuit précédente, où l'on délibère sur chaque cheveu, où l'on remet en ordre la coiffure ébouriffée, où l'on ramène sur le front les mèches éparses ? Quelle colère, si le barbier a été un peu trop négligent, croyant raser un homme ! Quelle rougeur d'indignation, si l'on a coupé un peu de leur crinière, si quelque détail n'est pas bien en ordre, si tout ne retombe pas en boucles égales ! En est-il un qui ne préfèrerait le bouleversement de l'État à celui de sa chevelure ? Lequel n'est pas plus inquiet pour l'ornement que pour le salut de sa tête ? Qui n'aime pas mieux être bien peigné que vertueux ? Tu les appelles oisifs, ceux qui passent leur temps entre le peigne et le miroir ?

SÉNÈQUE (4 av. J.-C. - 65 ap. J.-C.), *De la brièveté de la vie*, 12, 3, traduction A. Bourgery, © Les Belles Lettres, CUF, 1923.

Une tenue irréprochable

C'est par la simple élégance que doivent plaire les hommes : que leur peau soit hâlée par les exercices du Champ de Mars ; que leur toge aille bien et n'ait pas de taches. Que ta chaussure soit bien correctement nouée ; que les agrafes ne soient pas rouillées. Que ton pied ne soit pas perdu et ne nage pas dans un soulier trop large ; qu'une coupe maladroite n'enlaidisse pas et ne hérisse pas ta chevelure ; que tes cheveux, que ta barbe soient taillés par une main experte, que tes ongles soient bien coupés et propres, qu'aucun poil ne se dresse dans tes narines ; qu'une haleine désagréable ne sorte pas d'une bouche malodorante.

OVIDE (43 av. J.-C. - 17 ap. J.-C.), *L'Art d'aimer*, I, vers 511-519, traduction H. Bornecque, © Les Belles Lettres, CUF, 1924, revue par Ph. Heuzé, 1999.

GIORGIO DE CHIRICO (1888-1978), *La Comédie romaine* (Milan, coll. Biffi).

Comparer les textes

6 **1.** *Quel type de préoccupations les quatre auteurs critiquent-ils ?*

6 **2.** *Quels travers masculins et féminins Ovide et Juvénal dénoncent-ils ?*

8 **3.** *Donnez un titre aux deux parties du texte d'Horace, en vous appuyant sur l'opposition « tu ris / tu ne ris pas ». Quelle est l'idée fondamentale d'Horace ? En quoi ce dernier va-t-il beaucoup plus loin dans sa critique qu'Ovide et Sénèque ?*

préoccupat° sur apparence
Ovide = peu préoccupés de leur propreté ou trop trop / Juvénal : excès coquetterie au dépens de tt le reste belle que pr amant pas pour mari.

6 ? attacher uniq^t à l'apparence // réflex° pas prise en cpte.
♡ uniq^t fondé sur physiq # mental

13. Le genre satirique

JUVÉNAL : 55-140 ap. J.-C.

Scène comique (bas-relief ; Naples, Musée national).

Lire l'image

Ce bas-relief, trouvé lors des fouilles effectuées à Pompéi, présente divers personnages masqués.

- *Quels défauts ou travers humains ces scènes satiriques empruntées à la vie quotidienne peuvent-elles dénoncer ?*
- *Pourquoi peut-on qualifier ces personnages de grotesques ? Pourquoi sont-ils propres à susciter rires ou moqueries ?*
- *Comment le sculpteur parvient-il à suggérer la vie ? Vous examinerez en particulier les attitudes, les mouvements des personnages représentés.*

Lire en latin

Vivre à Rome, le jour…

Les Satires *de Juvénal peignent sans concession les vices des hommes, la misère du peuple et les embarras de Rome.*

Magno **populus** premit agmine lumbos
qui sequitur ; ferit hic cubito, ferit assere duro
alter, at hic tignum capiti incutit, ille metretam.
Pinguia crura luto, planta mox **undique** magna
calcor, et in digito clavus mihi militis haeret.
Nonne vides quanto celebretur **sportula** fumo ?
Centum convivae, sequitur sua quemque culina.

La foule qui me suit comme un gros troupeau me comprime les reins ; l'un me frappe du coude, l'autre durement avec une poutre, celui-ci me jette une solive sur la tête, celui-là, c'est un vase. Mes jambes sont grasses de boue, une grosse chaussure m'écrase le pied sur presque toute sa surface, et sur mon doigt de pied reste accroché un clou de soldat. Ne vois-tu pas la foule et la fumée qui entourent la corbeille à cadeaux ? Cent convives, et chacun est suivi de sa batterie de cuisine !

…la nuit

Respice nunc alia ac diversa pericula noctis :
quod spatium tectis sublimibus unde cerebrum
testa ferit, quotiens rimosa et curta fenestris
vasa **cadant,** quanto percussum **pondere** signent
et laedant silicem. Possis **ignavus** haberi
et subiti casus improvidus, ad cenam si
intestatus eas : adeo **tot fata**, **quot** illa
nocte patent vigiles te **praetereunte** fenestrae.
Ergo **optes** votumque feras miserabile tecum,
ut sint contentae patulas defundere pelves.

Juvénal (55-140 ap. J.-C.), *Satires*, III, vers 244-250 et 268-279, traduction C. Milès et S. Thornes.

Regarde maintenant les autres dangers, d'un genre différent, qui nous guettent la nuit : l'espace placé sous les toits élevés vous envoie une tuile sur la tête, des vases fêlés et ébréchés tombent sans arrêt des fenêtres, marquant et abîmant de tout leur poids le pavé. Tu peux être considéré comme négligent et incapable de prévoir les accidents subits, si tu vas à un dîner sans avoir fait ton testament : car il existe autant de chances de mourir la nuit que de fenêtres ouvertes derrière lesquelles on reste éveillé. Donc ne souhaite qu'une chose, un malheureux petit vœu qui s'accomplisse pour toi, c'est que l'on se contente de déverser sur toi le contenu de larges bassins.

Lire le texte

1. *Relevez les verbes qui décrivent la violence des coups reçus, puis les mots qui indiquent le grand nombre des agresseurs : de quels maux le poète souffre-t-il ?*

2. *Qui le poète critique-t-il ici ? Sur quel ton s'exprime-t-il ?*

Charrette (Rome, musée de la Civilisation romaine).

Lire en latin

Le fâcheux

Le poète se promène à travers les rues de Rome lorsque soudain l'aborde un personnage de sa connaissance...

Ibam forte via Sacra, sicut meus est mos
Nescio quid meditans[1] nugarum[2], totus in illis.
Accurrit quidam notus mihi nomine tantum,
Arreptaque manu : « Quid agis, dulcissime rerum ? –
Suaviter[3], ut nunc est » inquam, « et cupio omnia quae vis. »
Cum adsectaretur[4] : « Numquid[5] vis ? » occupo[6]. At ille :
« Noris[7] nos » inquit, « docti sumus. » Hic ego : « Pluris
hoc » inquam « mihi eris[8] ». Misere[9] discedere quaerens
ire modo ocius[10], interdum **consistere**, in aurem
dicere nescio quid puero[11], cum sudor[12] ad imos
manaret[13] talos. [...] « Misere cupis » inquit « abire ;
jamdudum video ; sed nil[14] agis ; usque tenebo ;
persequar. [...] »

HORACE, *Satires*, I, 9, vers 1-16.

1. **meditor, aris, ari, atus sum** : penser à, réfléchir.
2. **nugae, arum**, f : bagatelles, riens.
3. **suaviter** : fort bien.
4. **adsector, aris, ari, sectatus sum** : suivre partout.
5. **numquid vis** : veux-tu quelque chose ?
6. **occupo** : je prends la parole.
7. **noris** : tu connais.
8. **pluris hoc... mihi eris** : tu n'en seras que plus estimé de moi.
9. **misere** : misérablement.
10. **ocius** : plus rapide.
11. **puero** : à mon valet.
12. **sudor, oris**, m : sueur.
13. **mano, as, are, avi, atum** : couler.
14. **nil** = **nihil**.

HORACE (65-8 av. J.-C.)
C'est par Virgile que Quintus Horatius Flaccus fut présenté à Mécène, qui le prit sous sa protection et voulut faire de lui le secrétaire d'Auguste. Horace préféra vivre dans la villa que Mécène lui avait offerte près de Tibur, où il rédigea ses plus grandes œuvres : l'*Art poétique*, les *Satires*, les *Épîtres* et les *Odes*.

Horace, grand plat de la manufacture de Deruta, 1520-1540 (céramique ; Coll. particulière).

Lire le texte

1. *Quels termes montrent que le narrateur connaît peu l'homme qu'il rencontre ?*

2. Noris nos, docti sumus : *quel défaut du fâcheux est ici souligné par ces paroles ?*

3. *Comment le narrateur cherche-t-il à se débarrasser du fâcheux ?*

4. *Qu'y a-t-il de comique dans les deux derniers vers ?*

Grammaire

Précis p. 197, 220, 222

Les pronoms personnels

	singulier		pluriel		réfléchi
	1re pers.	2e pers.	1re pers.	2e pers.	3e pers. sing. et plur.
N.	**ego** : moi, je	**tu** : toi, tu	**nos** : nous	**vos** : vous	–
Ac.	**me**	**te**	**nos**	**vos**	**se** : soi, se
G.	**mei**	**tui**	**nostri / nostrum**	**vestri / vestrum**	**sui**
D.	**mihi**	**tibi**	**nobis**	**vobis**	**sibi**
Ab.	**me**	**te**	**nobis**	**vobis**	**se**

Pour l'emploi des pronoms de 1re et de 2e personne ➠ Précis p. 220.

L'emploi du pronom personnel de 3e personne

Quand le pronom personnel ne représente pas la même personne que le sujet, on a recours au démonstratif **is, ea, id** ➠ p. 196 et 220.

Eum video. *Je le vois.*

Quand le pronom personnel représente la même personne que le sujet, on emploie le réfléchi **se**, quel que soit son genre ou son nombre.

Sibi laborant. *Ils travaillent pour eux-mêmes.*

Les propositions relatives au subjonctif

Le mode utilisé dans les propositions subordonnées relatives est généralement l'indicatif.

Populus qui sequitur lumbos premit. *La foule qui me suit me comprime les reins.*

Il arrive cependant que l'on trouve le subjonctif. La relative exprime alors une idée de but, de conséquence, de cause ou de concession.

but	conséquence	cause	concession
Superest qui ponere cogat. Il en est un pour t'obliger à lâcher prise.	**Dignus est qui imperet.** Il est digne de commander.	**Beatus es qui ameris a deis.** Tu es heureux puisque tu es aimé des dieux.	**Philosophus, qui dives esse posset, pauper vixit.** Le philosophe, bien qu'il pût être riche, vécut pauvre.

Exercices

Vocabulaire à retenir

Noms

fatum, i, n : destin, fatalité, mort
pondus, eris, n : poids
populus, i, m : peuple
sportula, ae, f : petit panier, sportule, cadeau

Mots invariables

jamdudum : depuis longtemps
tot… quot : autant… que
undique : de toutes parts, de tous côtés

Adjectif qualificatif

ignavus, a, um : mou, paresseux, lâche, sans force

Verbes

arripio, is, ere, ripui, reptum : saisir
cado, is, ere, cecidi, casum : tomber, arriver, tomber sur
consisto, is, ere, stiti : se placer, s'arrêter
opto, as, are, avi, atum : souhaiter, choisir
praetereo, is, ire, i(v)i, itum : passer devant, surpasser, omettre

Réviser et appliquer

Exercice 1 : réviser un champ lexical, le commerce

Retrouvez ou cherchez le sens des mots suivants :

1. negotium, ii, n - aes, aeris, n - bona, orum, n pl - taberna, ae, f - inopia, ae, f - usus, us, m - mercator, oris, m - merx, mercis, f - forum, i, n - macellum, i, n - nummus, i, m - copia, ae, f - divitiae, arum, f pl - sestertius, ii, m. 2. avarus, a, um - carus, a, um - publicus, a, um - avidus, a, um - parcus, a, um - vilis, e - modicus, a, um - pauper, eris - privatus, a, um - dives, itis. 3. emo, is, ere, emi, emptum - debeo, es, ere, ui, itum - dono, as, are, avi, atum - careo, es, ere, ui, iturus - reddo, is, ere, reddidi, redditum - vendo, is, ere, didi, ditum.

Exercice 2 : traduire des relatives au subjonctif

1. Dignus est qui imperet. 2. Mittit legatos qui pacem petant. 3. Beatus est qui tam pulchra viderit. 4. Is est quem omnes admirentur. 5. Nemo est tam doctus qui omnia sciat. 6. Rex, qui posset Romae manere, in Graeciam rediit. 7. Non is sum qui dubitem.

Exercice 3 : reconstituer des phrases

Faites correspondre les principales et les relatives, après les avoir recopiées.

Principales

1. Augustus factus est imperator
2. Dux triumphavit
3. Poeta miser est
4. Consul amicus meus est
5. Gallia tamen capta est

Relatives

a. quam Vercingetorix defenderet.
b. qui pacem restituisset.
c. qui a Caesare adoptatus esset.
d. qui bellum adversus Romanos gerat.
e. qui a populo prematur.

Exercice 4 : traduire le pronom personnel

Traduisez les phrases suivantes après les avoir complétées avec un pronom personnel de 1re ou de 2e personne :

1. .... pauper es, ... dives sum. 2. Scisne .... te amare ? 3. Pulchrum librum .... dedisti. 4. ....cum veniam in Italiam. 5. Credo .... me non amare. 6. Creditis .... prudentes esse. 7. Credimus .... omnia scire. 8. Caesar, ... paremus.

Exercice 5 : distinguer réfléchi et non réfléchi

Traduisez les phrases suivantes et justifiez l'emploi du réfléchi ou du non réfléchi :

1. Cives imperatorem amant, eum amant.
2. Puella putat se nigros dentes habere.
3. Pauperes credunt se miseros esse.
4. Imperator putat se optimum esse.

Exercice 6 : version

Le bonheur n'est pas à Rome…

Si potes avelli[1] circensibus, optima Sorae[2]
aut Fabrateriae domus aut Frusinone paratur[3]
quanti[4] nunc tenebras unum conducis[5] in [annum.
Hortulus[6] hic puteusque[7] brevis nec reste[8] [movendus[9]
in tenuis[10] plantas facili diffunditur haustu[11].
Vive bidentis[12] amans et culti vilicus horti[13],
unde epulum[14] possis centum dare [Pythagoreis[15].

JUVÉNAL, *Satires*, 3, vers 223-229.

1. avelli : t'arracher à. - 2. Sora, Fabrateria, Frusino : noms de villes. - 3. paratur, ici : t'attend. - 4. quanti : pour le prix. - 5. tenebras conducis : (où) tu loues un logis obscur. - 6. hortulus : diminutif de hortus. - 7. puteus, i, m : puits. - 8. restis, is, f : corde. - 9. movendus : qui doit être actionné. - 10. tenuis = tenues. - 11. haustus, us, m : action de puiser de l'eau ; facili diffunditur haustu : permet de répandre facilement de l'eau. - 12. bidens, entis : qui a deux dents, bêche. - 13. culti vilicus horti : soigne toi-même ton jardin. - 14. epulum, i, n : repas. - 15. Pythagoreis : Pythagoriciens.

Jouer avec la langue

Exercice 7 : le latin et le grec

1. *Le latin* **populus** *a donné les mots* populaire, populeux, populace, population, popularité, surpopulation. *Donnez une définition pour chacun.*

2. *Complétez avec des mots issus du grec* **dêmos** : peuple.

1. La description des populations s'appelle la .... 2. On appelle .... les ravages d'une maladie chez toute une population. 3. Celui qui entraîne le peuple en le flattant est un .... 4. La .... est le gouvernement du peuple.

Exercice 8 : *cado*

Trouvez le mot juste, issu de **cado, is, ere, cecidi, casum** : tomber, *et expliquez son étymologie :*

1. Les conifères ne sont pas des arbres à feuilles .... 2. Le médecin légiste a trouvé des marques de strangulation sur le .... 3. L'........ désigne le côté de l'horizon où le soleil se couche. 4. Les soldats défilent au pas .... 5. La région est magnifique et l'eau y abonde : on peut notamment y admirer de nombreuses .... 6. Au cours de la cérémonie, une personne s'est trouvée mal, mais ce fut un .... sans gravité. 7. Au cinéma, l'acteur se fait souvent remplacer lorsqu'il faut exécuter des .... 8. Montesquieu a écrit un ouvrage intitulé : *Considérations sur les causes de la grandeur des Romains et de leur* ....

Récréation

Exercice 9 : jeu de l'échelle

Partez du mot du bas de l'échelle et montez d'un échelon en changeant la lettre qui vous est indiquée en regard. (Le premier mot vous est donné en exemple.) Traduisez les mots obtenus au fur et à mesure.

GERO	F	PEDIS	E
– – – –	A	– – – – –	A
– – – –	C	– – – – –	S
– – – –	N	– – – –	C
– – – –	O	– – – – –	N
– – – –	D	– – – – –	T
– – – –	A	– – – – –	O
CADO	N	– – – – –	R
CANO		TENER	

Le linguiste en herbe

Cave ne cadas.

Prends garde à ne pas tomber.

L'expression est à prendre au sens propre comme au figuré. Cet avertissement était donné par un esclave au chef de guerre qui entrait en triomphe à Rome.

Les désagréments de la ville

Embarras de Paris, 1715, détails (gravure de François Guérard ; Paris, Bibliothèque nationale de France).

Penses-tu qu'à Rome il me soit possible d'écrire des poésies, au milieu de tant d'occupations et de fatigue ? Celui-ci m'invite à lui servir de caution, cet autre à écouter ses écrits, toute affaire cessante ; l'un est alité sur la colline de Quirinus, l'autre tout au bout de l'Aventin ; il faut leur rendre visite à tous deux ; tu vois que la distance est gentille et honnête. « Mais ce ne sont que rues larges et sans obstacles, où rien ne peut gêner la méditation. » C'est un entrepreneur qui se hâte, bouillant d'impatience, avec ses mules et ses portefaix[1], c'est un cabestan[2] qui élève en tournant soit une pierre soit une poutre énormes, c'est un convoi funèbre qui dispute le passage à des chariots pesamment chargés ; d'un côté court un chien enragé, de l'autre un porc fangeux[3]. Va maintenant, et médite des vers harmonieux.

Tous les écrivains en chœur aiment les bois et fuient les villes, clients, comme il sied, de Bacchus qui fait sa joie du sommeil et de l'ombre.

HORACE (65-8 av. J.-C.), *Épîtres*, II, 2, v. 65-76, traduction F. Villeneuve, © Les Belles Lettres, CUF, 1934.

1. Portefaix : qui porte des fardeaux. - **2.** Cabestan : treuil sur lequel peut s'enrouler un câble et qui sert à tirer des fardeaux. - **3.** Fangeux : boueux.

Le torrent de la foule humaine

Considère cette Ville où la foule, s'écoulant sans cesse à travers les rues les plus spacieuses, s'écrase à tous les obstacles qui barrent le courant de ce torrent impétueux, où dans trois théâtres à la fois attendent trois publics au complet, où l'on consomme les produits de tous les champs labourés du monde – et demande-toi quel désert, quelle désolation y régnera si l'on n'y laisse que ce qui aura trouvé grâce devant un juge rigoureux.

SÉNÈQUE (4 av. J.-C. - 65 ap. J.-C.), *De la clémence*, livre III, IV, 1, traduction F. Préchac, © Les Belles Lettres, CUF, 1921.

Le bruit ennemi

Tout conspire à la fois à troubler mon repos,
Et je me plains ici du moindre de mes maux :
Car à peine les coqs, commençant leur ramage,
Auront de cris aigus frappé le voisinage
Qu'un affreux serrurier, laborieux Vulcain,
Qu'éveillera bientôt l'ardente soif du gain,
Avec un fer maudit, qu'à grand bruit il apprête,
De cent coups de marteau me va fendre la tête.
J'entends déjà partout les charrettes courir,
Les maçons travailler, les boutiques s'ouvrir :
Tandis que dans les airs mille cloches émues
D'un funèbre concert font retentir les nues ;
Et, se mêlant au bruit de la grêle et des vents,
Pour honorer les morts font mourir les vivants.
Encor je bénirais la bonté souveraine,
Si le ciel à ces maux avait borné ma peine ;
Mais si, seul en mon lit, je peste avec raison,
C'est encor pis vingt fois en quittant la maison :
En quelque endroit que j'aille, il faut fendre la presse
D'un peuple d'importuns qui fourmillent sans cesse.
L'un me heurte d'un ais[4] dont je suis tout froissé[5] ;
Je vois d'un autre coup mon chapeau renversé.
Là, d'un enterrement la funèbre ordonnance
D'un pas lugubre et lent vers l'église s'avance ;
Et plus loin des laquais l'un l'autre s'agaçants[6]
Font aboyer les chiens et jurer les passants.

BOILEAU (1636-1711), *Satires*, VI, vers 13-38.

4. Ais : poutre. - **5.** Froissé : blessé. - **6.** Orthographe du XVIIe siècle.

Comparer les textes

1. *Classez les différentes sources de bruits dont se plaignent Juvénal (→ p. 121) et Horace (→ p. 122). Quelles en sont les causes ?*

2. *Quel désagrément est souligné par Sénèque ? Par quelle image est-il exprimé ?*

3. *Au XVIIe siècle, il semble que la critique n'ait pas varié. Relevez les éléments que l'on retrouve chez Boileau et qui existaient déjà dans l'Antiquité. Comment Boileau actualise-t-il la satire ?*

14. Le roman de mœurs

PÉTRONE : mort en 65 ap. J.-C.

THOMAS COUTURE (1815-1879), *Les Romains de la décadence* (huile sur toile, 472 x 772 cm ; Paris, musée d'Orsay).

Lire l'image

Thomas Couture (1815-1879), peintre français appartenant au courant académique néo-classique, exposa cette toile au Salon de Paris en 1847.

- *Par quels accessoires le peintre suggère-t-il l'atmosphère romaine ?*
- *Comment l'idée de décadence est-elle évoquée ? Étudiez en particulier les poses des personnages, leurs vêtements...*
- *Quels personnages sont particulièrement mis en valeur ? Par quels procédés le sont-ils (lignes de construction, lumières, couleurs) ?*

Lire en latin

Un étalage de richesses

Le narrateur du Satiricon, *Encolpe, est un jeune homme de bonne famille, cultivé mais débauché. Un jour, il est convié au festin offert par un affranchi, le richissime Trimalcion.*

Tandem ergo **discubuimus** pueris Alexandrinis aquam in manus nivatam infundentibus, aliisque insequentibus ad pedes ac paronychia cum ingenti subtilitate tollentibus. Ipse Trimalchio ad symphoniam **allatus est,** positusque inter cervicalia minutissima expressit **imprudentibus risum**. **Pallio** enim coccineo adrasum **excluserat** caput, **circa**que oneratas veste cervices laticlaviam **immiserat** mappam fimbriis **hinc** atque **illinc** pendentibus. Habebat etiam in minimo digito sinistrae manus **anulum grandem** subauratum[1], extremo vero articulo digiti sequentis minorem, ut mihi videbatur, totum aureum, sed **plane** ferreis **veluti** stellis ferruminatum. Et ne has tantum ostenderet divitias, dextrum nudavit lacertum armilla aurea cultum et eboreo circulo lamina splendente conexo.

Quand nous fûmes enfin à table, des esclaves d'Alexandrie nous versèrent sur les mains de l'eau de neige. Ils furent ensuite remplacés par d'autres qui, s'agenouillant à nos pieds, enlevèrent nos envies avec une adresse extrême. Trimalcion en personne fut amené au son de la musique et déposé au milieu de tout petits oreillers. Cet aspect imprévu nous arracha des rires mal dissimulés. Figurez-vous un manteau écarlate, d'où sortait sa tête toute rasée, et tout autour de son cou emmailloté dans sa robe, il avait encore jeté un foulard à large bordure rouge, orné de franges qui pendaient de tous côtés. Il portait en outre au petit doigt de la main gauche un large anneau légèrement doré, et à la dernière phalange du doigt suivant une bague plus petite et toute d'or, à ce qu'il me sembla, mais incrustée d'une manière d'étoiles en fer. Et voulant nous montrer encore d'autres richesses, il découvrit son bras droit qu'ornaient un bracelet d'or, et un cercle d'ivoire fermé par une plaque d'émail.

PÉTRONE (mort en 65 ap. J.-C.), *Satiricon*, XXXI et XXXII (extraits), traduction A. Ernout, © Les Belles Lettres, CUF, 1967.

1. Pour imiter les chevaliers qui seuls avaient le droit de porter au doigt l'anneau d'or.

Porteur de fruits (mosaïque ; Delphes, musée archéologique).

Lire le texte

1. *Étudiez la façon dont la scène est décrite, et notamment l'attitude de Trimalcion et des convives.*

2. *Relevez les termes appartenant au champ lexical de la richesse.*

3. *À quel moment du texte Encolpe exprime-t-il son opinion ? Quel rôle l'auteur semble-t-il vouloir lui faire jouer ?*

Lire en latin

Une mise en scène étonnante

Au cours du repas, le plafond s'ouvre et des couronnes dorées, des flacons de parfums sont offerts aux convives. Encolpe tourne alors ses regards vers la table…

Jam illic repositorium[1] cum placentis[2] **aliquot** erat positum, quod medium Priapus[3] a pistore[4] factus tenebat, gremioque[5] satis **amplo** omnis generis poma et uvas **sustinebat** more **vulgato**. Avidius ad pompam[6] manus porreximus, et repente nova ludorum remissio[7] hilaritatem hic refecit. Omnes enim placentae omniaque poma etiam minima vexatione[8] contacta coeperunt effundere crocum[9], et usque ad nos **molestus** umor[10] **accedere**.

Rati ergo sacrum esse fericulum[11] tam religioso apparatu perfusum, consurreximus altius et « Augusto, patri patriae, feliciter[12] » diximus. Quibusdam tamen etiam post hanc venerationem poma rapientibus, et ipsi mappas implevimus, ego **praecipue**.

PÉTRONE, *Satiricon*, LX.

1. **repositorium, ii**, n : plateau.
2. **placenta, ae**, f : gâteau.
3. **Priapus, i**, m : Priape (fils de Bacchus et Vénus).
4. **pistor, oris**, m : pâtissier.
5. **gremium, ii**, n : giron, sein.
6. **pompa, ae**, f : apparat.
7. **remissio, onis**, f : renvoi.
8. **vexatio, onis**, f : secousse.
9. **crocum, i**, n : eau de safran.
10. **umor, oris**, m : liquide.
11. **fericulum, i**, n : plat.
12. **feliciter** : « Bonne chance ! »

Déjà on y avait servi

PÉTRONE (mort en 65 ap. J.-C.)
Grand épicurien, intime de Néron, Caius Pétronius Arbiter fut, comme Sénèque, impliqué dans la conjuration de Pison contre Néron, et dut se donner la mort. Il est l'auteur du *Satiricon*, roman en vers et en prose, qui raconte les aventures d'un jeune homme dévoyé et de ses deux compères.

Lire le texte

1. *Relevez les termes qui soulignent la richesse du repas. Quel est l'objectif de Trimalcion en organisant une telle mise en scène : plafond qui s'ouvre, cadeaux, Priape en pièce montée ?*

2. *En quoi l'attitude des convives est-elle ridicule ?*

3. ego praecipue *: quelle idée le narrateur veut-il donner de lui dans la dernière phrase ?*

L'emploi des prépositions

La plupart des prépositions latines sont suivies de l'accusatif et expriment la direction, l'extension ou la proximité.

Une dizaine de prépositions sont suivies de l'ablatif et marquent le complément d'agent, l'éloignement ou l'accompagnement.

Quelques prépositions sont, selon le cas, suivies soit de l'accusatif (avec un verbe de mouvement), soit de l'ablatif (avec les autres verbes).

Les prépositions ne sont jamais suivies d'un infinitif, mais elles peuvent se traduire par un infinitif français.
ad vincendum : *pour vaincre*

prépositions + acc.	prépositions + abl.	prépositions + acc. ou abl.
ad pompam : vers cette merveille **adversus hostes** : contre les ennemis **ante lucem** : avant le jour **apud Trimalchionem** : chez Trimalcion **circa cervices** : autour de son cou **inter cervicalia** : au milieu des oreillers **post hanc venerationem** : après cette prière **trans Rhenum** : au-delà du Rhin	**ab urbe** : loin de la ville **a(b) pistore factus** : fait par un pâtissier **cum placentis** : avec des gâteaux **de bello civili** : sur la guerre civile **ex urbe** : en sortant de la ville **sine cura** : sans souci	**in urbe esse** : être en ville (sans mouvement) **in urbem ire** : aller en ville (avec mouvement) **sub caelo nihil novi** : rien de neuf sous le ciel (sans mouvement) **sub jugum mittere** : mettre sous le joug (avec mouvement)

Certaines prépositions sont des « fausses prépositions » car elles ne suivent aucun des modèles ci-dessus.

Cum est placé après le pronom personnel :
mecum : *avec moi*

Causa et **gratia** sont placés après leur complément au génitif :
vincendi causa : *pour vaincre* **filii gratia** : *pour l'amour de son fils*

Les prépositions peuvent être employées sous forme de préfixes et servent ainsi à former des mots composés. Elles subissent parfois une altération.

préfixes	sens	préfixe pur	préfixe altéré
ab-	loin de	**abduco** : emmener	**averto** : détourner
ad-	vers	**advenio** : arriver	**accurro** : accourir
cum- / com- / con-	avec	**conficio** : achever	**colligo** : rassembler
ex-	hors de	**expono** : exposer	**egredior** : sortir
in-	dans	**ingredior** : entrer	**immitto** : envoyer dans
sub-	sous	**subjicio** : soumettre	**sustineo** : soutenir

Exercices

Vocabulaire à retenir

Noms

anulus, i, m : anneau
pallium, ii, n : manteau
risus, us, m : rire

Adjectifs qualificatifs

aliquot (indécl.) : quelques, un certain nombre de
amplus, a, um : vaste, ample, imposant
grandis, e : grand, important
imprudens, entis : qui ne sait pas, surpris
molestus, a, um : pénible, désagréable
ratus, a, um : pensant, croyant, décidé
vulgatus, a, um : habituel, ordinaire

Verbes

accedo, is, ere, cessi, cessum : approcher de, aller vers
adfero, fers, ferre, adtuli, adlatum : apporter
discumbo, is, ere, cubui, cubitum : se coucher
excludo, is, ere, clusi, clusum : faire sortir, éloigner
immitto, is, ere, misi, missum : envoyer vers
sustineo, es, ere, tinui, tentum : soutenir

Mots invariables

circa + acc. : autour
hinc... illinc : d'un côté... de l'autre
plane : clairement, complètement, entièrement
praecipue : surtout
velut, veluti : par exemple, comme, ainsi que

Réviser et appliquer

Exercice 1 : réviser un champ lexical, la nourriture

Retrouvez ou cherchez le sens des mots suivants :

1. conviva, ae, m - convivium, ii, n - caseus, i, m - pomum, i, n - oleum, i, n - lac, lactis, n - mel, mellis, n - cibus, i, m - ovum, i, n - panis, is, m - piscis, is, m - malum, i, n - uva, ae, f - sal, salis, m - caro, carnis, f - vinum, i, n. 2. dulcis, e - ebrius, a, um - macer, cra, crum. 3. bibo, is, ere, bibi - coquo, is, ere, coxi, coctum - voro, as, are, avi, atum - ceno, as, are, avi, atum - edo, is, ere, edi, esum - alo, is, ere, alui, alitum - sitio, is, ire, ivi, itum.

Exercice 2 : traduire des compléments prépositionnels

Traduisez en latin ou en français, selon le cas :

1. Convivae in triclinium intrant. 2. Convivae ad mensam respiciebant. 3. Romani convenerunt ad pacem faciendam. 4. Nous travaillons pour apprendre. 5. Post bellum, pacem habebimus. 6. Trimalchio habebat in minimo digito sinistrae manus anulum grandem subauratum. 7. Litteras a patre accepit. 8. Il est aimé des dieux. 9. Cum multis convivis cenat.

Exercice 3 : choisir une préposition

Complétez les phrases suivantes avec la préposition qui convient :

1. .... amico longas litteras accepit. 2. Pueri .... ludum eunt .... discendum. 3. Caesar .... bello Gallico librum scripsit. 4. .... exercitu dux flumen transivit. 5. Gallia est divisa .... partes tres.

Exercice 4 : réviser les textes

Retrouvez la traduction de ces groupes de mots :

in toro tuo - ex humeris laxus - in digito - ad cenam si eas - tecum - totus in illis - in aurem dicere nescio quid puero - ad imos talos.

Exercice 5 : retrouver le sens des préverbes

Expliquez avec précision la différence de sens entre les verbes de chacune de ces listes :

1. venio - advenio - convenio - invenio - subvenio. 2. jacio - abjicio - adjicio - conjicio - injicio - subjicio. 3. eo - abeo - adeo - circumeo - ineo - subeo - transeo. 4. mitto - admitto - immitto - transmitto - submitto. 5. fero - adfero - circumfero - infero - suffero - transfero. 6. facio - adficio - conficio - deficio - interficio - sufficio.

Exercice 6 : réfléchir sur des lois phonétiques

Essayez de retrouver quelques exemples de l'application des lois suivantes, parmi les verbes de l'exercice 5.

1. L'assimilation : deux phonèmes (sons) deviennent semblables quand ils se suivent.

Ex. : in + rideo = irrideo.

2. L'apophonie : le **a** bref en syllabe intérieure se transforme en **i** lors de l'adjonction du préverbe.

Ex. : in + capio = incipio.

Exercice 7 : version

Une épouse idéale

Uxor Trimalchionis Fortunata appellatur, quae nummos modio[1] metitur[2]. Et modo[3], modo quid fuit ? Ignoscet[4] mihi genius tuus, noluisses de manu illius panem accipere. Nunc in caelum abiit et Trimalchionis topanta[5] est. Ad summam, mero meridie si dixerit illi tenebras esse, credet. Ipse nescit quid habeat, adeo saplutus[6] est ; sed haec lupatria[7] providet omnia, et ubi non putes. Est sicca[8], sobria, bonorum consiliorum : tantum auri vides. Est tamen malae linguae, pica[9] pulvinaris[10]. Quem amat, amat ; quem non amat, non amat.

PÉTRONE, *Satiricon*, XXXVII.

1. modius, ii, m : boisseau (mesure de blé). - 2. metior, iris, iri, mensus sum : mesurer. - 3. modo : naguère. - 4. ignosco, is, ere, novi, notum : pardonner. - 5. topanta : tout. - 6. saplutus : riche. - 7. lupatria, ae, f : charogne. - 8. siccus, a, um : sec. - 9. pica, ae, f : pie. - 10. pulvinaris, e : d'oreiller.

Jouer avec la langue

Exercice 8 : le latin et le grec

1. *Sachant que* **circa** *et* **circum** *signifient en latin :* autour, *donnez la définition des mots dérivés suivants en y introduisant le mot* autour *:*

Ex. : Circonscrire un espace, c'est décrire une limite autour de lui.

circonspect - circonstance - circonférence - circonvenir - circumnavigation - circumterrestre.

2. *Complétez les phrases suivantes en utilisant le préfixe grec* **peri** *:* autour.

1. La ligne qui délimite le contour d'une figure plane s'appelle le .... 2. Les beaux quartiers se situent souvent à la .... d'une ville. 3. Le .... de Magellan autour du monde est renommé. 4. Le .... d'un sous-marin lui permet de voir en surface. 5. La colonnade qui entoure la cour intérieure d'un temple s'appelle le ....

Exercice 9 : trouver le mot juste

Complétez ces phrases avec un mot dérivé du terme indiqué entre parenthèses :

1. Ces sommets rocheux sont difficilement .... (accedo). 2. Le pauvre homme n'a touché comme salaire qu'une somme .... (risus). 3. Son comportement a valu à cet élève une .... temporaire (excludo). 4. Le ministre s'est fait .... par la foule (molestus).

Récréation

Exercice 10 : la pyramide des mots

Partez des prépositions **ad** *et* **de**, *puis trouvez des mots de plus en plus longs à l'aide des définitions qui vous sont données :*

ad

1. va vers
2. je vais vers
3. je suis présent
4. l'arrivée
5. j'admets

de

1. la déesse
2. la dent
3. je manque
4. ensuite
5. je défends

Le linguiste en herbe

In medio stat virtus.

La vertu est dans le juste milieu.

Proverbe que l'on peut rapprocher du français : « L'excès en tout est un défaut. »

Un affranchi en colère

Au cours du festin (➠ p. 129 et 130), Ascylte, un ami d'Encolpe, se moque de l'assistance, ce qui provoque la réaction rageuse de l'un des affranchis de Trimalcion. Il justifie sa réussite…

« Pourquoi ris-tu, s'écria-t-il, espèce de veau ? Est-ce que par hasard les élégances de mon patron ne sont pas de ton goût ? […] J'espère vivre de façon que personne ne se moque de moi. Je suis un homme parmi les hommes ; je vais la tête haute ; je ne dois pas un sou à personne ; je n'ai jamais eu affaire à la justice ; personne, au Forum, ne m'a dit : "Rends ce que tu dois." J'ai acheté un peu de terre, j'ai mis de côté quelques piécettes ; je nourris vingt bouches, et un chien en plus ; j'ai racheté ma compagne, pour que personne n'aille plus s'essuyer les mains sur sa robe ; j'ai payé mille deniers pour moi-même ; j'ai été fait sévir[1] gratis ; j'espère mourir de telle sorte que je n'aurai pas à rougir de ma mort. […] Naître libre, c'est aussi facile que de dire "Viens ici." Pourquoi restes-tu bouche bée, comme un bouc dans des pois chiches ? »

PÉTRONE (mort en 65 ap. J.-C.), *Satiricon*, LVII,
traduction P. Grimal, © Gallimard, coll. « Bibliothèque de la Pléiade », 1963.

1. sévir Augustal : membre d'un collège religieux de six personnes.

Six livres et demie d'or

Puis arrivent des amis, Habinnas et sa femme Scintilla. Fortunata, l'épouse de Trimalcion, vient rejoindre Scintilla.

On en fut bientôt au point où Fortunata retira ses bracelets de ses bras obèses pour les faire admirer à Scintilla. À la fin, elle détacha ses anneaux de chevilles, ainsi que sa résille d'or, qu'elle prétendait être d'or fin. Trimalcion vit leur manège ; il se fit apporter le tout et : « Vous voyez, dit-il, les entraves des femmes ; c'est comme cela que nous autres, ballots, nous nous faisons dépouiller. Elle doit en avoir pour six livres et demie. […] »

Photo extraite du *Satiricon* de Federico Fellini, 1969.
Le cinéaste Fellini a repris le thème de la décadence dans son film inspiré par le *Satiricon* de Pétrone.

À la fin, pour que l'on vît qu'il ne mentait pas, il fit apporter une balance et chacun, à la ronde, dut vérifier le poids. Scintilla, pour ne pas être en reste, détacha une petite boîte d'or qui pendait à son cou, et qu'elle appelait son porte-bonheur. Elle en tira deux boucles d'oreilles qu'elle fit, à son tour, examiner par Fortunata, disant : « C'est un cadeau de mon époux ; personne n'en a de plus belles. »

« Bien sûr ! dit Habinnas, tu m'as mis complètement à sec pour que je t'achète un bouchon de carafe[2]. Ah, si j'avais une fille, je lui couperais les oreilles. »

2. Énorme joyau.

PÉTRONE (mort en 65 ap. J.-C.), *Satiricon*, LXVII, traduction P. Grimal, © Gallimard, coll. « Bibliothèque de la Pléiade », 1963.

GUSTAVE BOULANGER (1824-1888), *Répétition du « Joueur de flûte » et de la « Femme de Diomède » chez le prince J. Napoléon*, 1861 (huile sur toile, 83 x 130 cm ; Versailles, Musée national du Château).

Le parvenu

Dans la galerie de portraits que sont les Caractères, *La Bruyère (XVII*e *s.) dresse avec concision celui d'un autre parvenu latin : Dorus.*

Dorus passe en litière par la voie Apienne, précédé de ses affranchis et de ses esclaves, qui détournent le peuple et font faire place ; il ne lui manque que les licteurs ; il entre à Rome avec ce cortège, où il semble triompher de la bassesse et de la pauvreté de son père Sanga.

J. DE LA BRUYÈRE (1645-1696), *Caractères*, 20.

Comparer les textes

1. *Que révèle le langage de l'affranchi sur son éducation ? Examinez la construction des phrases et l'accumulation des verbes à la 1re personne : montrez que le personnage demande à être reconnu, et même estimé.*

2. *Que représentent sur le plan social Encolpe, Trimalcion, l'affranchi, Scintilla et Fortunata ?*

3. *Quels sont les objectifs de Pétrone dans le* Satiricon *? Que signifie le titre de l'œuvre ? Cherchez ce qu'est un roman de mœurs.*

4. *Montrez qu'en peu de lignes, La Bruyère a su faire vivre un personnage très semblable à ceux du* Satiricon.

LA VIE QUOTIDIENNE SOUS L'EMPIRE

Pour profiter le plus possible de la lumière du jour, l'éclairage artificiel étant rudimentaire, les Romains ont l'habitude de se lever dès l'aube : en hiver, ce que l'on appelle « la première heure » se situe à 7 h 30 environ, en été à 4 h 30. La notion d'heure reste approximative, même si l'Empire voit se développer la mode du cadran solaire et des horloges à eau très sophistiquées.

Femmes et leurs esclaves, coiffeuses, peinture murale provenant de Herculanum (Naples, Musée national).

Le début de la journée

Sitôt levé, le Romain se contente d'un très modeste petit-déjeuner, jentaculum, et s'habille sans se laver car il consacrera une partie de son après-midi aux soins corporels. Il est prêt très tôt pour vaquer à ses occupations. Les enfants vont à l'école (de 7 à 11 ans) chez le ludi magister ou, pour les plus âgés et les plus riches, chez le grammaticus. Les femmes s'occupent de leur toilette, de leur parure et de leur garde-robe en attendant l'heure d'aller aux thermes. Quant aux hommes, ils commencent par rendre visite à leurs « patrons », en signe de respect (obsequium), ou accueillent au contraire leurs « clients », c'est-à-dire les hommes qui leur sont inférieurs par la fortune. Le patron donne chaque jour aux plus démunis quelque nourriture, ou le plus souvent une somme d'argent, la « sportule ». Les plus pauvres s'empressent chez plusieurs patrons, accumulant ainsi les sportules.

Les activités sur le forum

Le forum est le centre principal de toutes les activités.

La politique

Les magistrats n'étant élus que pour un an, les élections sont fréquentes. Les réunions électorales durent parfois toute la journée. Tous les citoyens, riches ou pauvres, y assistent. C'est ce qui explique l'importance du clientélisme : les pauvres ont besoin d'aide, et les patrons de voix.

La justice

Les Romains ont un goût très prononcé pour la procédure : les tribunaux siègent donc sans relâche. Les causes à plaider sont si nombreuses que, au début du IIe s. ap. J.-C., les tribunaux se multiplient sur le forum.

Scène de marché avec deux singes pour attirer les clients, (bas-relief romain, stèle funéraire ; musée d'Ostie).

Le commerce

Le marché, macellum, se tient également sur le forum : les simples échoppes de la République laissent place aux basiliques et Trajan fait édifier sur son forum un gigantesque marché (➠ p. 38). Aux corps de métiers, très nombreux, se mêlent et se bousculent les gens du peuple, venus là pour parler et surtout pour jouer, comme en témoignent les damiers que l'on a trouvés gravés sur les dalles.

Le temps des loisirs

Caldarium, thermes, forum de Pompéi.

Les thermes

Vers 15 h en hiver, 16 h en été, le forum se vide et les basiliques ferment, mais la journée est loin d'être terminée. C'est le moment où les Romains, riches comme pauvres, prennent soin d'eux-mêmes et se rendent aux thermes. Sous l'Empire, certains bains deviennent gratuits, tous les frais passant à la charge de l'État.

Les thermes sont un véritable centre de vie pour les Romains : on y trouve, outre les bains, lieux de sudation et de massage, portiques, boutiques, salles de gymnastique et bibliothèques. C'est donc un lieu de rencontre, de détente et de culture.

Les repas

Quand commence la soirée, vient l'heure du dîner, cena. Rien d'étonnant que celui-ci soit copieux, puisque le petit-déjeuner est inexistant et que le déjeuner, prandium, revêt souvent la forme d'un en-cas pris sur le pouce. On imagine donc souvent d'effrayantes orgies, symboles de la décadence : si les auteurs latins, à l'exemple de Pétrone dans le *Satiricon* (➠ p. 130), nous en ont laissé de nombreux témoignages, c'est cependant pour condamner les débauches de luxe d'une faible minorité. La plupart des Romains se contentent de manger modérément lors d'agréables soirées entre amis : la cena est surtout un rite social important.

Les spectacles

Certains jours sont consacrés à des jeux exceptionnels : toutes affaires cessantes, on se presse en foule au cirque, au théâtre ou à l'amphithéâtre. Sous l'Empire, le théâtre traditionnel perd peu à peu de sa popularité au profit du mime. Alors que les acteurs restent méprisés, certains mimes deviennent de véritables idoles.

Des jeux sanglants se développent également, tels les combats de boxe, avec des gants chargés de plomb et même munis de pointes de fer. À partir de Néron (54-68), les chrétiens sont livrés aux bêtes dans l'arène et meurent dans d'atroces souffrances. Le peuple romain se repaît de ces carnages, tandis que les intellectuels commencent à s'en inquiéter. Les empereurs chrétiens aboliront peu à peu ces tueries dans l'arène.

Gladiateurs et spectateurs, Ier ap. J.-C. (bas-relief romain ; Milan, musée théâtral de la Scala).

OTIUM

2 Réviser la grammaire

Les phrases et groupes de mots suivants sont des exemples-types illustrant les règles de grammaire que vous venez de découvrir au fil des textes. Que signifient-ils ? Puis rappelez, pour chacun, de quelle règle il s'agit.

1. Antequam agatis, cogitate.
2. Donec eris felix, multos numerabis amicos.
3. Exspecta dum redeam.
4. Ne hoc faciamus.
5. Ne hoc feceris.
6. Noli hoc facere.
7. Num insanis ?
8. Vidistine Romam ?
9. Quaero num pater tuus venerit.
10. Pugnandum est.
11. Cupidus legendi.
12. Cupidus legendae historiae.
13. Mihi colenda est virtus.
14. Dignus est qui imperet.
15. Is est quem omnes admirentur.

1 Réfléchir sur la formation des mots

– *Le suffixe* **-io** *indique une action et a donné la terminaison* -ion *en français.*
Ex. : **occupatio :** occupation.
– *Le suffixe* **-tor** / **-sor** *indique l'auteur d'une action et a donné la terminaison* -eur *en français.*
Ex. : **actor :** acteur.

Trouvez dans votre vocabulaire, en vous aidant éventuellement du lexique, des mots latins possédant ces suffixes.

3 Triangle magique

Trente mots se cachent dans ce triangle ; tous appartiennent au champ lexical de la nature. Ils peuvent être placés à l'endroit, à l'envers, horizontalement ou verticalement. Trouvez-les, puis rappelez, devinez ou cherchez leur sens dans le lexique.

Mots de trois lettres : sol - lux - rus - ver…
Mots de quatre lettres : flos - fons - mons - ager - aper - ripa - unda - aqua - luna - rosa.
Mots de cinq lettres : sidus - lumen - nubes - rupes - arbor - silva - lacus.
Mots de six lettres : flumen - folium - fulmen - hortus - tellus.
Mot de huit lettres : tenebrae.
Mots de neuf lettres : florentes - narcissus.

A
R A S
F L O S U
C U F O N S U
R E V I L A C U S
L A S I D U S I R U R
O R E S N O M U S U T I A
D R O R E A G E R O P R S U F
C R I B R I P A N N L E O U Q A L
P A P E R N N T E L L U S H R A X U N
S U N D A A M U I L O F X F U L M E N U S
T A V L I S F L O R E N T E S E B U N A S O R
V I T E N E B R A E N E M U L F S U S S I C R A N

4 Réviser la littérature

Associez les noms qui se correspondent et expliquez pourquoi.

Narcisse	l'eau
Pygmalion	le fruit
Geppette	Écho
Prométhée	*Les Oiseaux*
Tantale	Actéon
Sisyphe	Pinocchio
Catulle	*Satires*
Tibulle	un rocher
Diane	les vautours
Rome	Galatée
Horace	Délia
Yahvé	*L'Art d'aimer*
Tityos	Lesbie
Ovide	le feu
Aristophane	le bruit

5 Quis est ?

Un personnage se cache derrière chaque série de mots. Qui est-ce ?

1. baisers - amour - Catulle.
2. chiens - cerf - carquois.
3. chariots - poutre - clou.
4. source - Styx - beauté.
5. marbre - statue - amour.
6. perruque - insolence - pantin.
7. feu - aigle - Jupiter.
8. eau - vieillard - nourriture.
9. sueur - pierre - montagne.
10. jarre - eau - quarante-neuf.
11. foie - neuf arpents - géant.
12. arc - flèches - ailes.
13. Eliza - Higgins - Covent Garden.
14. allégorie - Renaissance - printemps.
15. serpents - cheveux - égide.

6 Légender des ilustrations

Quels textes ces vignettes illustrent-elles ? Rédigez une légende en latin pour chacune.

a

b

c

d

15. Le roman fantastique

Apulée : 125-170 ap. J.-C.

Dosso Dossi (1479-1542), *La Magicienne Circé* (peinture ; Rome, galerie Borghèse).

Lire l'image

Dosso Dossi, peintre de la Renaissance, emprunte ses sujets à la mythologie. C'est vers 1520 qu'il compose cette œuvre intitulée *Circé* ou *Mélissa*.

- *Quels accessoires le peintre attribue-t-il à la magicienne ?*
- *Qu'y a-t-il d'oriental ou de vénitien dans son aspect ?*
- *Opposez ce personnage original à la représentation traditionnelle des sorcières.*

Lire en latin

La sorcière Méroé

Aristomène écoute son ami Socrate lui décrire les pouvoirs maléfiques de la sorcière Méroé, dont celui-ci fut autrefois l'amant.

Amatorem suum, quod in aliam temeravisset, unico verbo mutavit in feram castorem. Cauponem quoque **vicinum** atque **ob** id **aemulum** deformavit in ranam, et nunc senex ille dolium innatans vini sui adventores pristinos in faece submissus officiosis roncis raucus appellat. Alium de foro, quod adversus eam locutus esset, in **arietem** deformavit, et nunc aries ille causas agit.

Un de ses amants avait eu l'imprudence de lui faire une infidélité : d'un seul mot elle le changea en castor. Un cabaretier voisin et qui, pour cette raison, lui faisait concurrence, fut changé par elle en grenouille ; maintenant, le vieux nage dans un tonneau, et, plongé dans la lie, il salue poliment de coassements rauques ceux qui jadis venaient boire son vin. Une autre fois, ce fut un avocat qui avait parlé contre elle : elle le transforma en bélier, et maintenant, voilà un bélier qui plaide.

« Mira », inquam, « sed nec minus **saeva**, mi Socrates, memoras. Denique mihi quoque non parvam incussisti sollicitudinem, immo vero **formidinem**. Itaque maturius quieti nos reponamus et **somno** levata lassitudine noctis antelucio aufugiamus istinc quam pote longissime. »

« Ce que tu racontes », dis-je, « mon bon Socrate, n'est pas moins terrible que merveilleux. Au point qu'à moi aussi tu as inspiré une forte inquiétude, pour ne pas dire de l'effroi. Hâtons-nous donc de nous livrer au repos, et quand le sommeil aura dissipé notre fatigue, avant l'aube, décampons de céans le plus loin que nous pourrons. »

Haec adhuc me **suadente insolita** vinolentia ac diuturna fatigatione pertentatus bonus Socrates jam sopitus stertebat altius.

Je conseillais encore, que déjà l'honnête Socrate, terrassé par ses libations inaccoutumées et une longue fatigue, s'était endormi et ronflait bruyamment.

APULÉE (vers 125-170 ap. J.-C.), *Les Métamorphoses*, livre I, 9-11 (extraits), traduction P. Valette,

Lire le texte

1. *Observez le mode des verbes* temeravisset, locutus esset *: qu'en déduisez-vous sur l'attitude du narrateur à l'égard des hommes punis par la sorcière ?*

2. *Quelles punitions Méroé a-t-elle infligées aux hommes ? En quoi la situation nouvelle des hommes métamorphosés est-elle ridicule et absurde ?*

3. *Comment réagissent Aristomène et Socrate dans les deux derniers paragraphes ? Que révèle cette différence de comportement concernant leur caractère ?*

4. *Comment caractériseriez-vous le comique de cette page ?*

J. PH. LE BAS, *La Tentation de saint Antoine* (détail) (gravure d'après David Teniers, Paris, Bibliothèque nationale de France).

Lire en latin

La vengeance d'une sorcière

Tandis qu'Aristomène et Socrate dorment, deux sorcières pénètrent dans la pièce ; l'une porte une lampe, Méroé tient une éponge et une épée nue. Elles entourent Socrate ; Méroé plonge son épée dans la gorge du malheureux et lui arrache le cœur... Au matin, Socrate revient à lui et se met à manger. Aristomène raconte la suite :

Aliquid indidem[1] sumo eumque avide essitantem[2] aspiciens aliquanto intentiore[3] macie atque pallore buxeo[4] deficientem video. Adsurgit et oppertus paululum[5] **planiorem** ripae marginem complicitus[6] in **genua** adpronat[7] se **avidus** adfectans poculum. Necdum[8] satis extremis labiis summum aquae rorem[9] **attigerat,** et jugulo ejus vulnus dehiscit[10] in **profundum** patorem[11] et illa spongia de eo repente devolvitur eamque parvus **admodum** comitatur[12] cruor. Denique corpus exanimatum in flumen **paene** cernuat[13], nisi ego altero ejus pede **retento** vix et aegre ad ripam superiorem adtraxi, ubi defletum[14] pro tempore comitem misellum[15] arenosa **humo** in **amnis** vicinia sempiterna contexi.

Apulée, *Les Métamorphoses*, livre I, 19 (extraits).

1. **indidem** : des mêmes provisions.
2. **essito, as, are, avi, atum** : manger.
3. **aliquanto intentiore** : plus intense.
4. **buxeus, a, um** : couleur de buis, jaune.
5. **oppertus paululum** : ayant cherché un instant.
6. **complicitus** : ayant plié.
7. **approno, as, are, avi, atum** : pencher en avant.
8. **necdum** : et pas encore.
9. **ros, roris**, m : rosée, surface de l'eau.
10. **dehisco, is, ere** : s'ouvrir.
11. **pator, oris**, m : ouverture.
12. **comitor, aris, ari, atus sum** : accompagner.
13. **cernuo, as, are, avi, atum** : tomber la tête la première.
14. **defleo, es, ere, flevi, fletum** : pleurer abondamment.
15. **misellus, a, um** : pauvre, pauvret.

Apulée (vers 125 - vers 170 ap. J.-C.)
Originaire de Numidie, Lucius Apuléius Théséus se rendit très tôt à Athènes pour y étudier la philosophie, puis séjourna à Rome. Il retourna ensuite en Afrique et s'établit à Carthage, où sa renommée devint considérable.
Son œuvre la plus connue est un roman en onze livres : *Les Métamorphoses ou L'Âne d'or.*

Lire le texte

1. macie, pallore buxeo, deficientem *: quelles sont les transformations physiques de Socrate ?*

2. *Sa mort est-elle présentée de façon comique ou dramatique ? Justifiez votre réponse.*

3. *Cherchez la définition du mot* fantastique *et montrez que les extraits donnés ici appartiennent à ce genre littéraire.*

➡ Précis p. 203

L'expression de la cause

En latin, la cause peut être exprimée par un groupe nominal à l'ablatif, par une préposition suivie de l'accusatif, par un ablatif absolu, ou encore par une proposition subordonnée.

groupe nominal à l'ablatif	**Fame interiit.** Il mourut de faim.
préposition + accusatif	**Vicinum atque ob id aemulum deformavit in ranam.** Son voisin et, pour cette raison, son rival, elle le transforma en grenouille.
ablatif absolu	**Interfecto duce, milites fugiunt.** Parce que le général a été tué, les soldats s'enfuient.
subordonnée à l'indicatif	**Quoniam id cupis, maneo.** Puisque tu le désires, je reste. (cause réelle)
subordonnée au subjonctif	**Amatorem suum, quod in aliam temeravisset, mutavit in feram.** Son amant, sous prétexte qu'il l'avait trompée pour une autre, elle le changea en bête sauvage. (cause peu sûre) **Cum pauca legisset, pauca sciebat.** Comme il avait peu lu, il savait peu. (temps + cause)

La formation des adverbes de manière

De nombreux adverbes de manière sont formés à partir d'adjectifs :

- Les adjectifs de la première classe donnent des adverbes en -**e** :

avidus : *avide* → **avide** : *avidement*

- Les adjectifs de la deuxième classe donnent des adverbes en -**ter** :

fortis : *courageux* → **fortiter** : *courageusement*

- Certains adverbes sont simplement le neutre des adjectifs correspondants :

solus : *seul* → **solum** : *seulement*

- Certains adverbes, cependant, ne sont formés ni sur des adjectifs ni sur des noms :

vix : *à peine* **ita** : *ainsi*

Les degrés des adverbes de manière

- Le comparatif des adverbes est en -**ius** (comme le comparatif neutre de l'adjectif).
- Leur superlatif est en -**issime**, suivant la formation du superlatif de l'adjectif correspondant.

adjectif	adverbe	comparatif de l'adverbe	superlatif de l'adverbe
maturus : prompt	**mature** : promptement	**maturius** : plus promptement	**maturissime** : très promptement
altus : profond	**alte** : profondément	**altius** : plus profondément	**altissime** : très profondément
longus : long	**longe** : longuement	**longius** : plus longuement	**longissime** : très longuement
fortis : courageux	**fortiter** : courageusement	**fortius** : plus courageusement	**fortissime** : très courageusement

- Précédé de **quam**, le superlatif signifie : *le plus possible*.

Aufugiamus quam longissime. *Fuyons le plus loin possible.*

Exercices

Vocabulaire à retenir

Noms

amnis, is, m : fleuve
aries, etis, m : bélier
formido, inis, f : peur, crainte, effroi
genu, us, n : genou
humus, i, f : sol, terre
saga, ae, f : sorcière
somnus, i, m : sommeil

Verbes

attingo, is, ere, tigi, tactum : toucher, atteindre
retineo, es, ere, tinui, tentum : arrêter, retenir
suadeo, es, ere, suasi, suasum : conseiller, persuader

Adjectifs - pronoms

aemulus, a, um : rival
aliquis, qua, quid : quelqu'un, quelque
avidus, a, um : avide, cupide, avare
insolitus, a, um : inhabituel, insolite
planus, a, um : plan, uni, égal, aisé
profundus, a, um : profond, épais
saevus, a, um : cruel, sévère, sauvage, terrible
vicinus, a, um : voisin

Mots invariables

admodum : tout à fait, parfaitement, absolument
ob + acc. : devant, à cause de, en échange de
paene : presque

Réviser et appliquer

Exercice 1 : réviser un champ lexical, le fantastique

Retrouvez ou cherchez le sens des mots suivants :

1. formido, dinis, f - metus, us, m - crepusculum, i, n - luna, ae, f - dementia, ae, f - infamia, ae, f - miraculum, i, n - stupor, oris, m - superstitio, onis, f - tenebrae, arum, f pl - terror, oris, m - saga, ae, f - magia, ae, f. 2. sacrifico, as, are, avi, atum - terreo, es, ere, terrui, territum - horreo, es, ere, ui - muto, as, are, avi, atum - metuo, is, ere, metui, metutum. 3. impius, a, um - magicus, a, um - mirabilis, e - nocturnus, a, um - sacrilegus, a, um - terribilis, e.

Exercice 2 : savoir expliquer

Répondez par des phrases latines complètes :

1. Cur saga amatorem in castorem mutavit ? 2. Cur in ranam cauponem mutavit ? 3. Cur in arietem alium mutavit ? 4. Cur Socrates altius dormiebat ? 5. Cur miras fabulas legimus ? 6. Cur sagas saepe timemus ?

Exercice 3 : reconnaître l'expression de la cause

Traduisez en prêtant attention au mode utilisé :

1. Quoniam homo es, humanus esse debes. 2. Gaudeo quod vales. 3. Gaudeo quod valeas. 4. Cum ruri esset, quiescebat. 5. Cum laudaretur, gaudebat. 6. Quia dives erat, pulcherrimum convivium paravit. 7. Meroe Socratem interfecit quia eum diligebat.

Exercice 4 : traduire l'ablatif absolu

Traduisez en français ou en latin selon le cas :

1. Hostibus victis, imperator gaudebat. 2. Comme les enfants écoutent, le maître se réjouit. 3. Te volente, tecum veniam. 4. Amatore mutato in feram, saga ridebat. 5. L'homme ayant été changé en grenouille, Socrate avait peur.

Exercice 5 : reconnaître les adverbes

Traduisez ces adverbes :

docte - clare - jucunde - aeque - rare - stulte - misere - honeste - pulchre - vehementer - graviter - leviter - similiter - breviter - utiliter - pariter - libenter - prudenter - palam - raro - etiam - vix - quoque - fere - paene.

Exercice 6 : traduire les adverbes à différents degrés

Traduisez les phrases suivantes :

1. Fortius milites pugnant quam hostes. 2. Pauperes miserrime vivunt. 3. Oratores optime loquuntur. 4. Melius latine loquimur quam tu. 5. Milites fugerunt quam celerrime.

Exercice 7 : version

Une métamorphose inattendue

Lucius, le héros des Métamorphoses*, rêve de se transformer en oiseau. Mais voilà que malheureusement pour lui, rien ne se passe comme il l'avait prévu…*

Jamque alternis[1] conatibus libratis[2] brachiis in avem similis gestiebam : nec ullae plumulae[3] nec usquam pinnulae[4], sed plane pili mei crassantur[5] in setas[6] et cutis tenella[7] duratur in corium[8] et in extimis palmulis[9] perdito numero toti digiti coguntur in singulas ungulas[10] et de spinae[11] meae termino grandis cauda procedit. Jam facies enormis et os prolixum[12] et nares hiantes[13] et labiae pendulae[14] ; sic et aures inmodicis[15] horripilant[16] auctibus.

Apulée (vers 125-170 ap. J.-C.), *Les Métamorphoses*, III, XXIV.

1. alternis : alternativement. - 2. libro, as, are, avi, atum : balancer. - 3. plumula, ae, f : duvet. - 4. pinnula, ae, f : petite plume. - 5. crasso, as, are, avi, atum : épaissir. - 6. seta, ae, f : crin. - 7. tenellus, a, um : tendre. - 8. corium, ii, n : cuir. - 9. palmula, ae, f : main. - 10. ungula, ae, f : sabot. - 11. spina, ae, f : dos. - 12. prolixus, a, um : long. - 13. hio, as, are, avi, atum : s'ouvrir. - 14. pendulus, a, um : qui pend. - 15. immodicus, a, um : démesuré. - 16. horripilo, as, are, avi, atum : se hérisser de poils.

Le linguiste en herbe

aemulus et imago

Le radical de aemulus, a, um : *rival* et celui de imago, inis, f : *image* viennent de la racine im-, qui comporte l'idée d'imitation. En effet, un émule est quelqu'un qui cherche à égaler une autre personne ou à la surpasser.

Jouer avec la langue

Exercice 8 : le latin et le grec

1. *Complétez avec un mot issu de* **humus, i,** *f* : terre.

1. Le policier a demandé que le cadavre soit …… . 2. Nous devons nous rendre à l'……. d'un ami, décédé cette semaine. 3. Il est si modeste qu'il s'abaisse toujours, par …… . 4. Acceptez cet …… présent.

2. *Expliquez le sens exact des mots ou expressions suivants, issus du grec* **gê** : terre.

géologie - géographie - géométrie - un mouvement géocentrique - les *Géorgiques*, œuvre du poète latin Virgile - à l'apogée - Georges.

Exercice 9 : comprendre l'évolution des mots

Expliquez par l'étymologie les phrases suivantes :

1. Alors un bruit <u>formidable</u> éclata dans la cuisine. Le vieux garde avait tiré. (G. de Maupassant) 2. Il y a d'autres personnes à consulter […] qui savent <u>aplanir</u> les difficultés d'une affaire. (Molière) 3. Elle était <u>sévère</u> pour les autres ; elle n'admettait aucune faute. (R. Rolland)

Exercice 10 : retineo

Le verbe **retineo, es, ere, tinui, tentum** : retenir *est un composé de* **teneo.** *En utilisant des préfixes différents, trouvez les verbes qui signifient :*

1. Tenir d'une façon ferme et fixe. 2. Garder en bon état. 3. Avoir une certaine capacité, un certain nombre d'éléments. 4. Se priver ou se garder de faire quelque chose. 5. Garder en sa possession.

Récréation

Exercice 11 : la ballade des consonnes

Trouvez trois mots qui aient pour points communs les voyelles suivantes :

– U – U –　　– U – – – O

– E – – A　　I – I – U –

Les sorcières de l'Esquilin

Priape, dieu de la fertilité et de la virilité, est le gardien des jardins. À Rome, on a placé sa statue dans les nouveaux jardins de l'Esquilin, à l'endroit où l'on ensevelissait naguère les esclaves et les pauvres gens. Mais il a le plus grand mal à éloigner les sorcières...

Arrivée au sabat (gravure de Jacques Ahamet, 1726-1788, d'après D. Téniers ; Paris, Bibliothèque nationale de France).

J'ai vu de mes propres yeux, marcher d'un pas ferme, dans une ample robe noire retroussée, Canidie, les pieds nus et les cheveux épars, hurlant avec l'aînée des Saganas : leur pâleur les rendait l'une et l'autre effrayantes à voir. Elles se mirent à gratter la terre de leurs ongles et à déchirer de leurs dents une agnelle noire ; le sang imbiba la fosse, car elles voulaient ainsi évoquer les mânes, les esprits qui leur donneraient des réponses. Il y avait aussi une figurine de laine, une autre de cire ; la plus grande était celle de laine, faite pour châtier la plus petite, celle de cire, qui se tenait dans l'attitude des suppliants, comme déjà au moment de périr par une peine servile. L'une des sorcières invoqua Hécate, l'autre la cruelle Tisiphone ; on aurait cru voir errer les serpents et les chiens infernaux, et la lune rougeoyante, refusant d'être témoin de ces horreurs, se cacher derrière les hauts sépulcres. Et si je mens d'une syllabe, je veux que la fiente blanchâtre des corbeaux souille ma tête et que sur moi viennent pisser ou faire pis Julius et l'homme-femme Pédiatia et le voleur Voranus.

À quoi bon dire en détail comment les deux femmes cachèrent furtivement dans la terre une barbe de loup avec la dent d'une couleuvre tachetée, comment l'image de cire prit feu, jetant une grande clarté, comment enfin, témoin qui se venge, j'exprimai mon horreur pour les actes et les paroles de ces deux Furies : car, avec le fracas d'une vessie qui explose, je lâchai un bruit par ma partie postérieure, où mon bois de figuier éclata ; elles, alors, de courir vers la ville, laissant tomber, Canidie ses dents, Sagana sa haute perruque, toutes deux leurs herbes et, de leurs bras, les liens enchantés ; que de rires, que de quolibets, si vous les aviez vues !

HORACE (65-8 av. J.-C.), *Satires*, livre I, 8 (extraits), traduction F. Villeneuve,

La sorcière thessalienne

Sextus Pompée, au cours de la guerre civile contre César (Ier s. av. J.-C.), décide de consulter la sorcière Érichto.

Martin le Franc, *Le Champion des Dames*, XVe s. (manuscrit français ; Paris, Bibliothèque nationale de France).

Une maigreur affreuse envahit le visage flétri de la sacrilège, et sa face, terrible, inconnue du ciel serein, est empreinte d'une pâleur stygienne et alourdie de cheveux en désordre ; si un nimbus et des nuages sombres masquent les astres, alors la Thessalienne sort des tombeaux nus et cherche à capter les foudres nocturnes. Érichto a ramené de leurs tertres les défunts par un convoi inverse et les cadavres ont fui leur couche. Elle enlève du milieu des bûchers les restes fumants des jeunes gens et leurs ossements brûlants. [...] Quand les corps sont gardés sous des pierres où s'absorbe le liquide intérieur, et durcissent, vidés d'une moelle corrompue, alors elle s'acharne avidement sur tous les membres, plonge ses mains dans les yeux, se plaît à crever des globes glacés et ronge les pâles excroissances de la main desséchée. Elle a brisé de ses dents les lacs et les nœuds des assassins, dépecé les pendus et raclé les croix, arraché les viscères battus par les pluies et les moelles cuites par les rayons solaires. Auprès de tout cadavre qui gît sur la terre nue elle est assise avant les bêtes et les oiseaux, et elle ne veut pas dépecer les membres par le fer ni de ses mains, mais elle attend la morsure des loups pour arracher les articulations à leur gosier desséché. Ses mains ne sont pas lentes à commettre un meurtre s'il faut du sang vif, le premier qui sorte de la gorge et si les repas funèbres réclament des entrailles palpitantes. Ainsi par la blessure du ventre et non par où la Nature l'appelait, elle arrache le fruit maternel pour le placer sur des autels fumants, et toutes les fois qu'il est besoin d'ombres sauvages et énergiques, elle-même fait des mânes : toute mort d'homme est utilisée.

Lucain (39-65 ap. J.-C.), *La Pharsale*, livre VI, vers 515-561 (extraits), traduction A. Bourgery et M. Ponchont, revue par P. Jal, 1993.

Comparer les textes

1. *Observez la description des sorcières : l'une semble redoutable, les autres grotesques. Montrez-le en citant des détails précis.*

2. *Quels sont les éléments traditionnels des histoires de sorcières dans les deux récits (temps, lieux, rites) ?*

3. *Le premier texte est une satire, le second un récit épique relatant la rivalité de César et de Pompée : montrez, en citant les textes, la différence de ton qui caractérise l'un et l'autre.*

16. Le plaidoyer

CICÉRON : 106-43 av. J.-C.

Orateur romain, lithographie en couleurs, école italienne, 1825.

Lire l'image

Cette œuvre, due à un artiste de l'École italienne du XIXe siècle, propose sur le passé antique de Rome un regard moderne par l'organisation des divers plans et l'attitude des personnages.

- *Quels éléments (décor, costumes, accessoires) vous permettent de dire qu'il s'agit d'une scène proprement romaine ?*
- *Décrivez la pose du personnage central et comparez-la avec celle des autres orateurs représentés dans le chapitre.*

L'exposé du crime

En 52 av. J.-C., on découvre sur la voie Appienne le cadavre d'un aristocrate très populaire, Clodius. Le crime est immédiatement imputé à son ennemi personnel, Milon, un ami de Cicéron. Celui-ci décide d'assurer sa défense et prononce le Pro Milone. *Il relate les faits dans la partie du discours appelée « narration » :*

1. Le départ des deux hommes

(Clodius) Roma subito profectus pridie est. Ita profectus est ut **contionem** turbulentam in qua ejus furor desideratus est, quae illo ipso die habita est, relinqueret.

Milo autem cum in senatu fuisset eo die **quoad** senatus est dimissus, domum venit, calceos et vestimenta mutavit, paulisper dum se uxor, ut fit, comparat, commoratus est, dein profectus (est) id temporis, cum jam Clodius, si quidem eo die Romam venturus erat, redire potuisset.

La veille, Clodius quitta Rome à l'improviste. Il partit même si brusquement qu'il manqua une assemblée tumultueuse où l'on regretta ses fureurs et qui se tint précisément ce jour-là. Quant à Milon, il se rendit au Sénat le même jour et y resta jusqu'à la fin de la séance, puis il rentra chez lui, changea de chaussures et de vêtements, et, tandis que sa femme, selon l'usage, était à sa toilette, il patienta quelque temps. Enfin il se mit en route à une heure de la journée où Clodius, s'il avait eu véritablement l'intention de revenir à Rome ce jour-là, aurait pu être déjà de retour.

2. L'affrontement

Fit **obviam** Clodio ante **fundum** ejus hora fere undecima aut non multo **secus**, statim **complures** cum **telis** in hunc faciunt de loco superiore impetum **adversi**, **raedarium** occidunt. Cum autem hic de raeda rejecta paenula desiluisset seque **acri** animo defenderet, illi qui erant cum Clodio, gladiis eductis **partim** recurrere ad raedam, ut a tergo adorirentur Milonem, partim quod hunc jam interfectum putarent, caedere incipiunt ejus servos qui post erant.

CICÉRON (106-43 av. J.-C.), *Pour T. Annius Milon*, 27-29 (extraits), traduction A. Boulanger, © Les Belles Lettres, CUF, 1949.

La rencontre avec Clodius eut lieu devant un domaine de celui-ci, à la onzième heure, ou peu s'en faut. Aussitôt une troupe nombreuse de gens armés, d'un lieu dominant, se précipitent sur Milon et, attaquant de face, tuent le cocher. Milon rejette sa pèlerine en arrière, saute de la voiture et se défend avec ardeur ; les gens de Clodius s'élancent l'épée au clair ; les uns reviennent en courant à la voiture pour prendre Milon de dos, les autres, croyant qu'il a déjà été tué, tombent sur les esclaves qui étaient en arrière.

Lire le texte

1. *Quels sont les deux adversaires ? Comment Cicéron oppose-t-il leurs attitudes ?*

2. *Relevez les détails qui cherchent à prouver que Milon est un héros estimé de tous et ceux qui, au contraire, présentent Clodius comme un lâche.*

Qui est le plus coupable ?

Dans la « confirmation », partie qui suit la « narration », Cicéron s'adresse aux juges pour comparer les deux adversaires.

Si haec non gesta audiretis, sed picta videretis, tamen appareret **uter** esset insidiator, uter nihil cogitaret mali, cum alter veheretur in raeda, paenulatus, una sederet uxor.

Quid minus **promptum** ad pugnam, cum paenula inretitus[1], raeda impeditus, uxore paene constrictus esset[2] ? Videte nunc illum primum egredientem e villa subito – cur ? – **vesperi** – quid necesse est ? – **tarde** – qui convenit, **praesertim** id temporis ? – **Devertit** in villam Pompei – Pompeium ut videret ? sciebat in Alsiensi[3] esse. Villam ut **perspiceret** ? – **miliens** in ea fuerat. Quid ergo erat ? mora et tergiversatio[4] ; dum hic veniret, locum relinquere noluit.

Age nunc iter expediti latronis cum Milonis **impedimentis comparate**. Semper ille **antea** cum uxore, tum sine ea ; nunquam nisi in raeda, tum in equo. Milo qui nunquam, tum casu pueros symphoniacos[5] uxoris ducebat et ancillarum greges. Ille qui semper secum scorta[6], semper exoletos[7], semper lupas[8] duceret, tum neminem.

Cicéron, *Pour T. Annius Milon*, 54-55 (extraits), traduction C. Milès et S. Thornes.

Si vous n'entendiez pas le récit des faits, mais si vous les aviez sous les yeux, peints, on verrait avec évidence lequel des deux était l'agresseur et lequel ne projetait rien de mal, car l'un des deux se faisait transporter en chariot, portant une pèlerine, assis aux côtés de sa femme.

1. **irretio (in-retio), is, ire, ivi ou ii, itum** : envelopper.
2. **constringo, is, ere, strinxi, strictum** : enchaîner.
3. **Alsiensis, e** : d'Alsium.
4. **tergiversatio, onis**, f : lenteur calculée.
5. **symphoniacus, a, um** : musicien.
6. **scortum, i**, n : courtisane.
7. **exoleti, orum**, m pl : débauchés.
8. **lupa, ae**, f : prostituée.

Cicéron (106-43 av. J.-C.)
Homme politique, philosophe et grand orateur, Marcus Tullius Cicéro était issu d'une famille de chevaliers. Après avoir déjoué la conjuration de Catilina en 63, il fut deux fois victime de coalitions au pouvoir : les triumvirs César, Pompée et Crassus l'exilèrent en Grèce en 58 ; Antoine, Octave et Lépide le firent assassiner en 43. Parmi ses œuvres les plus célèbres figurent les *Catilinaires*, le *De Republica*, le *Pro Milone*.

Cicéron (buste ; Florence, Galerie des Offices).

Lire le texte

1. *Quel signe de ponctuation est souvent répété ? Quel effet est ainsi produit ?*

2. *Relevez d'une part ce qui caractérise Clodius, entourage, équipage, etc., et de l'autre, ce qui caractérise Milon. Que veut montrer Cicéron ?*

3. *Quelles sont les deux grandes idées soulignées par les adverbes* semper *et* nunquam *?*

Précis p. 177-187, 208, 215, 219

L'expression de la condition

La proposition subordonnée de condition est introduite en latin par **si** : *si*, ou **nisi** (parfois **si... non**) : *si... ne... pas*.

Contrairement au français, les temps et les modes sont généralement les mêmes dans la subordonnée et dans la principale.

action réalisable (potentiel)	action irréalisable dans le présent	action irréalisable dans le passé
Si cras pecuniam habeam, tibi dem. Demain, si j'avais de l'argent, je te le donnerais.	**Si hodie pecuniam haberem, tibi darem.** Aujourd'hui, si j'avais de l'argent, je te le donnerais.	**Si heri pecuniam habuissem, tibi dedissem.** Hier, si j'avais eu de l'argent, je te l'aurais donné.

Lorsqu'il s'agit d'un fait réel, les verbes sont à l'indicatif :

Si vis pacem, para bellum.
Si tu veux la paix, prépare la guerre.

Si rogabo (ou **rogavero**), **respondebis.**
Si je t'interroge, tu me répondras.

Le participe futur et l'infinitif futur

	supin	participe futur	infinitif futur
amo	amatum	amaturus, a, um	amaturum, am, um esse
habeo	habitum	habiturus, a, um	habiturum, am, um esse
dico	dictum	dicturus, a, um	dicturum, am, um esse
audio	auditum	auditurus, a, um	auditurum, am, um esse
facio	factum	facturus, a, um	facturum, am, um esse
sum	—	futurus, a, um	futurum, am, um esse

Le participe futur se forme à partir du supin des verbes, en remplaçant le suffixe **-tum** / **-sum** par **-turus** / **-surus, a, um** :
ventum (de **venio, is, ire, veni, ventum**) → **venturus, a, um**

Il indique une action que le sujet est sur le point de faire :
Clodius venturus est. *Clodius est sur le point de venir.*

L'infinitif futur est composé de **esse** et du participe futur à l'accusatif.
Il traduit une action postérieure à celle de la principale :
Credo eum venturum esse. *Je crois qu'il viendra.*
Credebam eum venturum esse. *Je croyais qu'il viendrait.* (conditionnel = futur dans le passé)

Les verbes qui n'ont pas de supin n'ont pas de participe ni d'infinitif futur, sauf le verbe **esse**. C'est de là que vient le mot français « futur ».

Tibi polliceor quinque dies me rure futurum (esse).
Je te promets que je serai cinq jours à la campagne.

Tibi pollicitus sum quinque dies me rure futurum (esse).
Je t'ai promis que je serais cinq jours à la campagne.

Exercices

Vocabulaire à retenir

Noms

contio, onis, f : assemblée du peuple
fundus, i, m : domaine, propriété
impedimenta, orum, n pl : bagages
raeda, ae, f : chariot
telum, i, n : arme de jet, arme
vesper, eris ou **eri**, m : soir

Adjectifs – pronoms

acer, acris, acre : pointu, ardent, violent
adversus, a, um : qui est en face, contraire
complures, ium : assez nombreux, plusieurs
promptus, a, um : prêt à, disposé à
uter, utra, utrum : celui des deux qui ; qui ?

Verbes

comparo, as, are, avi, atum : comparer
deverto, is, ere, ti, sum : détourner, se détourner
perspicio, is, ere, spexi, spectum : voir

Mots invariables

antea : auparavant
millies, milies ou **miliens** : mille fois
obviam : sur le chemin, à la rencontre, devant
partim : en partie
praesertim : notamment, surtout
quoad : jusqu'à ce que
secus : autrement
tarde : lentement, tardivement

Réviser et appliquer

Exercice 1 : réviser un champ lexical, le discours

Retrouvez ou cherchez le sens des mots suivants :

1. declamatio, onis, f - oratio, onis, f - sermo, onis, m - exordium, ii, n - verbum, i, n - orator, oris, m - sententia, ae, f - vox, vocis, f. 2. loquax, acis - brevis, e - eloquens, tis - tacitus, a, um. 3. declamo, as, are, avi, atum - nego, as, are, avi, atum - trado, is, ere, didi, ditum - doceo, es, ere, cui, ctum - moveo, es, ere, movi, motum - delecto, as, are, avi, atum.

Exercice 2 : reconnaître le conditionnel

Traduisez :

1. Si tibi scribam, mihi respondeas. 2. Si audires, intellegeres. 3. Si mecum venias, laetus sim. 4. Si adsis, tecum cenem. 5. Si te viderem, gauderem. 6. Si sapientes imitetur, doctior fiat. 7. Si Cicero bene loquatur, Milo bene defendatur. 8. Si haec audivisses, certe timuisses. 9. Si Romam venias, nocte dormire non possis. 10. Si iter facere potuissemus, laeti fuissemus. 11. Si possim, rus eam ut in silva ambulem.

Exercice 3 : distinguer les temps du conditionnel

Recopiez, puis reliez les principales et les subordonnées qui vont ensemble :

Subordonnées

1. Si meus amicus accusetur,
2. Si dux fortis fuisset,
3. Si doctus esses,
4. Mecum si heri venisses,
5. Si tela jaceret,
6. Si venias,
7. Nisi corpus Clodii vidisset,
8. Si iter faceret,

Principales

a. omnia scires.
b. hostes multos occideret.
c. impedimenta haberet.
d. obviam sim.
e. eum defendam.
f. non credidisset eum mortuum esset.
g. in foro ambulavissemus.
h. victores fuissemus.

Exercice 4 : former le participe futur

Donnez le participe futur des verbes suivants : do - mitto - pono - duco - vivo - jubeo - video - pugno - relinquo - occido - vulnero.

Exercice 5 : reconnaître l'infinitif futur

Traduisez en latin ou en français, selon le cas :

1. Dico discipulos hunc librum amaturos esse. 2. Nous pensons que le chef sera vainqueur. 3. Scimus milites urbem capturos esse. 4. Speramus pacem mox redituram esse. 5. Je crois que mon ami viendra avec moi. 6. Il promet qu'il donnera de l'argent aux pauvres.

Exercice 6 : version

Des ennemis assassins

Armatis hominibus ante diem tertium Nonas Novembres expulsi sunt fabri de area[1] nostra ; Quinti[2] fratris domus primo fracta conjectu[3] lapidum ex area nostra[4], deinde inflammata[5] jussu[6] Clodi. Ille[7] vere demens ruere[8], post hunc vero furorem nihil nisi caedem inimicorum cogitare, vicatim[9] ambire[10], servis aperte spem libertatis ostendere.

▬ Cum Sacra via descenderem, insecutus[11] est me cum suis. Clamor, lapides, fustes, gladii, et haec improvisa[12] omnia. Discessi in vestibulum Tetti Damionis[13]. Qui erant mecum facile operas aditu prohibuerunt[14].

CICÉRON, *Correspondance*, XCII (« Lettre à Atticus », VI, 3).

1. area, ae, f : cour de maison, terrain. - 2. Quintus, i, m : Quintus, frère de Cicéron. - 3. conjectus, us, m : action de lancer, jet. - 4. ex area nostra : qu'ils lançaient de mon terrain. - 5. inflamo, as, are, avi, atum : enflammer, incendier. - 6. jussus, us, m : ordre. - 7. ille : désigne Clodius. - 8. vere demens ruere : se livrait à des transports de vrai dément. - 9. vicatim : de quartier en quartier. - 10. ambio, is, ire, ii, itum : aller, solliciter, recruter.

▬ 11. insequor, sequi, secutus sum : poursuivre. - 12. improvisus, a, um : à l'improviste. - 13. Tettius Damion : nom d'une connaissance de Cicéron. - 14. operas aditu prohibuerunt : en interdirent aisément l'entrée.

Le linguiste en herbe

Si vis pacem, para bellum.

Si tu veux la paix, prépare la guerre.

Mieux vaut se mettre en état de défense si l'on veut éviter d'être attaqué.

Jouer avec la langue

Exercice 7 : le latin et le grec

Lire *en latin*, dire *en grec viennent d'une racine commune*, **leg** *ou* **log**, *signifiant* cueillir.

1. *Introduisez dans des phrases les mots suivants, issus du latin* **lego, is, ere, legi, lectum** *:* lire, *de manière à en montrer le sens.*
légende - négliger - élégant - leçon - légion - élite - collecte - intelligent - diligent - éligible.

2. *Expliquez les mots ou expressions suivants, issus du grec* **logos** *:* discours.
une anthologie - un artiste éclectique - faire l'apologie d'un crime - un catalogue - un dialogue - le prologue d'une tragédie - l'épilogue d'un roman - un monologue - combler quelqu'un d'éloges.

Exercice 8 : *obviam*

1. *Sachant que* **via** *signifie :* route *et* **viare** *:* voyager, *cherchez ce que peuvent signifier en latin les verbes* **obviare, deviare, inviare**. *Quel est le sens des trois préverbes ?*

2. *Donnez le sens des mots suivants, dérivés de* **via** *:*
convoi - envoyer - dévoyer - viatique - trivial.

Récréation

Exercice 9 : points communs

Complétez à l'aide des indications qui vous sont données :

1.	– – v i – –	6.	v i – – – –
2.	– – – v i – –	7.	– – – v i v i – –
3.	– – v i – – –	8.	– – – v i – – –
4.	v i – –	9.	v i – – – – –
5.	v i – – –	10.	– – v i – – – –

1. C'est ainsi que Milon et Clodius se sont trouvés face à face. - 2. On l'attend pour dîner. - 3. Un ensemble de citoyens. - 4. Même si elle est difficile, on y tient ! - 5. Ce que l'on est avant de devenir uxor. - 6. Titre glorieux, mais aussi prénom français. - 7. Celui de Trimalcion est célèbre. - 8. Ce qui caractérise un magistrat. - 9. Celui de Méroé était aubergiste. - 10. Elles ne font pas toujours le bonheur.

La répétition du plaidoyer

Dans L'Affaire Milon, *l'auteur contemporain Florence Dupont relate l'histoire du procès de façon romancée. Nous sommes à la veille de la plaidoirie ; Cicéron s'apprête à prononcer son discours, mais il est nerveux et inquiet...*

Cicéron répète son discours à longueur de soirée. Selon une technique fréquente chez les orateurs, il parcourt sa maison en affectant chaque partie de son discours à une pièce différente. Puis dans chaque pièce il associe un objet à chaque articulation, chaque argument essentiel, un vase, un tableau, une statue. L'exorde est à l'atrium, la narration sur le gymnase, la démonstration dans le péristyle, à chaque colonne il a accroché un syllogisme, une figure, un enthymème[1], il a placé sa conclusion dans les bains. Ensuite pour se souvenir de son discours il n'aura qu'à parcourir en esprit toute sa maison et rien ne lui échappera. Il va et vient, faisant vibrer la salle voûtée des thermes aux accents poignants de sa péroraison.

F. Dupont, *L'Affaire Milon*, © Denoël, 1987.

1. syllogisme, enthymème : formes de raisonnement qui procèdent par déduction.

Les adversaires en présence

Un autre roman moderne, Meurtre sur la voie Appia, *relate l'affaire Milon : le détective M. Gordien est sollicité par la femme de Clodius pour enquêter sur le meurtre de son mari. Dans cet extrait, il s'adresse à son fils pour lui expliquer les faits.*

« Écoute : Si un homme fomente une embuscade contre son ennemi – c'est la théorie de Milon –, il laissera sa femme à la maison. Mais, dans cette hypothèse, il y a quand même une chose étrange : Clodius avait emmené son jeune fils de huit ans. Il est donc peu probable qu'il ait laissé Fulvia à Rome, simplement parce qu'il préparait un acte de violence...

– T'a-t-elle expliqué pourquoi il avait emmené l'enfant ?

– Selon elle, il voulait le présenter aux magistrats d'Aricia. Cela ressemble tout à fait à une attitude de politicien romain : il n'est jamais trop tôt pour commencer à former son héritier. De plus, en l'absence de son épouse, rien de tel que d'emmener son petit garçon pour se présenter en bon père de famille. Les ennemis de Clodius...

– Tu veux dire Cicéron et Milon.

Statue honorifique d'Aule Meteli, dit *L'Orateur*, vers 90 av. J.-C. (bronze provenant de la région de Pérouse ; Florence, musée archéologique).

HONORÉ DAUMIER, *La Comédie humaine*, 1845 (gravure ; Paris, musée Carnavalet).

– …ont passé des années à le dépeindre en monstre incestueux, ancien prostitué, sans cesse occupé à séduire les épouses et les fils des autres. Cette sorte de ragots ne détruit pas forcément la réputation d'un homme à Rome, mais, à la campagne, où les gens sont encore très respectueux des valeurs traditionnelles, c'est un véritable poison. Donc, Clodius voulait certainement se présenter aux citoyens d'Aricia en bon père et bon époux. Et l'idéal pour ça était d'avoir son jeune fils de huit ans à côté de lui, tandis qu'il prononçait son discours.

STEVEN SAYLOR, *Meurtre sur la voie Appia*, 1996, traduction A. d'Apremont, © Ramsay, 2001.

Le verdict

L'instant du verdict approche… Voici comment Florence Dupont a imaginé la fin du procès à partir de ce que l'on en sait historiquement.

R. P. CHAMPEAU, *Principes de lecture publique et de déclamation*, 1874 (détails) (gravure ; Paris, Bibliothèque nationale de France).

Restent cinquante et un juges, chacun d'eux reçoit une tablette de cire, d'un côté la lettre A est écrite, pour acquitter, de l'autre la lettre C pour condamner. Ils doivent effacer avec leur pouce la lettre qui ne correspond pas à leur jugement et ensuite, en cachant la lettre conservée, jeter la tablette dans l'urne de leur classe. Trois urnes sont posées sur le tribunal devant lesquelles défilent les juges. Puis l'un d'eux, tiré au sort, dépouille en lisant à haute voix la lettre inscrite sur chaque tablette. Le président fait le compte des voix.

Milon entend le verdict sans étonnement. Les sénateurs le condamnent par douze voix contre six, les chevaliers par treize voix contre quatre, les tribuns du trésor par treize voix contre trois. C'est fini. Ses amis raccompagnent Milon chez lui. [...] Cicéron a disparu.

F. DUPONT, *L'Affaire Milon*, © Denoël, 1987.

Comparer les textes

1. *Montrez que F. Dupont présente les différentes parties du discours de façon vivante. Récapitulez celles-ci.*

2. *En quoi le second texte donne-t-il une présentation des adversaires plus nuancée que celle de Cicéron (➜ p. 149)? (Le détective du roman de S. Saylor par ailleurs conclura en disant que la rencontre entre Milon et Clodius fut fortuite et que le massacre qui s'ensuivit n'avait pas été prévu…)*

3. *Quels renseignements le troisième extrait nous fournit-il sur la justice romaine ?*

17. Le théâtre

PLAUTE : 254-184 av. J.-C.

Cap d'Ail, théâtre de nature par Jean Cocteau.

Lire l'image

Le poète Jean Cocteau (1889-1963) s'est passionné pour le théâtre et la culture antique. Aussi n'est-il pas surprenant qu'il ait imaginé ce lieu scénique au bord de la Méditerranée.

- *Quels détails évoquent ici le théâtre antique ?*
- *Observez les deux reproductions ➡ p. 157 et 162 : quelles informations donnent-elles sur les acteurs de l'Antiquité ?*

Lire en latin

Les Ménechmes

Le thème des jumeaux a beaucoup inspiré les auteurs comiques, notamment Plaute, car il se prête à toutes sortes de quiproquos et de situations équivoques. Voici l'argumentum des Ménechmes*, c'est-à-dire la présentation de la pièce.*

Mercator Siculus, cui erant **gemini** filii,
Ei **surrepto** altero mors **optigit**.
Nomen surreptici illi indit qui domi est
Avus paternus ; facit Menaechmum e Sosicle.
Et is germanum, postquam adolevit, quaeritat
Circum omnes **oras**. Post Epidamnum **devenit**.
Hic fuerat alitus ille surrepticius.
Menaechmum omnes civem credunt **advenam**,
Eumque appellant meretrix, uxor et socer.
I se cognoscunt fratres postremo **invicem**.

Un marchand sicilien avait des fils jumeaux ; l'un d'eux lui fut enlevé, puis la mort saisit le marchand. Le grand-père paternel donne à l'enfant qui vit chez lui le nom de celui qui a été enlevé : il transforme Sosiclès en Ménechme. Celui-ci, après avoir grandi, cherche son frère dans toutes les régions. Puis il arrive à Épidamne. C'est là qu'avait été élevé son frère après le rapt. Tous croient que l'étranger est leur concitoyen et l'appellent Ménechme, aussi bien sa maîtresse que son épouse ou son beau-père. Finalement, les frères se reconnaissent l'un l'autre.

PLAUTE, *Les Ménechmes*, vers 1-10, traduction C. Milès et S. Thornes.

Acteur portant un masque, provenant du théâtre de Sabratha, IIIe s. (relief ; Rome, musée de la Civilisation romaine).

PLAUTE (254-184 av. J.-C.)
Né en Ombrie, Titus Maccius Plautus pratiqua de nombreux métiers plus ou moins liés au théâtre, avant de devenir le grand poète comique dont Molière s'inspira. Parmi ses pièces les plus célèbres, on peut retenir l'*Aulularia*, la *Cistellaria*, le *Rudens* et le *Miles gloriosus*.

Lire le texte

1. *Pourquoi les Anciens commençaient-ils leurs représentations théâtrales par un résumé de la pièce ?*

2. *Quelles sont les différentes parties de l'intrigue des* Ménechmes *?*

3. *Observez la première lettre de chaque vers : que remarquez-vous ? Comment s'appelle ce procédé de style ?*

C'est à n'y rien comprendre !

Ménechme II arrive à Épidamne avec son esclave Messénion. Érotie, la maîtresse de son jumeau, le confond avec celui-ci…

MENAECHMUS. Quicum haec mulier loquitur ?
EROTIA. **Equidem** tecum.
ME. Quid mecum tibi
Fuit umquam aut nunc est **negoti ?**
ER. Quia pol[1] te unum ex omnibus
Venus me voluit magnificare[2] ; neque id haud **immerito**
[tuo.
Nam ecastor[3] solus benefactis[4] tuis me florentem facis.
ME. Certo haec mulier aut insania aut **ebria** est,
[Messenio,
Quae hominem ignotum compellet[5] me tam
[familiariter.
MESSENIO. Dixin ego istaec heic[6] solere fieri ? folia nunc
[cadunt,
Praeut[7] si triduum[8] hoc hic erimus ; tum arbores in
[te cadent.
Nam ita sunt hic meretrices ; omnes elecebrae[9]
[argentariae[10].
Sed **sine** me dum hanc compellare. Heus mulier !
[tibi dico.
ER. Quid est ?
MES. Ubi tu hunc hominem novisti ?
ER. Ibidem, ubi hic me jam diu,
In Epidamno.
ME. In Epidamno ? qui huc[11] in hanc urbem pedem
Nisi hodie numquam intro tetulit[12] ?
ER. Heia[13], delicias facis[14].

PLAUTE (254-184 av. J.-C.), *Les Ménechmes*, vers 369-384.

1. **pol** : par Pollux.
2. **magnifico, as, are, avi, atum** : faire grand cas de.
3. **ecastor** : par Castor.
4. **benefactum, i**, n : bienfait, service.
5. **compello, as, are, avi, atum** : adresser la parole à quelqu'un.
6. **heic** = **hic** : ici.
7. **praeut** : en comparaison de ce que.
8. **triduum, i**, n : espace de trois ans.
9. **elecebra, ae**, f : charme.
10. **argentarius, a, um** : d'argent.
11. **huc** : ici.
12. **tetulit** = **tulit**.
13. **heia** = **eia** : ah ! ah !
14. **delicias facere** : plaisanter.

Lire le texte

1. *Rappelez quels sont les différents personnages en présence et les liens qui les unissent.*
2. *Quel est le rôle exact joué par Messénion ?*
3. *Pourquoi la maîtresse de Ménechme s'appelle-t-elle Érotie ?*
4. *De quel genre de comique s'agit-il ? Quels jeux de scène pourriez-vous imaginer ?*

Grammaire

Distinguer les niveaux de langue

Les orateurs, les historiens et les poètes ne recourent pas au même niveau de langue.

Niveau de langue soutenu
C'est le langage habituel à la poésie, au théâtre tragique, aux ouvrages historiques, aux discours…

Lumina mors clausit domini mirantia formam. *La mort ferma ses yeux qui admiraient toujours la beauté de leur maître.* (OVIDE, *Les Métamorphoses*, livre III, vers 503)

Niveau de langue courant
Ce niveau de langue est employé dans les romans, les récits, les ouvrages d'histoire naturelle, ou encore pour la relation d'événements quotidiens.

Meretricem Athenis Ephesum miles avehit.
Un soldat enlève d'Athènes une courtisane et l'emmène à Éphèse. (PLAUTE, *Le Soldat fanfaron*, vers 1)

Niveau de langue familier
Propre au théâtre comique, à la satire et aux épigrammes, il met en scène des dialogues vivants et familiers.

Heu hercle, mulier, multum et audax et mala es.
Hé bien, vrai, la femme, tu ne manques pas de toupet, ni de coquinerie ! (PLAUTE, *Les Ménechmes*, vers 731)

La langue de Plaute

Elle se caractérise notamment par l'usage d'interjections exprimant diverses nuances.

appel		**heus !** holà ! **di immortales :** dieux immortels
encouragement		**heia !** ou **eia !** allons ! **macte !** bravo, courage !
douleur		**heu ! eheu !** hélas !
indignation		**o, pro !** oh ! ô !
menace		**vae !** malheur !
admiration		**o, papae !** oh ! ah ! diantre !
jurons	masculins	**edepol !** ou **pol !** par Pollux ! **Hercule, hercle, mehercule, mehercle !** par Hercule !
	féminins	**ecastor !** par Castor !
injures		**trifurcifer !** triple pendard !

La syntaxe est simplifiée. Les phrases sont très courtes :

Quid est ? *Qu'est-ce ?* **Ubi tu hunc hominem novisti ?** *Où as-tu connu cet homme ?*

L'emploi de phrases exclamatives est fréquent :

Me miserum ! *Que je suis malheureux !*

Enfin, la particule interrogative **-ne** est souvent omise ; l'intonation suffit, comme en français, pour exprimer l'interrogation :

Venis ? *Tu viens ?*

Exercices

Vocabulaire à retenir

Noms

advena, ae, m : étranger
mercator, oris, m : marchand
negotium, ii, n : travail, affaire
ora, ae, f : bord, rivage, pays

Mots invariables

equidem : sans doute, assurément
invicem : mutuellement, réciproquement

Adjectifs qualificatifs

ebrius, a, um : ivre
geminus, a, um : jumeau
immeritus, a, um : qui n'a pas mérité, injuste

Verbes

devenio, is, ire, veni, ventum : arriver à
obtingo, is, ere, tigi : arriver, échoir
sino, is, ere, sivi, situm : laisser, permettre
subripio (ou **subrupio**)**, is, ere, ripui, reptum** : enlever

Réviser et appliquer

Exercice 1 : réviser un champ lexical, le théâtre

Retrouvez ou cherchez la traduction des mots suivants :

1. actor, oris, m - histrio, onis, m - fabula, ae, f - scaena, ae, f - theatrum, i, n - tragoedia, ae, f - comoedia, ae, f. 2. comicus, a, um - ridiculus, a, um - celeber, bris, bre - tragicus, a, um - jucundus, a, um. 3. ludo, is, ere, si, sum - specto, as, are, avi, atum - laetor, aris, ari, atus sum - delecto, as are, avi, atum.

Exercice 2 : comparer des traductions

*Expliquez le travail de traduction réalisé par A. Ernout (*Les Ménechmes*, © Les Belles Lettres, 1936) pour chacun des vers suivants, à partir de leur traduction littérale.*

1. Quicum haec mulier loquitur ?
Trad. litt. : Avec qui cette femme parle-t-elle ?
A. Ernout : À qui en a cette femme ?

2. Nam ecastor solus benefactis tuis me florentem facis.
T. l. : Car par Castor, seul tu me rends florissante par tes bienfaits.
A. E. : Par Castor, n'est-ce pas à ta seule générosité que je dois toute cette brillante fortune ?

3. Omnes elecebrae argentariae.
T. l. : Toutes des séductrices en ce qui concerne l'argent.
A. E. : Pour escamoter votre argent, à elles le pompon !

Exercice 3 : traduire le langage familier

Retrouvez la traduction de ces expressions dans la liste qui suit. Puis cherchez quelles sont les marques du langage familier :

1. Minime hercle mirum.
2. Atque edepol tu me monuisti probe.
3. Jamne abis ?
4. Per Jovem deosque adjuro, uxor.
5. Ne ego ecastor mulier misera.
6. Heus tu, tibi dico, mane.

a. Parbleu, oui ! et tu as eu raison de m'en faire souvenir.
b. Je le jure par Jupiter et par tous les dieux, ma femme.
c. Tu t'en vas déjà ?
d. Mon Dieu ! Que je suis donc malheureuse !
e. Voyons, attends un peu, je te dis.
f. Parbleu ! cela n'a rien d'étonnant !

Exercice 4 : réviser la grammaire du texte ➽ p. 157

1. cui erant gemini filii ➽ *vers 1 : à quel cas se trouve le groupe nominal* **gemini filii** *? Et le pronom relatif* **cui** *? Que traduit cette tournure ?*

2. *À quel cas se trouve le groupe de mots* **surrepto altero** ➽ *vers 2 ? Justifiez cet emploi.*

3. *Relevez les formes de* **is, ea, id** *et justifiez leur emploi.*

4. *Relevez une subordonnée de temps : à quel temps et à quel mode son verbe est-il employé ? Justifiez.*

Exercice 5 : version

Rentrons chez nous !

Les Ménechmes se sont retrouvés et reconnus. Ils décident de revenir dans leur pays : ainsi se termine la pièce.

ME. II. In patriam redeamus ambo[1].
ME. I. Frater, faciam ut tu voles.
Auctionem[2] hic faciam et vendam quicquid [est. Num interim[3]
Eamus intro[4], frater.
ME. II. Fiat.
MES. Scitisne quid ego vos rogo ?
ME. I. Quid ?
MES. Praeconium[5] mihi ut detis.
ME. I. Dabitur.
MES. Ergo nunciam[6]
Vis conclamari[7] auctionem ?
ME. I. Fore[8] quidem die septimi.
MES. Auctio fiet Menaechmi mane[9] sane [septimi.
Venibunt[10] servi, supellex[11], fundi, aedes ; [omnia
Venibunt, quiqui licebunt, praesenti pecunia.
Venibit uxor quoque etiam, si quis emptor[12] [venerit.
Vix credo auctione tota capiet quinquagessis[13] [aes[14].
Nunc spectatores valete et nobis clare plaudite.

PLAUTE (254-184 av. J.-C.), *Les Ménechmes*, vers 1151-1162.

1. ambo, ae, o : tous les deux. - 2. auctio, onis, f : vente publique. - 3. interim : pendant ce temps. - 4. intro : à l'intérieur. - 5. praeconium, ii, n : office de crieur public. - 6. nuncio = nuntio. - 7. conclamo, as, are, avi, atum : crier. - 8. fore : infinitif futur de sum. - 9. mane : le matin. - 10. veneo, es, ire, venii, ventum : être vendu. - 11. supellex, lectilis, f : vaisselle. - 12. emptor, oris, m : acheteur. - 13. quinquagessis, is, m : cinquante as. - 14. aes, aeris, n : monnaie.

Le linguiste en herbe

Castigat ridendo mores.

Elle corrige les mœurs en riant.

Telle est la devise de la comédie. Elle fut imaginée par le poète Jean de Santeul, contemporain de Boileau, et donnée à l'arlequin Dominique pour qu'il la mît sur la toile de son théâtre.

Jouer avec la langue

Exercice 6 : le latin et le grec

1. *Complétez les phrases suivantes avec le mot qui convient, issu du latin* **nomen, inis**, *n* : nom.

1. Le mot qui se met à la place du nom est un .... 2. Le nom énoncé en premier pour se présenter est le .... 3. Dans une fraction, le terme qui désigne la partie de l'unité considérée est le .... 4. Un acte infâme est une .... : il fait perdre jusqu'au nom de celui qui le commet.

2. *À partir du grec* **onoma (onym)** : nom, *cherchez les mots qui correspondent aux définitions suivantes :*

un mot de même sens - un mot de sens contraire - le nom tiré de celui du père - un faux nom - sans nom.

Exercice 7 : *mercator, oris*

1. *Quel rapport établissez-vous entre* **mercator, oris**, *m* : marchand *et les mots suivants* : merx, mercis, f - commercium, ii, n - Mercurius, ii, m ?

2. *À partir des mots latins précédents, trouvez les mots français qui désignent :*

le commerce de petits articles servant pour la couture - celui qui fait ce commerce - celui qui est avide, âpre au gain - le jour du dieu Mercure - le verbe qui sert à exprimer sa gratitude.

Récréation

Exercice 8 : que d'injures !

Trouvez la traduction qui correspond à ces injures ou jurons.

caepa[1] cirrata	foutaises
crucis[2] offla	idiot
naeniae	balivernes
canis	coquin, bandit
mufrius	tête de rat
lorum[3] in aqua	oignon frisé
nugae[4]	tête de truffe
terrae tuber[5]	courroie dans l'eau (mollasson)
mus[6]	chien
scelestus	gibier de potence

1. caepa, ae, f : oignon. - 2. crux, crucis, f : croix, gibet. - 3. lorum, i, n : courroie. - 4. nugae, arum, f pl : bagatelles, riens. - 5. tuber, eris, n : champignon. - 6. mus, muris, m : rat, souris.

Une ville qui porte bien son nom

Messénion, esclave de Ménechme II, décrit à son maître la ville où ils sont arrivés : Épidamne ➨ *p. 158.*

Je sais comment sont faits les gens de ce pays : les Épidamniens sont de grands noceurs et de grands buveurs ; la ville abonde en intrigants et en escrocs de tout poil. Et les filles de joie donc ! Il n'y a pas de pays, dit-on, où elles sachent mieux vous prendre. C'est pour cela qu'on a donné à la ville le nom d'Épidamne : c'est parce qu'on n'y peut séjourner qu'à son dam.

PLAUTE (254-184 av. J.-C.), *Les Ménechmes*, vers 259-264[1].

1. La traduction des quatre extraits du groupement de textes est d'A. Ernout, © Les Belles Lettres, CUF, 1936.

Les signes de la folie

La femme de Ménechme I s'étonne que Ménechme II ne la reconnaisse pas. Elle pense qu'il est devenu fou.

Scène de théâtre, art romain du IIIe s. (mosaïque provenant de Sousse, en Tunisie ; Sousse, musée d'Art romain).

LA FEMME *(à son père)*. – Vois-tu comme ses yeux deviennent vitreux ? Et cette teinte verte qui se répand sur ses tempes et sur son front ? Et la flamme que jettent ses yeux ? Tu le vois ?

MÉNECHME II *(à part)*. – Le mieux que j'aie à faire, puisqu'ils prétendent que je suis fou, n'est-ce pas de jouer la folie, pour les mettre en déroute ? *(Il se met à gesticuler.)*

LA FEMME. – Comme il s'étire, comme il bâille ! Que dois-je faire, mon père ?

LE VIEILLARD. – Viens par ici, ma fille ; éloigne-toi de lui le plus possible.

MÉNECHME II. – Évohé[2], Bacchus ! Évohé, Bromius[3] ! Dans quelle forêt m'appelles-tu pour chasser ? J'entends ta voix, mais je ne puis quitter ces lieux. Tu le vois ; à gauche cette chienne enragée me tient en arrêt ; par-derrière, j'ai ce vieux bouc puant qui plus d'une fois dans sa vie fit condamner des citoyens innocents par ses faux témoignages.

PLAUTE (254-184 av. J.-C.), *Les Ménechmes*, vers 828-840.

2. Évohé : cri des bacchantes, prêtresses de Bacchus. – 3. Bromius : surnom de Bacchus.

Deux masques, Ier s. av. J.-C. (fresque provenant de la villa de Livia à Primaporta ; Rome, musée des Thermes).

La consultation

Ménechme I est de retour ; sa femme et son père font venir un médecin, car ils s'inquiètent de son état.

LE MÉDECIN *(à Ménechme I).* – Réponds à ma question : est-ce que tes yeux deviennent durs, par moments ?

MÉNECHME I. – Quoi ? Est-ce que tu me prends pour une sauterelle, triple idiot ?

LE MÉDECIN. – Dis-moi : tu n'as jamais les boyaux qui crient ; tu ne l'as jamais remarqué ?

MÉNECHME I. – Quand ils sont pleins, ils se taisent ; quand ils sont vides, alors ils crient famine.

PLAUTE (254-184 av. J.-C.), *Les Ménechmes*, vers 923-931.

Les retrouvailles

Voici enfin la rencontre des jumeaux.

MESSÉNION *(apercevant Ménechme I).* – Ô dieux immortels ! que vois-je ?

MÉNECHME II *(le regardant sans comprendre).* – Qu'est-ce que tu vois ?

MESSÉNION. – Ton reflet, dans un miroir.

MÉNECHME II. – Que veux-tu dire ?

MESSÉNION. – C'est ton portrait. Il te ressemble, on ne peut pas plus.

MÉNECHME II *(examinant à son tour Ménechme I).* – En effet, pardieu ! il me ressemble assez, à bien me rappeler mes traits…

MÉNECHME I *(à Messénion).* – Ah ! bonjour, jeune homme ; qui que tu sois, tu m'as sauvé la vie[4].

MESSÉNION *(avec agitation).* – Jeune homme, je t'en prie, par Hercule, dis-moi ton nom, si tu veux bien.

MÉNECHME I. – Pardieu, tu m'as rendu un trop grand service pour que je veuille te refuser quoi que ce soit. Mon nom est Ménechme.

MÉNECHME II *(sursautant).* – Mais non, par Hercule, c'est le mien !

PLAUTE (254-184 av. J.-C.), *Les Ménechmes*, vers 1062-1068.

4. Croyant qu'il s'agissait de son maître, Messénion a porté secours à Ménechme I, qui s'était fait attaquer par des esclaves.

Déesse allaitant des jumeaux (sculpture provenant de Megara Hyblea, en Sicile ; Syracuse, Musée archéologique).

Comparer les textes

1. *Quels sont les éléments comiques utilisés dans ces extraits ? Donnez un nom à chacun des procédés.*

2. *Relevez les expressions familières. Cherchez des expressions actuelles qui leur correspondent.*

3. *Dans quelles pièces de Molière pouvez-vous trouver des situations analogues ?*

18. Le texte scientifique

VITRUVE : Ier s. ap. J.-C. - PLINE L'ANCIEN : 23-79 ap. J.-C.

ANTOINE CARON (1521-1599), *Astronomes étudiant une éclipse*, vers 1572 (huile sur bois, 92 x 73 cm ; Londres, collection particulière).

Lire l'image

Peintre officiel de la Cour, rival des artistes italiens de la Renaissance appelés en France, Antoine Caron exécuta de nombreuses commandes d'inspiration antique.

- *Analysez la composition et le décor des astronomes étudiant une éclipse, et déterminez ce qui rappelle l'Antiquité.*
- *Observez les attitudes des personnages et les accessoires figurant dans cette scène : cherchez tout ce qui suggère la curiosité scientifique.*

Lire en latin

Ordonnance d'ensemble de l'univers

Vitruve est un architecte méthodique : avant de proposer des plans pour réaliser des aqueducs, il commence par analyser les eaux sur le terrain ; de même, avant de parler des horloges et des cadrans solaires, il étudie le système solaire.

Mundus autem est omnium naturae rerum conceptio summa, caelumque sideribus et **stellarum** cursibus conformatum. Id **volvitur continenter** circum terram atque **mare** per **axis** cardines extremos. Namque in his locis naturalis potestas ita architectata est, **collocavit**que cardines tamquam **centra**, unum a terra et mari in summo mundo ac post ipsas stellas Septentrionum, **alterum trans contra** sub terra in meridianis partibus, ibique circum eos cardines orbiculos uti in torno **perfecit**, qui graece poloe nominantur, per quos pervolitat **sempiterno** caelum. Ita media terra cum mari centri loco **naturaliter** est collocata.

Vitruve (Ier s. ap. J.-C.), *De l'architecture*, livre IX, 1, traduction J. Soubiran, © Les Belles Lettres, CUF, 1969.

Or l'univers est le contenant suprême de tout ce qui compose la nature ; c'est aussi le ciel, qui doit son aspect aux constellations et aux déplacements des astres. Il est animé d'un perpétuel mouvement de révolution autour de la terre et de la mer grâce aux pivots situés à l'extrémité de son axe. Tel est en effet, en ces points, le dispositif réalisé par la puissance de la nature, qui a placé ces pivots comme centres : l'un d'eux, au point de l'univers le plus élevé par rapport à la terre et à la mer, dépasse même les étoiles de la Grande Ourse ; l'autre, tout à fait opposé, se trouve sous la terre dans les régions méridionales ; et là, autour de ces pivots, la nature a ajusté comme dans un tour des anneaux, appelés en grec « pôles », grâce auxquels le ciel est animé d'un perpétuel mouvement. Ainsi la terre, avec la mer, est naturellement située au point central de l'ensemble.

Le Temple d'Apollon, colonne ionique surmontée d'un cadran solaire.

Lire le texte

1. *Quel temps de l'indicatif domine dans ce passage ? Pourquoi ?*

2. *Expliquez, à partir du champ lexical dominant, pourquoi l'on peut parler de texte scientifique.*

3. *À quels termes voit-on que l'axe du monde semble être pour Vitruve une réalité matérielle ?*

Lire en latin

Les hommes sont opposés par les pieds

Pline l'Ancien, naturaliste, était curieux de tout et notait tout ce qu'il découvrait. Son Histoire naturelle *aborde tous les sujets, notamment la rotondité de la terre.*

Est autem figura prima, de qua **consensus** judicat ; orbem certe dicimus terrae **globum**que verticibus includi fatemur. Neque enim absoluti[1] orbis est forma in tanta montium excelsitate[2], tanta camporum planitie[3]. [...] Mundus in centrum **vergit**, at terra exit a centro, inmensum ejus globum in formam orbis adsidua[4] circa eam mundi volubilitate[5] cogente.

Ingens hic pugna litterarum **contra**que vulgi, circumfundi[6] terrae undique homines conversisque inter se pedibus stare, et cunctis similem esse verticem[7], simili modo ex quacumque parte media calcari[8], illo quaerente, cur non **decidant** contra **siti**, tamquam non ratio praesto[9] sit, ut nos non decidere mirentur illi. Sed quid hoc refert, alio miraculo **exoriente**, pendere ipsam ac non cadere nobiscum.

Pline l'Ancien, *Histoire naturelle*, livre II, LXIV-LXV.

1. **absolutus, a, um** : parfait.
2. **excelsitas, atis**, f : hauteur.
3. **planities, ei**, f : surface plane.
4. **adsiduus, a, um** : ininterrompu.
5. **volubilitas, atis**, f : rotation.
6. **circumfundo, is, ere, fudi, fusum** : répandre autour.
7. **vertex, icis**, m : verticale.
8. **calco, as, are, avi, atum** : fouler.
9. **praesto** : à la disposition.

Lire le texte

1. *Quels sont les deux avis opposés par Pline ? Relevez les mots qui les désignent.*

2. *Quelle est l'opinion de Pline à l'égard de la foule ? Sur quel ton en parle-t-il ?*

3. *Quelles preuves Pline donne-t-il de la rotondité de la terre et de sa suspension dans l'air ? Que pensez-vous de ces preuves ? Vous paraissent-elles scientifiques ou fantaisistes ?*

4. *Après lecture des deux textes, dites sur quelle erreur fondamentale repose la conception que les Anciens ont de l'univers. Quel est le premier homme à avoir découvert cette erreur ?*

Pline l'Ancien (23-79 ap. J.-C.)
Issu d'une famille aisée, Caius Plinius Secundus Major servit d'abord comme officier de cavalerie en Germanie, puis fut nommé procurateur en Espagne. C'est sa grande curiosité qui lui coûta la vie : amiral de la flotte de Misène, il voulut assister de près à l'éruption de Vésuve en 79, où il trouva la mort. De son œuvre, nous n'avons conservé que l'*Histoire naturelle*, vaste encyclopédie des connaissances de l'époque (géographie, étude de l'univers, de la faune, de la flore, des minéraux et de l'homme).

Grammaire

Précis p. 199

Les pronoms-adjectifs indéfinis alius et alter

alius, a, ud : autre	singulier			pluriel		
	masculin	féminin	neutre	masculin	féminin	neutre
N.	alius	alia	aliud	alii	aliae	alia
Ac.	alium	aliam	aliud	alios	alias	alia
G.	alius[1]	alius[1]	alius[1]	aliorum	aliarum	aliorum
D.	alii	alii	alii	aliis	aliis	aliis
Ab.	alio	alia	alio	aliis	aliis	aliis

1. Génitif rare ; on emploie plutôt **alterius**.

alter, era, erum : autre	singulier			pluriel		
	masculin	féminin	neutre	masculin	féminin	neutre
N.	alter	altera	alterum	alteri	alterae	altera
Ac.	alterum	alteram	alterum	alteros	alteras	altera
G.	alterius	alterius	alterius	alterorum	alterarum	alterorum
D.	alteri	alteri	alteri	alteris	alteris	alteris
Ab.	altero	altera	altero	alteris	alteris	alteris

Alter s'emploie lorsqu'il s'agit de deux personnes, deux idées, deux choses.
On peut dire : **alter... alter** ou **unus... alter** : *l'un (de deux)..., l'autre.*

Alius s'emploie pour désigner l'un, l'autre parmi plusieurs :
alio miraculo exoriente : *un autre miracle prenant naissance.*

Les adjectifs indéfinis primus, medius, summus

Selon le contexte, ces adjectifs peuvent se traduire de manière différente :

prima figura : *une première configuration*
media terra : *le milieu de la terre*
summa conceptio : *le contenant suprême*
prima nocte : *au début de la nuit*
in parte media : *dans la partie centrale*
in summo mundo : *au point le plus élevé de l'univers*

Les noms neutres de la 3e déclinaison

Quelques rares noms de la troisième déclinaison appartiennent au neutre et se déclinent comme **mare, is**, n : *mer.*

mare, is, n : mer	singulier	pluriel
N. V. Ac.	mare	maria
G.	maris	marium
D. Ab.	mari	maribus

Exercices

Vocabulaire à retenir

Adjectifs – pronoms

alter, era, erum : l'un des deux… l'autre ; second
sempiternus, a, um : qui dure toujours, éternel, perpétuel
situs, a, um : situé

Verbes

colloco, as, are, avi, atum : placer, établir
decido, is, ere, cidi : tomber
exorior, oriris, oriri, ortus sum : naître, se lever
perficio, is, ere, feci, fectum : achever, accomplir
vergo, is, ere : être tourné vers, incliner, pencher
volvo, is, ere, volvi, volutum : rouler, faire rouler

Noms

axis, is, m : axe, monde, pôle
centrum, i, n : centre
consensus, us, m : accord, complot
globus, i, m : globe, terre, masse
mare, is, n : mer
mundus, i, m : monde, univers, terre
stella, ae, f : étoile

Mots invariables

continenter : sans interruption, continuellement
contra : en face, au contraire, contre
naturaliter : naturellement, conformément à la nature
trans + acc. : au-delà, par-dessus

Réviser et appliquer

Exercice 1 : réviser un champ lexical, le ciel et les astres

Retrouvez ou cherchez la traduction des mots suivants :

1. sidus, eris, n - caelum, i, n - stella, ae, f - luna, ae, f - mundus, i, m - sol, solis, m - orbis, is, m - aer, aeris, m. 2. aerius, a, um - splendidus, a, um - caelestis, e - clarus, a, um - immensus, a, um - plenus, a, um. 3. occido, is, ere, cidi, casum - exorior, iris, iri, ortus sum.

Exercice 2 : reconnaître les indéfinis

Traduisez :

1. Romani Gallicos hostes vicerunt, aliasque multas gentes. 2. Mihi sunt duo amici : alter bonus est, alter melior etiam. 3. Contemnendus est qui aliud dicit et aliud facit. 4. Homines eadem nolunt : alius timeri cupit, alius approbari vult, alius amari vult. 5. Alteri milites pugnare volebant, alteri quiescere malebant. 6. Alter e pueris laborare amat, alter non fortis est. 7. Alteris laborantibus, alteri quiescebant. 8. Multi venerant ut actores plauderent : alteri legebant, alteri saltabant.

Exercice 3 : traduire *primus, medius, summus*

Traduisez et précisez la valeur exacte de **primus, medius, summus** *:*

1. Consul primus omnium vicit. 2. Prima nocte, infans dormiebat. 3. In medio foro, erat clarum templum. 4. Media e tribus statua erat pulcherrima. 5. Summa voce pueri appellaverunt amicos suos. 6. Summus imperator Caesar erat. 7. Consul summi ingenii erat. 8. In summa arbore erant multa mala. 9. Media nocte latrones virginem rapuerunt.

Exercice 4 : manipuler le neutre de la 3e déclinaison

Cherchez les désinences convenables et traduisez :

1. Naves in mar..... navigant. 2. Corp..... integrum inventum est. 3. Mar..... latum nautae spectant. 4. Magnum op..... tempore deletur. 5. Pueri transeunt altum flum..... . 6. Nautae transeunt altum mar..... . 7. Aqua flumin..... clara est. 8. Aqua mar..... frigida est. 9. Circa terram et mar..... mundus volvitur.

Exercice 5 : version

L'astre le plus admiré : la lune

Sed omnium admirationem vincit novissimum sidus, terris familiarissimum et in tenebrarum remedium ab natura repertum, lunae. Multiformis[1] haec ambage[2] torsit[3] ingenia contemplantium et proximum ignorari maxime sidus indignantium[4], crescens semper aut senescens[5] et modo curvata[6] in cornua facie, modo aequa portione divisa, modo sinuata[7] in orbem, maculosa[8] eademque subito praenitens[9], immensa orbe pleno ac repente nulla.

PLINE L'ANCIEN (23-79 ap. J.-C.), *Histoire naturelle*, livre II, VI.

1. multiformis, e : varié. - 2. ambages, is, f : sinuosités. - 3. torqueo, es, ere, torsi, tortum : torturer. - 4. indignor, aris, ari, atus sum : s'indigner. - 5. senesco, is, ere, senui : décroître. - 6. curvo, as, are, avi, atum : courber. - 7. sinuo, as, are, avi, atum : rendre courbe. - 8. maculosus, a, um : taché. - 9. praeniteo, es, ere, ui : se signaler par son éclat.

Jouer avec la langue

Exercice 6 : le latin et le grec

1. *Sachant que le grec* **kosmos** *désigne à la fois* la parure, l'ordre et l'univers, *complétez ces phrases :*

1. L'art de la parure s'appelle la .... 2. Le navigateur de l'univers est un .... 3. C'est un citoyen du monde : on le dit ....

2. *Pour traduire le grec* **kosmos**, *les Latins ont choisi le mot signifiant* la parure : **mundus** ; *le sens d'*univers *a ensuite prévalu. À partir de cette étymologie, expliquez le sens exact des termes* émonder *et* immonde.

Exercice 7 : l'univers cosmique

Complétez les phrases suivantes à l'aide du mot indiqué entre parenthèses :

1. Tout ce qui se rapporte aux astres appartient à l'univers .... (sidus). 2. Pour localiser les astres, on a partagé le ciel en quatre-vingt-huit .... (stella). 3. Les quatre points .... déterminent la situation des autres points de l'horizon (cardo). 4. La courbe décrite par une planète autour du soleil s'appelle une .... (orbis). 5. L'été, nous pouvons admirer la voûte .... (caelum).

Exercice 8 : *mare, is*

1. *Quels adjectifs dérivés de* **mare, is**, *n :* mer, *qualifient l'air de la mer ? la navigation sur mer ?*

2. *Quels noms répondent aux définitions suivantes ?*
un tableau qui a la mer pour sujet - celui qui conduit les péniches sur les cours d'eau - un mélange de poissons trempés dans du vinaigre, aromatisé d'épices.

Exercice 9 : *alter* et *alius*

Trouvez les mots issus de **alius** *ou* **alter** *et correspondant aux définitions suivantes :*

1. **Alius** : malade mental dépossédé de lui-même - nom du psychiatre qui soigne cette maladie.
2. **Alter** : faire une chose après une autre - détériorer, donner soif - dispute entre une personne et une autre.

Récréation

Exercice 10 : tours de passe-passe

Ajoutez la lettre **s** *à chaque mot et changez l'ordre des lettres pour obtenir un nouveau mot :*

DE	SIMUS
CUR	VERUS
DEO	TENUI
DEAE	GENIUM
VOLO	REPENTE
ATER	RUPISTI
AUTEM	PERTINEMUS

Le linguiste en herbe

Un atlas

En 1585, un savant publia un recueil de cartes géographiques dont le frontispice était orné d'un Atlas, représenté conformément à la tradition, le genou ployé, et supportant sur les épaules la sphère du monde. Par la suite, on utilisa le raccourci « atlas » pour désigner un ouvrage où figure une série de cartes.

C. EUGÈNE, *La Flèche du Parthe*, © Hatier, 1995.

La création du monde vue par un chrétien

Lactance, professeur d'éloquence latine à Nicomédie, écrivit une sorte de traité de religion chrétienne : Institutions divines. *Il y montre que la vraie sagesse est inséparable de la foi.*

Atlas de Cellarius : système de Copernic, 1708 (Paris, Bibliothèque nationale de France).

Dieu créa donc le ciel avant toutes choses et il le suspendit en hauteur parce qu'il était le séjour de Dieu créateur lui-même. Puis il assit solidement la Terre et la plaça sous le ciel afin que l'homme l'habite avec les autres espèces d'êtres vivants. Quant à sa demeure, il la distingua par des lumières éclatantes dont il l'emplit : c'est-à-dire qu'il l'orna du soleil, du cercle brillant de la lune et des constellations étincelantes d'astres scintillants. Quant aux ténèbres, c'est-à-dire leur contraire, il les plaça sur terre. Car celle-ci ne renferme aucune lumière par elle-même hors celle qu'elle reçoit du ciel. C'est là qu'il plaça la clarté inaltérable, les êtres supérieurs et la vie éternelle, tandis qu'il mettait sur terre les ténèbres, les êtres inférieurs et la mort. Ceux-ci se trouvent en effet aussi éloignés des choses d'en haut que le mal du bien et le vice de la vertu.

LACTANCE (260-325 ap. J.-C.), *Institutions divines*, IX,
traduction C. Vivanco, *in* Lucrèce, *De la nature*, I, © Hatier, 1997.

La formation de l'univers vue par un poète

Le poète stoïcien Manilius nous a laissé un poème scientifique en cinq livres, intitulé Astronomica *; il y expose sa conception de l'univers, qui accorde une large place au destin* (sors)*.*

Le feu ailé s'éleva vers les rivages éthérés et, embrassant les plus hauts sommets du ciel étoilé, d'un rempart de flammes il créa les murailles de la nature. Le deuxième, l'air descendit se faisant brises légères et répandit l'atmosphère au centre dans les espaces vides de l'univers. La troisième décision du sort étendit les ondes et les flots ondoyants et répandit la plaine flottante qui se formait pour donner naissance à la mer tout entière, afin que l'élément liquide exhale et expulse les brises légères et nourrisse l'air qui tire de lui des semences, pour que son haleine, placée sous les astres voisins, alimente le feu. La dernière, la terre se déposa, concentrée en une boule sous l'effet

Copernic (gravure de Vallet ; Paris, Bibliothèque nationale de France).

de sa masse, et le limon mêlé aux sables vagabonds se rassembla tandis que l'eau légère s'enfuyait peu à peu vers le haut. Et à mesure que le liquide se séparait pour former les ondes pures, le filtrage des eaux construisit la terre et la nappe liquide s'étendit dans le creux des vallées ; les montagnes émergèrent des flots et le cercle des terres jaillit au milieu des ondes, borné de toutes parts par le vaste océan. S'il demeure stable, c'est parce que le firmament tout entier s'en écarte partout d'une égale distance et empêche en tombant de toutes parts que ne tombent le milieu et le bas du monde.

MANILIUS (Ier s. ap. J.-C.), *Astronomica*, I, 149-169, traduction C. Vivanco, *in* Lucrèce, *De la nature*, I, © Hatier, 1997.

Astronomie selon Galilée : le système solaire, XVIe s. (gravure ; Paris, Bibliothèque nationale de France).

Galilée, un génie méconnu

*Voltaire (XVIIIe s.), dans l'*Essai sur les Mœurs *et l'*Esprit des nations, *reprend l'histoire du monde pour en dégager les lignes directrices. Il veut avant tout souligner les dangers du fanatisme et l'efficacité des efforts humains pour faire progresser les sciences.*

Galilée fut le premier qui fit parler à la physique le langage de la vérité et de la raison : c'était un peu avant que Copernic, sur les frontières de la Pologne, avait découvert le véritable système du monde. Galilée fut non seulement le premier bon physicien, mais il écrivit aussi élégamment que Platon, et il eut sur le philosophe grec l'avantage incomparable de ne dire que des choses certaines et intelligibles. La manière dont ce grand homme fut traité par l'Inquisition sur la fin de ses jours imprimerait une honte éternelle à l'Italie, si cette honte n'était pas effacée par la gloire même de Galilée.

VOLTAIRE (1694-1778), *Essai sur les mœurs*, CXXXI.

CLAUDE AUDRAN (1592-1677), *Galilée*, 1641 (gravure ; Paris, Bibliothèque nationale de France).

Comparer les textes

1. *Manilius propose une explication poétique de la formation de l'univers : cherchez dans son texte des figures de style, des métaphores.*

2. *Le texte de Lactance s'apparente à une démonstration : relevez les expressions exprimant la cause et les articulations logiques.*

3. *Quels éléments des deux extraits peuvent surprendre un lecteur du XXIe siècle ?*

4. *Que dénonce Voltaire à travers les exemples de Galilée et Copernic ?*

LA VIE LITTÉRAIRE À ROME, SOUS L'EMPIRE

Sous l'Empire romain, l'État exerce un contrôle vigilant sur les publications. Les genres littéraires se multiplient néanmoins.

Bibliothèque de Celsus, élevée en 110-135 par le consul Julius Aquila d'Asie (Turquie, Cité antique d'Éphèse).

La diffusion des œuvres

En même temps que César fondait la première bibliothèque d'État à Rome, Atticus créait une véritable maison d'édition. C'est à lui que Cicéron, par exemple, confia ses écrits. On vit alors se multiplier les libraires-éditeurs (librarii). Ils vendaient fort cher les ouvrages, les faisant exécuter par des esclaves spécialisés ; et l'auteur, cependant, ne touchait strictement aucun droit.
Les écrivains prirent donc l'habitude de se livrer à des lectures publiques (recitationes), qui connurent une vogue considérable. De nombreuses salles publiques étaient réservées à cet effet.

D'après J. CARCOPINO, *La Vie quotidienne à Rome à l'apogée de l'Empire*, © Hachette, 1939.

NICCOLINI (1854-1890), *Reconstitution de Pompéi : intérieur de la Basilique* (détail), (Paris, Bibliothèque des Arts décoratifs).

L'auditorium

Les Romains fortunés préféraient aménager dans leur propriété une pièce destinée à la recitatio *: l'*auditorium.

Le décor ne variait guère d'une domus à l'autre : une estrade où vient s'asseoir l'auteur-lecteur, lequel, pour la circonstance, a soigné sa toilette, lissé sa chevelure, vêtu une toge neuve, garni ses doigts de toutes ses bagues, et s'apprête à séduire ses auditeurs, non seulement par les qualités de ses écrits, mais par la prestance de son maintien, la caresse de ses regards, la modestie de son accent et la douceur de ses modulations. Derrière lui pendent les rideaux qui cachent au reste de l'assistance ceux de ses invités qui désirent l'entendre sans se faire voir, sa femme,

4 Alice au pays des merveilles

Professeur de géométrie, Lewis Carroll (XIXe s.) inventa les aventures d'Alice au pays des merveilles pour distraire une petite fille nommée Alice Liddell. Voici une traduction d'un passage en latin.

Alice, petite fille de sept ans, est tombée dans un puits et se retrouve dans un monde fantastique. Après être mystérieusement devenue minuscule, au point de ne pouvoir saisir sur la table la petite clé d'or qui ouvre le jardin, elle aperçoit un gâteau : elle le mange et se met à grandir démesurément...

« Distendor nunc velut maximum omnium telescopium ! Pedes, valete ! »

(Cum enim pedes suos despiceret, tam procul esse videbantur ut vix in conspectu essent.) [...]

Eo ipso tempore caput ejus percussit tectum atrii. Nunc vero paulo amplius pedes novem alta erat. Itaque clave[1] aurea parva recuperata ad januam horti properavit.

Misellam Aliciam ! Cum in uno latere decumberet[2], in hortum uno oculo perspicere solum poterat. At eo penetrare multo magis praeter spem[3] erat quam antea. Ea considit, et rursus lacrimare coepit.

« Te pudere oportet[4] », ait Alicia, « puella grandis ut es » (quod juste dicere poterat !) « eo modo usque lacrimare. Desistedum[5] confestim[6] ! »

Sed nihilo minus flebat, atque lacrimas abundanter fudit usque eo donec stagno circumdata est magno, fere quattuor digitorum in altitudinem, quod per dimidiam atrii partem patebat.

L. Carroll (1832-1898), *Alicia in terra mirabili*, traduction latine de Clive Harcourt Carruthers, © Macmillan, 1964.

John Tenniel, illustration pour *Alice in Wonderland*, vers 1866.

1. **clavis, is,** f : clé.
2. **decumbo, is, ere, bui** : se coucher.
3. **praeter spem** : contre toute espérance.
4. **oportet** : il faut.
5. **desistedum** : arrête donc.
6. **confestim** : tout de suite.

5 Réviser la littérature

À quel auteur latin vous fait penser chacune de ces séries de mots ?

1. Trimalcion - Fellini - Fortunata.
2. Clodius - via Appia - orateur.
3. moineau - baisers - chagrins.
4. architecture - pôles - cadrans solaires.
5. fâcheux - Canidie - Priape.
6. Socrate - Méroé - grenouille.
7. architecte - horloges - pôles.
8. Érotie - Messénion - Épidamne.
9. Érichto - Pompée - sang.
10. clémence - folie - cachette.
11. *Apocoloquintose* - enfers - coiffeur.
12. Néron - incendie - Anicetus.
13. éruption - neveu - panégyrique.
14. Narcisse - Pygmalion - séduction.
15. Rome - client - coquetterie.
16. supplices - Tantale - Sisyphe.
17. naturaliste - rotondité - pieds.

Précis grammatical

I – Morphologie

II – Syntaxe

1 La première conjugaison

amo, as, are, avi, atum : aimer

		ACTIF				
		indicatif	subjonctif	impératif	participe	infinitif
INFECTUM	présent	amo amas amat amamus amatis amant	amem ames amet amemus ametis ament	ama amate	amans, amantis	amare
INFECTUM	imparfait	amabam amabas amabat amabamus amabatis amabant	amarem amares amaret amaremus amaretis amarent			
INFECTUM	futur	amabo amabis amabit amabimus amabitis amabunt			amaturus, a, um	amaturum, am, um esse
PERFECTUM	parfait	amavi amavisti amavit amavimus amavistis amaverunt	amaverim amaveris amaverit amaverimus amaveritis amaverint			amavisse
PERFECTUM	plus-que-parfait	amaveram amaveras amaverat amaveramus amaveratis amaverant	amavissem amavisses amavisset amavissemus amavissetis amavissent		**supin** amatum	
PERFECTUM	futur antérieur	amavero amaveris amaverit amaverimus amaveritis amaverint			**gérondif** Ac. (ad) amandum G. amandi D. amando Ab. amando	

		PASSIF				
		indicatif	subjonctif	impératif	participe	infinitif
INFECTUM	présent	amor amaris amatur amamur amamini amantur	amer ameris ametur amemur amemini amentur	amare amamini		amari
	imparfait	amabar amabaris amabatur amabamur amabamini amabantur	amarer amareris amaretur amaremur amaremini amarentur			
	futur	amabor amaberis amabitur amabimur amabimini amabuntur				
PERFECTUM	parfait	amatus, a, um sum es est amati, ae, a sumus estis sunt	amatus, a, um sim sis sit amati, ae, a simus sitis sint		amatus, a, um	amatum, am, um esse
	plus-que-parfait	amatus, a, um eram eras erat amati, ae, a eramus eratis erant	amatus, a, um essem esses esset amati, ae, a essemus essetis essent		**adjectif verbal** amandus, a, um	
	futur antérieur	amatus, a, um ero eris erit amati, ae, a erimus eritis erunt				

2 La deuxième conjugaison

habeo, es, ere, ui, itum : avoir, posséder

		ACTIF				
		indicatif	**subjonctif**	**impératif**	**participe**	**infinitif**
INFECTUM	présent	habeo habes habet habemus habetis habent	habeam habeas habeat habeamus habeatis habeant	habe habete	habens, habentis	habere
	imparfait	habebam habebas habebat habebamus habebatis habebant	haberem haberes haberet haberemus haberetis haberent			
	futur	habebo habebis habebit habebimus habebitis habebunt			habiturus, a, um	habiturum, am, um esse
PERFECTUM	parfait	habui habuisti habuit habuimus habuistis habuerunt	habuerim habueris habuerit habuerimus habueritis habuerint			habuisse
	plus-que-parfait	habueram habueras habuerat habueramus habueratis habuerant	habuissem habuisses habuisset habuissemus habuissetis habuissent		**supin** habitum	
	futur antérieur	habuero habueris habuerit habuerimus habueritis habuerint			**gérondif** Ac. (ad) habendum G. habendi D. habendo Ab. habendo	

		PASSIF				
		indicatif	subjonctif	impératif	participe	infinitif
INFECTUM	présent	habeor haberis habetur habemur habemini habentur	habear habearis habeatur habeamur habeamini habeantur	habere habemini		haberi
	imparfait	habebar habebaris habebatur habebamur habebamini habebantur	haberer habereris haberetur haberemur haberemini haberentur			
	futur	habebor habeberis habebitur habebimur habebimini habebuntur				
PERFECTUM	parfait	habitus, a, um sum es est habiti, ae, a sumus estis sunt	habitus, a, um sim sis sit habiti, ae, a simus sitis sint		habitus, a, um	habitum, am, um esse
	plus-que-parfait	habitus, a, um eram eras erat habiti, ae, a eramus eratis erant	habitus, a, um essem esses esset habiti, ae, a essemus essetis essent		**adjectif verbal** habendus, a, um	
	futur antérieur	habitus, a, um ero eris erit habiti, ae, a erimus eritis erunt				

3 La troisième conjugaison

dico, is, ere, dixi, dictum : dire

		ACTIF				
		indicatif	**subjonctif**	**impératif**	**participe**	**infinitif**
INFECTUM	présent	dico dicis dicit dicimus dicitis dicunt	dicam dicas dicat dicamus dicatis dicant	dic dicite	dicens, dicentis	dicere
	imparfait	dicebam dicebas dicebat dicebamus dicebatis dicebant	dicerem diceres diceret diceremus diceretis dicerent			
	futur	dicam dices dicet dicemus dicetis dicent			dicturus, a, um	dicturum, am, um esse
PERFECTUM	parfait	dixi dixisti dixit diximus dixistis dixerunt	dixerim dixeris dixerit dixerimus dixeritis dixerint			dixisse
	plus-que-parfait	dixeram dixeras dixerat dixeramus dixeratis dixerant	dixissem dixisses dixisset dixissemus dixissetis dixissent	**supin** dictum		
	futur antérieur	dixero dixeris dixerit dixerimus dixeritis dixerint		**gérondif** Ac. (ad) dicendum G. dicendi D. dicendo Ab. dicendo		

		PASSIF				
		indicatif	**subjonctif**	**impératif**	**participe**	**infinitif**
INFECTUM	présent	dicor diceris dicitur dicimur dicimini dicuntur	dicar dicaris dicatur dicamur dicamini dicantur	dicere dicimini		dici
	imparfait	dicebar dicebaris dicebatur dicebamur dicebamini dicebantur	dicerer dicereris diceretur diceremur diceremini dicerentur			
	futur	dicar diceris dicetur dicemur dicemini dicentur				
PERFECTUM	parfait	dictus, a, um sum es est dicti, ae, a sumus estis sunt	dictus, a, um sim sis sit dicti, ae, a simus sitis sint		dictus, a, um	dictum, am, um esse
	plus-que-parfait	dictus, a, um eram eras erat dicti, ae, a eramus eratis erant	dictus, a, um essem esses esset dicti, ae, a essemus essetis essent		**adjectif verbal** dicendus, a, um	
	futur antérieur	dictus, a, um ero eris erit dicti, ae, a erimus eritis erunt				

4 La quatrième conjugaison

audio, is, ire, ivi, itum : entendre

		ACTIF				
		indicatif	subjonctif	impératif	participe	infinitif
INFECTUM	présent	audio audis audit audimus auditis audiunt	audiam audias audiat audiamus audiatis audiant	audi audite	audiens, audientis	audire
INFECTUM	imparfait	audiebam audiebas audiebat audiebamus audiebatis audiebant	audirem audires audiret audiremus audiretis audirent			
INFECTUM	futur	audiam audies audiet audiemus audietis audient			auditurus, a, um	auditurum, am, um esse
PERFECTUM	parfait	audivi audivisti audivit audivimus audivistis audiverunt	audiverim audiveris audiverit audiverimus audiveritis audiverint			
PERFECTUM	plus-que-parfait	audiveram audiveras audiverat audiveramus audiveratis audiverant	audivissem audivisses audivisset audivissemus audivissetis audivissent	**supin** auditum		
PERFECTUM	futur antérieur	audivero audiveris audiverit audiverimus audiveritis audiverint		**gérondif** Ac. (ad) audiendum G. audiendi D. audiendo Ab. audiendo		

		PASSIF				
		indicatif	subjonctif	impératif	participe	infinitif
INFECTUM	présent	audior audiris auditur audimur audimini audiuntur	audiar audiaris audiatur audiamur audiamini audiantur	audire audimini		audiri
	imparfait	audiebar audiebaris audiebatur audiebamur audiebamini audiebantur	audirer audireris audiretur audiremur audiremini audirentur			
	futur	audiar audieris audietur audiemur audiemini audientur				
PERFECTUM	parfait	auditus, a, um sum es est auditi, ae, a sumus estis sunt	auditus, a, um sim sis sit auditi, ae, a simus sitis sint		auditus, a, um	auditum, am, um esse
	plus-que-parfait	auditus, a, um eram eras erat auditi, ae, a eramus eratis erant	auditus a, um essem esses esset auditi, ae, a essemus essetis essent	adjectif verbal audiendus, a, um		
	futur antérieur	auditus, a, um ero eris erit auditi, ae, a erimus eritis erunt				

5 La conjugaison mixte

facio, is, ere, feci, factum : faire

		ACTIF				
		indicatif	subjonctif	impératif	participe	infinitif
INFECTUM	présent	facio facis facit facimus facitis faciunt	faciam facias faciat faciamus faciatis faciant	fac facite	faciens, facientis	facere
INFECTUM	imparfait	faciebam faciebas faciebat faciebamus faciebatis faciebant	facerem faceres faceret faceremus faceretis facerent			
INFECTUM	futur	faciam facies faciet faciemus facietis facient			facturus, a, um	facturum, am, um esse
PERFECTUM	parfait	feci fecisti fecit fecimus fecistis fecerunt	fecerim feceris fecerit fecerimus feceritis fecerint			fecisse
PERFECTUM	plus-que-parfait	feceram feceras fecerat feceramus feceratis fecerant	fecissem fecisses fecisset fecissemus fecissetis fecissent		**supin** factum	
PERFECTUM	futur antérieur	fecero feceris fecerit fecerimus feceritis fecerint			**gérondif** Ac. (ad) faciendum G. faciendi D. faciendo Ab. faciendo	

confico, is, ere, feci, fectum : achever[1]

		PASSIF				
		indicatif	subjonctif	impératif	participe	infinitif
INFECTUM	présent	conficior conficeris conficitur conficimur conficimini conficiuntur	conficiar conficiaris conficiatur conficiamur conficiamini conficiantur	conficere conficimini		confici
	imparfait	conficiebar conficiebaris conficiebatur conficiebamur conficiebamini conficiebantur	conficerer conficereris conficeretur conficeremur conficeremini conficerentur			
	futur	conficiar conficieris confiacietur conficiemur conficiemini conficientur				
PERFECTUM	parfait	factus, a, um sum es est facti, ae, a sumus estis sunt	factus, a, um sim sis sit facti, ae, a simus sitis sint		factus, a, um	factum, am, um esse
	plus-que-parfait	factus, a, um eram eras erat facti, ae, a eramus eratis erant	factus, a, um essem esses esset facti, ae, a essemus essetis essent	adjectif verbal faciendus, a, um		
	futur antérieur	factus, a, um ero eris erit facti, ae, a erimus eritis erunt				

1. Le verbe facere lui-même n'a pas de passif infectum (présent, imparfait, futur).

6 sum et possum

sum, es, esse, fui : être

		indicatif	subjonctif	impératif	participe	infinitif
INFECTUM	présent	sum es est sumus estis sunt	sim sis sit simus sitis sint	es este		esse
	imparfait	eram eras erat eramus eratis erant	essem esses esset essemus essetis essent			
	futur	ero eris erit erimus eritis erunt			futurus, a, um	futurum, am, um esse
PERFECTUM	parfait	fui fuisti fuit fuimus fuistis fuerunt	fuerim fueris fuerit fuerimus fueritis fuerint			fuisse
	plus-que-parfait	fueram fueras fuerat fueramus fueratis fuerant	fuissem fuisses fuisset fuissemus fuissetis fuissent			
	futur antérieur	fuero fueris fuerit fuerimus fueritis fuerint				

possum, potes, posse, potui : pouvoir

		indicatif	subjonctif	infinitif
INFECTUM	présent	possum potes potest possumus potestis possunt	possim possis possit possimus possitis possint	posse
	imparfait	poteram poteras poterat poteramus poteratis poterant	possem posses posset possemus possetis possent	
	futur	potero poteris poterit poterimus poteritis poterunt		
PERFECTUM	parfait	potui potuisti potuit potuimus potuistis potuerunt	potuerim potueris potuerit potuerimus potueritis potuerint	
	plus-que-parfait	potueram potueras potuerat potueramus potueratis potuerant	potuissem potuisses potuisset potuissemus potuissetis potuissent	
	futur antérieur	potuero potueris potuerit potuerimus potueritis potuerint		

7 Les verbes irréguliers

fero, fers, ferre, tuli, latum : porter, supporter[1]

	ACTIF				
	indicatif	**subjonctif**	**impératif**	**participe**	**infinitif**
présent	fero fers fert ferimus fertis ferunt	feram feras ferat feramus feratis ferant	fer ferte	présent : ferens, ferentis futur : laturus, a, um	ferre
imparfait	ferebam ferebas ferebat ferebamus ferebatis ferebant	ferrem ferres ferret ferremus ferretis ferrent		**supin** latum	
futur	feram feres feret feremus feretis ferent			**gérondif** Ac. (ad) ferendum G. ferendi D. ferendo Ab. ferendo	

	PASSIF		
	indicatif	**subjonctif**	**infinitif**
présent	feror ferris fertur ferimur ferimini feruntur	ferar feraris feratur feramur feramini ferantur	ferri
imparfait	ferebar ferebaris ferebatur ferebamur ferebamini ferebantur	ferrer ferreris ferretur ferremur ferremini ferrentur	
futur	ferar fereris feretur feremur feremini ferentur	**participe parfait** latus, a, um **adjectif verbal** ferendus, a, um	

1. Les formes du perfectum (parfait, plus-que-parfait et futur antérieur) sont régulières.

fio, fis, fieri, factus sum : être fait, devenir[1]

	ACTIF			
	indicatif	subjonctif	participe	infinitif
présent	fio fis fit fimus fitis fiunt	fiam fias fiat fiamus fiatis fiant		fieri
imparfait	fiebam fiebas fiebat fiebamus fiebatis fiebant	fierem fieres fieret fieremus fieretis fierent		
futur	fiam fies fiet fiemus fietis fient			fore

	PASSIF			
	indicatif	subjonctif	participe	infinitif
parfait	factus, a, um sum es est facti, ae, a sumus estis sunt	factus, a, um sim sis sit facti, ae, a simus sitis sint	factus, a, um	factum, am, um esse
plus-que-parfait	factus, a, um eram eras erat facti, ae, a eramus eratis erant	factus, a, um essem esses esset facti, ae, a essemus essetis essent	adjectif verbal faciendus, a, um	
futur antérieur	factus, a, um ero eris erit facti, ae, a erimus eritis erunt			

1. Le verbe fio sert de passif à facio : *faire*, aux temps de l'infectum.

volo, vis, velle, volui : vouloir

	indicatif	subjonctif	participe	infinitif
présent	volo vis vult volumus vultis volunt	velim velis velit velimus velitis velint	volens volentis	velle
imparfait	volebam volebas volebat volebamus volebatis volebant	vellem velles vellet vellemus velletis vellent		
futur	volam voles volet volemus voletis volent			
parfait	volui voluisti voluit vuluimus voluistis voluerunt	voluerim volueris voluerit voluerimus volueritis voluerint		voluisse
plus-que-parfait	volueram volueras voluerat volueramus volueratis voluerant	voluissem voluisses voluisset voluissemus voluissetis voluissent		
futur antérieur	voluero volueris voluerit voluerimus volueritis voluerint			

eo, is, ire, i(v)i, itum : aller[1]

	ACTIF				
	indicatif	**subjonctif**	**impératif**	**participe**	**infinitif**
présent	eo is it imus itis eunt	eam eas eat eamus eatis eant	 i ite	présent : iens, euntis futur : iturus, a, um	ire
imparfait	ibam ibas ibat ibamus ibatis ibant	irem ires ires iremus iretis irent		**supin** itum	
futur	ibo ibis ibit ibimus ibitis ibunt			**gérondif** Ac. (ad) eundum G. eundi D. eundo Ab. eundo	

1. Les formes du perfectum sont régulières.

8 Les verbes déponents

Les verbes déponents se conjuguent comme la voix passive des verbes modèles :
1re conjugaison : **miror** : *je m'étonne* → **amor** : *je suis aimé* ➠ p. 178 et 193.
2e conjugaison : **vereor** : *je crains* → **habeor** : *je suis possédé* ➠ p. 180.
3e conjugaison : **loquor** : *je parle* → **dicor** : *je suis dit* ➠ p. 182.
4e conjugaison : **experior** : *j'éprouve* → **audior** : *je suis entendu* ➠ p. 184.
conjugaison mixte : **patior** : *je supporte* → **conficior** : *je suis achevé* ➠ p. 186.

miror, aris, ari, atus sum : s'étonner

		indicatif	subjonctif	impératif	participe	infinitif
INFECTUM	présent	miror miraris miratur miramur miramini mirantur	mirer mireris miretur miremur miremini mirentur	mirare miramini		mirari
	imparfait	mirabar mirabaris mirabatur mirabamur mirabamini mirabantur	mirarer mirareris miraretur miraremur miraremini mirarentur			
	futur	mirabor miraberis mirabitur mirabimur mirabimini mirabuntur				
PERFECTUM	parfait	miratus, a, um sum es est mirati, ae, a sumus estis sunt	miratus, a, um sim sis sit mirati, ae, a simus sitis sint		miratus, a, um	miratum, am, um esse
	plus-que-parfait	miratus, a, um eram eras erat mirati, ae, a eramus eratis erant	miratus, a, um essem esses esset mirati, ae, a essemus essetis essent	adjectif verbal mirandus, a, um		
	futur antérieur	miratus, a, um ero eris erit mirati, ae, a erimus eritis erunt				

9 La première déclinaison

vita, ae, f : la vie

	singulier	pluriel
N.	vita	vitae
V.	vita	vitae
Ac.	vitam	vitas
G.	vitae	vitarum
D.	vitae	vitis
Ab.	vita	vitis

10 La deuxième déclinaison

dominus, i, m : le maître

	singulier	pluriel
N.	dominus	domini
V.	domine	domini
Ac.	dominum	dominos
G.	domini	dominorum
D.	domino	dominis
Ab.	domino	dominis

verbum, i, n : le mot

	singulier	pluriel
N.	verbum	verba
V.	verbum	verba
Ac.	verbum	verba
G.	verbi	verborum
D.	verbo	verbis
Ab.	verbo	verbis

11 La troisième déclinaison

rex, regis, m : le roi

	singulier	pluriel
N.	rex	reges
V.	rex	reges
Ac.	regem	reges
G.	regis	regum
D.	regi	regibus
Ab.	rege	regibus

corpus, corporis, n : le corps

	singulier	pluriel
N.	corpus	corpora
V.	corpus	corpora
Ac.	corpus	corpora
G.	corporis	corporum
D.	corpori	corporibus
Ab.	corpore	corporibus

12 La quatrième déclinaison

manus, us, f : la main

	singulier	pluriel
N.	manus	manus
V.	manus	manus
Ac.	manum	manus
G.	manus	manuum
D.	manui	manibus
Ab.	manu	manibus

13 La cinquième déclinaison

res, rei, f : la chose

	singulier	pluriel
N.	res	res
V.	res	res
Ac.	rem	res
G.	rei	rerum
D.	rei	rebus
Ab.	re	rebus

14 Les adjectifs qualificatifs de la première classe

bonus, a, um : bon

	singulier			pluriel		
	masculin	féminin	neutre	masculin	féminin	neutre
N.	bonus	bona	bonum	boni	bonae	bona
V.	bone	bona	bonum	boni	bonae	bona
Ac.	bonum	bonam	bonum	bonos	bonas	bona
G.	boni	bonae	boni	bonorum	bonarum	bonorum
D.	bono	bonae	bono	bonis	bonis	bonis
Ab.	bono	bona	bono	bonis	bonis	bonis

15 Les adjectifs qualificatifs de la deuxième classe

vetus, eris : vieux

	singulier		pluriel	
	masculin et féminin	neutre	masculin et féminin	neutre
N.	vetus	vetus	veteres	vetera
V.	vetus	vetus	veteres	vetera
Ac.	veterem	vetus	veteres	vetera
G.	veteris	veteris	veterum	veterum
D.	veteri	veteri	veteribus	veteribus
Ab.	vetere	vetere	veteribus	veteribus

omnis, e : tout, chaque

	singulier		pluriel	
	masculin et féminin	neutre	masculin et féminin	neutre
N.	omnis	omne	omnes	omnia
V.	omnis	omne	omnes	omnia
Ac.	omnem	omne	omnes	omnia
G.	omnis	omnis	omnium	omnium
D.	omni	omni	omnibus	omnibus
Ab.	omni	omni	omnibus	omnibus

16 Le comparatif des adjectifs qualificatifs

gravior, oris : plus grave

	singulier		pluriel	
	masculin et féminin	neutre	masculin et féminin	neutre
N.	gravior	gravius	graviores	graviora
V.	gravior	gravius	graviores	graviora
Ac.	graviorem	gravius	graviores	graviora
G.	gravioris	gravioris	graviorum	graviorum
D.	graviori	graviori	gravioribus	gravioribus
Ab.	graviore	graviore	gravioribus	gravioribus

17 Les pronoms-adjectifs démonstratifs

is, ea, id : ce, celui-ci

	singulier			pluriel		
	masculin	**féminin**	**neutre**	**masculin**	**féminin**	**neutre**
N.	is	ea	id	ei	eae	ea
Ac.	eum	eam	id	eos	eas	ea
G.	ejus	ejus	ejus	eorum	earum	eorum
D.	ei	ei	ei	eis	eis	eis
Ab.	eo	ea	eo	eis	eis	eis

hic, haec, hoc : ce, celui-ci

	singulier			pluriel		
	masculin	**féminin**	**neutre**	**masculin**	**féminin**	**neutre**
N.	hic	haec	hoc	hi	hae	haec
Ac.	hunc	hanc	hoc	hos	has	haec
G.	hujus	hujus	hujus	horum	harum	horum
D.	huic	huic	huic	his	his	his
Ab.	hoc	hac	hoc	his	his	his

iste, ista, istud : ce, celui-là

	singulier			pluriel		
	masculin	**féminin**	**neutre**	**masculin**	**féminin**	**neutre**
N.	iste	ista	istud	isti	istae	ista
Ac.	istum	istam	istud	istos	istas	ista
G.	istius	istius	istius	istorum	istarum	istorum
D.	isti	isti	isti	istis	istis	istis
Ab.	isto	ista	isto	istis	istis	istis

ille, illa, illud : ce, celui-là

	singulier			pluriel		
	masculin	**féminin**	**neutre**	**masculin**	**féminin**	**neutre**
N.	ille	illa	illud	illi	illae	illa
Ac.	illum	illam	illud	illos	illas	illa
G.	illius	illius	illius	illorum	illarum	illorum
D.	illi	illi	illi	illis	illis	illis
Ab.	illo	illa	illo	illis	illis	illis

ipse, ipsa, ipsum : lui-même						
	singulier			pluriel		
	masculin	féminin	neutre	masculin	féminin	neutre
N.	ipse	ipsa	ipsum	ipsi	ipsae	ipsa
Ac.	ipsum	ipsam	ipsum	ipsos	ipsas	ipsa
G.	ipsius	ipsius	ipsius	ipsorum	ipsarum	ipsorum
D.	ipsi	ipsi	ipsi	ipsis	ipsis	ipsis
Ab.	ipso	ipsa	ipso	ipsis	ipsis	ipsis

idem, eadem, idem : le même						
	singulier			pluriel		
	masculin	féminin	neutre	masculin	féminin	neutre
N.	idem	eadem	idem	eidem[2]	eaedem	eadem
Ac.	eumdem[1]	eamdem[1]	idem	eosdem	easdem	eadem
G.	ejusdem	ejusdem	ejusdem	eorumdem[3]	earumdem[3]	eorumdem
D.	eidem	eidem	eidem	eisdem[4]	eisdem	eisdem
Ab.	eodem	eadem	eodem	eisdem[4]	eisdem	eisdem

18 Les pronoms personnels

	singulier		pluriel		pronom réfléchi
	1re pers.	2e pers.	1re pers.	2e pers.	3e pers. sing. et plur.
N.	ego	tu	nos	vos	—
Ac.	me	te	nos	vos	se
G.	mei	tui	nostri / nostrum	vestri / vestrum	sui
D.	mihi	tibi	nobis	vobis	sibi
Ab.	me	te	nobis	vobis	se

19 Le pronom relatif

qui, quae, quod : qui						
	singulier			pluriel		
	masculin	féminin	neutre	masculin	féminin	neutre
N.	qui	quae	quod	qui	quae	quae
Ac.	quem	quam	quod	quos	quas	quae
G.	cujus	cujus	cujus	quorum	quarum	quorum
D.	cui	cui	cui	quibus	quibus	quibus
Ab.	quo	qua	quo	quibus	quibus	quibus

1. Autres formes possibles : eundem au masculin, eandem au féminin.
2. Autres formes possibles : iidem, idem.
3. Autres formes possibles : eorundem au masculin, earundem au féminin.
4. Autres formes possibles : iisdem, isdem, aux trois cas.

20 Le pronom interrogatif quis

quis, quae, quid : qui ?

	singulier			pluriel		
	masculin	féminin	neutre	masculin	féminin	neutre
N.	quis[1]	quae	quid	qui	quae	quae
Ac.	quem	quam	quid	quos	quas	quae
G.	cujus	cujus	cujus	quorum	quarum	quorum
D.	cui	cui	cui	quibus	quibus	quibus
Ab.	quo	qua	quo	quibus	quibus	quibus

21 Les pronoms indéfinis

nullus, a, um : aucun… ne

	masculin	féminin	neutre
N.	nullus	nulla	nullum
Ac.	nullus	nulla	nullum
G.	nullius	nullius	nullius
D.	nulli	nulli	nulli
Ab.	nullo	nulla	nullo

nemo : personne ne…

N.	nemo
Ac.	neminem
G.	nullius
D.	nemini
Ab.	nullo

nihil : rien… ne

N.	nihil
Ac.	nihil
G.	nullius rei
D.	nulli rei
Ab.	nulla re

quidam, quaedam, quiddam : quelqu'un, un certain

	singulier			pluriel		
	masculin	féminin	neutre	masculin	féminin	neutre
N.	quidam	quaedam	quiddam[2]	quidam	quaedam	quaedam
Ac.	quemdam	quamdam	quiddam	quosdam	quasdam	quaedam
G.	cujusdam	cujusdam	cujusdam	quorumdam	quarumdam	quorumdam
D.	cuidam	cuidam	cuidam	quibusdam	quibusdam	quibusdam
Ab.	quodam	quadam	quodam	quibusdam	quibusdam	quibusdam

aliquis, aliqua, aliquid : quelqu'un, quelque

	singulier			pluriel		
	masculin	féminin	neutre	masculin	féminin	neutre
N.	aliquis[3]	aliqua	aliquid[4]	aliqui	aliquae	aliqua
Ac.	aliquem	aliquam	aliquid	aliquos	aliquas	aliqua
D.	alicujus	alicujus	alicujus	aliquorum	aliquarum	aliquorum
G.	alicui	alicui	alicui	aliquibus	aliquibus	aliquibus
Ab.	aliquo	aliqua	aliquo	aliquibus	aliquibus	aliquibus

1. L'adjectif interrogatif qui, quae, quod : *lequel ?* suit la même déclinaison. Seules exceptions : qui au nominatif masculin singulier, quod au nominatif et à l'accusatif neutre singulier.
2. quoddam pour l'adjectif.
3. aliqui pour l'adjectif.
4. aliquod pour l'adjectif.

alius, a, ud : autre						
	singulier			**pluriel**		
	masculin	**féminin**	**neutre**	**masculin**	**féminin**	**neutre**
N.	alius	alia	aliud	alii	aliae	alia
Ac.	alium	aliam	aliud	alios	alias	alia
G.	alius[1]	alius[1]	alius[1]	aliorum	aliarum	aliorum
D.	alii	alii	alii	aliis	aliis	aliis
Ab.	alio	alia	alio	aliis	aliis	aliis

alter, era, erum : autre						
	singulier			**pluriel**		
	masculin	**féminin**	**neutre**	**masculin**	**féminin**	**neutre**
N.	alter	altera	alterum	alteri	alterae	altera
Ac.	alterum	alteram	alterum	alteros	alteras	altera
G.	alterius	alterius	alterius	alterorum	alterarum	alterorum
D.	alteri	alteri	alteri	alteris	alteris	alteris
Ab.	altero	altera	altero	alteris	alteris	alteris

22 Les nombres

Les adjectifs cardinaux sont invariables, excepté **unus, duo** et **tres**.
Les adjectifs ordinaux se déclinent comme les adjectifs de la première classe → p. 195.

unus, una, unum : un			
	masculin	**féminin**	**neutre**
N.	unus	una	unum
Ac.	unum	unam	unum
G.	unius	unius	unius
D.	uni	uni	uni
Ab.	uno	una	uno

duo, duae, duo : deux			
	masculin	**féminin**	**neutre**
N.	duo	duae	duo
Ac.	duos[2]	duas	duo
G.	duorum	duarum	duorum
D.	duobus	duabus	duobus
Ab.	duobus	duabus	duobus

tres, tres, tria : trois		
	masculin et féminin	**neutre**
N.	tres	tria
Ac.	tres	tria
G.	trium	trium
D.	tribus	tribus
Ab.	tribus	tribus

1. Génitif rare ; on emploie plutôt alterius.
2. Autre variante : duo.

1 Ablatif absolu

Cicerone consule
Partibus factis, sic locutus est leo.

Définition de l'ablatif absolu

Absolutum signifie « indépendant » : l'ablatif absolu n'a en effet aucun lien grammatical avec le reste de la phrase.

Il comporte toujours un sujet à l'ablatif et un verbe, qui reste parfois sous-entendu.
Il existe deux cas de figure :

– sujet à l'ablatif et verbe au participe (participe présent actif ou parfait passif) ;
– sujet à l'ablatif et attribut, le verbe **esse** étant sous-entendu.

sujet à l'ablatif + participe présent actif	sujet à l'ablatif + participe parfait passif	sujet à l'ablatif + attribut (verbe esse sous-entendu)
Romulo regnante : Romulus régnant	**partibus factis** : les parts ayant été faites	**me puero** : moi étant enfant **vivo Augusto** : Auguste étant vivant

Traduction

L'ablatif absolu peut se traduire en français de différentes façons : par un nom, une proposition subordonnée participiale ou une subordonnée circonstancielle.

nom	subordonnée participiale	subordonnée circonstancielle
me puero : dans mon enfance **Cicerone consule** : sous le consulat de Cicéron	**Partibus factis, sic locutus est leo.** Les parts ayant été faites, le lion parla ainsi. **Adveniente lupo, oves discurrunt.** Le loup arrivant, les brebis courent de tous côtés.	**signo dato** : comme le signal avait été donné **urbe deleta** : quand la ville fut détruite

2 Adjectifs qualificatifs : déclinaisons et degrés

Pater bonus est. **Pater et mater boni sunt.** **doctior Petro** **doctior quam Petrus** **doctior quam putas** **fortior quam prudentior** **altissima arborum** **doctissimus ex omnibus**

Déclinaison

La déclinaison des adjectifs se rattache à la déclinaison des noms.

- Ceux de première classe prennent pour modèles les noms **vita, dominus** et **verbum** (➜ p. 194).

Ex. : **bonus, bona, bonum** : *bon*.

- Ceux de deuxième classe prennent pour modèles les noms **rex** et **corpus** (➜ p. 194).

Ex. : **vetus, veteris** : *vieux* ; **omnis, omnis, omne** : *tout*.

Accord

L'adjectif qualificatif s'accorde avec le nom qu'il accompagne en cas, genre et nombre.

adjectif épithète ou apposé	adjectif attribut
bonus miles, boni milites : le bon soldat, les bons soldats	**Pater bonus est.** Mon père est bon. **Pater et mater boni sunt.** Mon père et ma mère sont bons.

N.B. – Il y a « accord de voisinage » quand un adjectif est associé à plusieurs noms et s'accorde avec le plus proche.
ardor gaudiumque maximum : *une ardeur et une joie extrêmes*

– Au positif, l'adjectif est parfois employé comme nom.
verum : *le vrai* **bonum** : *le bien* **Romani** : *les Romains*

Degrés de l'adjectif

	positif	comparatif	superlatif
formation		radical de l'adjectif + **-ior, ioris** /**-ius, ioris**	radical de l'adjectif + **-issimus, a, um**
traduction		plus… que…, assez…	le plus…, très…
exemples	**doctus, a, um** **pulcher, chra, chrum** **gravis, e** **facilis, e**	**doctior, doctius** **pulchrior, pulchrius** **gravior, gravius** **facilior, facilius**	**doctissimus, a, um** **pulcherrimus, a, um** **gravissimus, a, um** **facillimus, a, um**
comparatifs et superlatifs irréguliers	**bonus, a, um** : bon **malus, a, um** : mauvais **magnus, a, um** : grand **parvus, a, um** : petit **propinquus, a, um** : proche **multi, ae, a** : nombreux	**melior, melius** **pejor, pejus** **major, majus** **minor, minus** **propior, propius** **plures, plura**	**optimus, a, um** **pessimus, a, um** **maximus, a, um** **minimus, a, um** **proximus, a, um** **plurimi, ae, a**

Compléments du comparatif et du superlatif

Le complément du comparatif peut être à l'ablatif ou au même cas que le premier nom, précédé de **quam** :

Paulus est doctior Petro.
Paulus est doctior quam Petrus. } *Paul est plus savant que Pierre.*

N.B. Retenez ce latinisme :
Est fortior quam prudentior (et non **prudens**). *Il est plus courageux que prudent.*

Le complément du superlatif peut être au génitif pluriel ou à l'ablatif précédé de **e(x)** :

altissima arborum : *le plus haut des arbres*
doctissimus ex omnibus : *le plus savant de tous*

3 But : les cinq manières d'exprimer le but

Audi ut discas.

Misit legatos qui pacem peterent.
Ambulo quo melius cenem.

honoris causa

Eo lusum.

Eo ad ludendum.

Subordonnée introduite par ut / ne

Le mode de la proposition subordonnée de but est le subjonctif.

Audi ut discas. *Écoute pour apprendre.*
Laboro ne pater offendatur.
Je travaille pour que mon père ne soit pas mécontent.

La concordance des temps est respectée (→ p. 207).

Misit legatos ut pacem peterent.
Il a envoyé des ambassadeurs pour demander la paix.

N.B. Devant un comparatif, la conjonction est remplacée par l'adverbe relatif **quo**.
Ambulo quo melius cenem. *Je me promène pour mieux dîner.*

Relative au subjonctif

Misit legatos qui pacem peterent. *Il a envoyé des ambassadeurs pour demander la paix.*

Groupe nominal précédé de causa ou de gratia

honoris causa : *à titre d'honneur*
exempli causa : *pour prendre un exemple*
Eo ludendi causa. *Je viens pour jouer.*
Bruti conservandi gratia : *pour sauver Brutus*

Supin après un verbe de mouvement

Eo lusum. *Je viens pour jouer.*
Venerunt spectatum ludos. *Ils sont venus pour regarder les jeux.*

Adjectif verbal précédé de ad

Ad legendum venio. *Je viens pour lire.*

4 Cause : les trois manières d'exprimer la cause

Fame interiit.
Quoniam id cupis, maneo.
Interfecto duce, milites diffugiunt.

Groupe nominal

Le groupe nominal complément de cause peut prendre trois formes :
– ablatif seul ;
– préposition suivie de l'accusatif (**ob, propter** ou **per**) ;
– préposition suivie de l'ablatif (**ab, ex, prae**).

ablatif seul	préposition + accusatif	préposition + ablatif
Fame interiit. Il est mort de faim.	**ob eam rem** : pour cette raison	**aeger ex vulnere** : malade de sa blessure

Proposition subordonnée

Lorsque le verbe de la subordonnée est à l'indicatif, la cause est réelle et constatée. Conjonctions de subordination : **quod, quia, quoniam, cum, ut.**

Quoniam id cupis, maneo. *Puisque tu le désires, je reste.*

Lorsque le verbe est au subjonctif, la cause prend une valeur subjective ou de prétexte, impliquant la pensée du sujet.

Quod id cupias, maneo. *Puisque, semble-t-il, tu le désires, je reste.*
Expulsus est quod modum justus esset. *Il fut exilé sous prétexte qu'il était trop juste.*

Ablatif absolu

Interfecto duce, milites diffugiunt.
Le général tué (parce que le général avait été tué), les soldats s'enfuirent.

5 Comparaison : les trois manières d'exprimer la comparaison

doctior quam Petrus
Qualis pater, talis filius.
Ut sementem facies (feceris), ita metes.

Comparatif + quam

Après un adjectif au comparatif, la subordonnée est introduite par **quam**. Le verbe est parfois sous-entendu.

doctior quam Petrus : *plus savant que Pierre (ne l'est)*
doctior quam putas : *plus savant que tu ne le penses*

Pronoms-adjectifs corrélatifs

La comparaison peut être exprimée par des pronoms-adjectifs corrélatifs. On appelle « corrélatifs » deux mots de formation parallèle :
– l'un, commençant par **t**, se trouve dans la principale ;
– l'autre, commençant par **qu**, introduit la subordonnée.

principale	subordonnée	traduction
tam...	**...quam**	aussi... que
tam multi...	**...quam multi**	aussi nombreux que
tot...	**...quot**	aussi nombreux que
tantus...	**...quantus**	aussi grand que
talis, e...	**...qualis, e**	tel que

Qualis pater, talis filius. *Tel père, tel fils.*

Proposition subordonnée

La comparaison peut être introduite par les conjonctions de subordination suivantes :
ut, sicut, velut, quemadmodum : *de même que, ainsi que, comme*

Ces mots sont souvent annoncés dans la principale par **sic** ou **ita**.
Ita metes ut sementem feceris. *Tu moissonneras comme tu auras semé.*

Le mode utilisé dans la subordonnée de comparaison est l'indicatif.

6 Complétive (proposition subordonnée)

Scio vitam esse brevem.
Suadeo tibi ut legas.
Timeo ne veniat.
Orat te pater ut ad se venias.
Quaero quis venerit.

Syntaxe

Proposition infinitive

On rencontre une proposition infinitive après des verbes de déclaration, opinion, connaissance et quelques verbes de volonté :

Scio vitam esse brevem. *Je sais que la vie est courte.*

Proposition conjonctive

On peut trouver une proposition conjonctive après :
– des verbes de désir, souhait, volonté ; le mot subordonnant est **ut** ou **ne** ;
– des verbes de crainte ; le mot subordonnant est **ne** ou **ne non** ;
– des verbes d'empêchement ;
– des verbes de doute négatifs ; le mot subordonnant est **quin**.

verbes de désir, souhait	verbes de crainte	verbes d'empêchement	verbes de doute négatifs
Opto ut veniat. Je souhaite qu'il vienne. **Opto ne veniat.** Je souhaite qu'il ne vienne pas.	**Timeo ne veniat.** Je crains qu'il (ne) vienne. **Timeo ne non veniat.** Je crains qu'il ne vienne pas.	**Non impedio ne proficiscatur.** Je n'empêche pas qu'il (ne) parte.	**Non dubito quin vincat.** Je ne doute pas qu'il soit vainqueur.

Subordonnée interrogative indirecte

Le mode utilisé est le mode subjonctif :

Scio quid agas. *Je sais ce que tu fais.*

7 Concession : les deux manières d'exprimer la concession

> **Quamquam abest a culpa, accusatur.**
> **Cum absit a culpa, accusatur.**
>
> **Paucis defendentibus, oppidum expugnare non potuit.**

Proposition subordonnée

- Les subordonnées circonstancielles de concession (ou d'opposition) sont introduites par les conjonctions **quamquam, etsi, tametsi** suivies du mode indicatif, ou **cum** suivi du mode subjonctif.

quamquam, etsi, tametsi + indicatif	**cum + subjonctif**
Quamquam abest a culpa, accusatur. Bien qu'il soit innocent, il est accusé.	**Cum absit a culpa, accusatur.** Bien qu'il soit innocent, il est accusé.

- La proposition principale peut comporter un adverbe :

tamen : *cependant* **at, certe, saltem** : *du moins*

Quamquam multa scio, tamen multa ignoro.
Bien que je sache beaucoup de choses, j'en ignore cependant beaucoup.

Ablatif absolu

L'ablatif absolu peut lui aussi traduire la concession :

Paucis defendentibus, oppidum expugnare non potuit.
Malgré le petit nombre des défenseurs, il ne put enlever la place.

8 Concordance des temps

Rogo quis veniat.
Rogo quis venerit.
Rogavi quis veniret.
Rogavi quis venisset.

Définition

En latin, certaines propositions subordonnées sont au subjonctif. Le temps utilisé dépend de celui de la principale.

proposition principale	proposition subordonnée	
	action simultanée à celle de la principale	**action antérieure à celle de la principale**
verbe à l'indicatif présent ou futur **rogo** : je demande **rogabo** : je demanderai	verbe au subjonctif présent **quis veniat** : qui vient	verbe au subjonctif parfait **quis venerit** : qui est venu
verbe au passé **rogabam** : je demandais **rogavi** : j'ai demandé **rogaveram** : j'avais demandé	verbe au subjonctif imparfait **quis veniret** : qui venait	verbe au subjonctif plus-que-parfait **quis venisset** : qui était venu

Emploi

Cette règle de la concordance des temps s'applique dans les subordonnées suivantes.

verbe de demande + COD	**Rogo ut venias.** Je te demande de venir.
verbe d'ordre + COD	**Impero ut venias.** J'ordonne que tu viennes.
verbe de crainte + COD	**Timeo ne veniat.** Je crains qu'il ne vienne.
interrogation indirecte + COD	**Quaero quis veniat.** Je demande qui vient.
complément circonstanciel de but	**Audio ut discam.** J'écoute pour apprendre.
complément circonstanciel de conséquence	**Tam prudens est hic homo ut decipi non possit.** Cet homme est si avisé qu'on ne peut le tromper.

Exceptions

La règle de la concordance des temps ne s'applique pas :

– dans les subordonnées COD, quand l'action subordonnée est antérieure à celle de la principale :

Quaero quis venerit. *Je demande qui est venu.*
Timeo ne venerit. *Je crains qu'il ne soit venu.*

– dans les subordonnées de conséquence, lorsque la conséquence est encore valable au moment de l'énonciation :

Tanta vi tonuit ut nunc etiam tremam.
Il a tonné avec une telle violence que j'en tremble encore maintenant.

Syntaxe

9 Condition : mode indicatif ou subjonctif

Si hunc librum leges, laetus ero.
Si pecuniam habeam, tibi dem.
Si pecuniam haberem, tibi darem.
Si pecuniam habuissem, tibi dedissem.

- La proposition subordonnée de condition est introduite en latin par **si**, ou **nisi** (parfois **si... non**) : *si... ne... pas.*
- Contrairement au français, les temps et les modes sont les mêmes dans la subordonnée et dans la principale.

Mode indicatif

Les verbes sont à l'indicatif quand il s'agit d'un fait réel ou tenu pour tel : la condition a alors une valeur de supposition dans le présent ou dans le futur (**si** = *si l'on admet que*).

présent	futur ou futur antérieur
Si deus est, bonus est. Si (l'on admet que) Dieu existe, il est bon.	**Si rogabo (ou rogavero), respondebis.** Si je t'interroge, tu me répondras.

Mode subjonctif

La principale et la subordonnée sont au subjonctif lorsqu'il s'agit d'un fait non réalisé dans le présent : la condition a alors une valeur d'hypothèse (**si** = *au cas où*).

	action réalisable (potentiel)	action irréalisable dans le présent	action irréalisable dans le passé
adverbe temporel correspondant	**cras** : demain	**hodie** : aujourd'hui	**heri** : hier
exemple	**Si pecuniam habeam, tibi dem.** Demain, si j'avais de l'argent (cela peut arriver), je t'en donnerais.	**Si pecuniam haberem, tibi darem.** Aujourd'hui, si j'avais de l'argent (mais je n'en ai pas), je t'en donnerais.	**Si pecuniam habuissem, tibi dedissem.** Hier, si j'avais eu de l'argent, je t'en aurais donné.

N.B. On peut trouver ces mêmes emplois du subjonctif dans une proposition indépendante.
velim : *je voudrais bien (c'est possible)*
vellem : *je voudrais bien (mais c'est impossible)*
voluissem : *j'aurais bien voulu (mais c'était impossible)*

10 Conséquence : les deux manières d'exprimer la conséquence

Tam prudens est ut errare non possit.
Sunt qui omnia sciant.

Subordonnée circonstancielle au subjonctif

La conséquence peut être introduite par les conjonctions de subordination **ut** : *de sorte que* / **ut non** : *de sorte que… ne… pas.*

Souvent un mot dit « corrélatif » l'annonce dans la principale :

tam (+ adjectif ou adverbe) : *tellement*
ita / **sic** (+ verbe) : *de telle sorte, à tel point*
talis, e : *tel*
tantus, a, um : *si grand*
tot / **tam multi** : *si nombreux*

Tam prudens est ut errare non possit. *Il est si avisé qu'il ne peut se tromper.*

Le temps utilisé est celui de la concordance des temps (➞ p. 207). Cependant, après une principale au passé, on peut trouver :

– le présent pour marquer une conséquence actuelle ;
– le parfait pour traduire un fait précis.

subordonnée au présent	subordonnée au parfait
Tanta vi tonuit ut etiamnunc tremam. Il a tonné si fort que j'en tremble encore.	**Ita decidit ut crus fregerit.** Il tomba de telle façon qu'il se cassa la jambe.

Subordonnée relative au subjonctif

Nemo tam doctus est qui omnia sciat. *Personne n'est assez savant pour tout savoir.*

La relative au subjonctif est souvent introduite par les expressions suivantes :

dignus qui : *digne de*
sunt qui : *il y a des gens qui*
is est qui : *il est homme à*

Sunt qui omnia sciant. *Il y a des gens pour tout savoir.*

11 Cum : tableau récapitulatif

Cum amico cenabam.
Cum Caesar in Galliam venit, factiones erant.
Cum id cupias, maneo.
Cum absit a culpa, accusatur.

Cum préposition

Il a le sens de « avec » et est suivi d'un groupe nominal à l'ablatif.

Cum conjonction de subordination

Il se construit soit avec l'indicatif (expression du temps), soit avec le subjonctif (temps + cause, cause, concession) ➡ p. 203, 206, 224.

nature		sens	exemple
préposition		avec	**Cum amico cenabam.** Je dînais avec un ami.
conjonction de subordination	avec l'indicatif	quand, lorsque, chaque fois que	**Cum Caesar in Galliam venit, factiones erant.** Quand César vint en Gaule, il y avait des partis rivaux.
	avec le subjonctif	– comme, alors que	**Cum Athenae florerent** : alors qu'Athènes était florissante
		– puisque	**Cum id cupias, maneo.** Puisque tu le désires, je reste.
		– bien que	**Cum absit a culpa, accusatur.** Bien qu'il soit innocent, il est accusé.

12 Déclinaisons : cas et fonctions

Pater est bonus.
Amo patrem.
Ambulat in horto.

Reconnaître les cas

Chaque fonction d'un mot en français correspond à un cas en latin, reconnaissable à sa désinence (ou terminaison).

L'ensemble de ces cas constitue une déclinaison.

cas	fonction	exemple
nominatif	sujet / attribut du sujet	**Pater est bonus.** Le père est bon.
vocatif	apostrophe	**Pater, bonus es.** Père, tu es bon.
accusatif	COD	**Amo patrem.** J'aime mon père.
génitif	complément du nom	**filius patris** : le fils du père
datif	COI	**Pareo patri meo.** J'obéis à mon père.
ablatif	complément circonstanciel	**Accepi litteras a patre.** J'ai reçu une lettre de mon père.

Reconnaître les déclinaisons

Il existe cinq déclinaisons en latin, reconnaissables à leur génitif singulier.

déclinaison	génitif singulier	modèle
première	-ae	**vita, ae**, f
deuxième	-i	**dominus, i**, m / **puer, pueri**, m
troisième	-is	**rex, regis**, m / **corpus, corporis**, n
quatrième	-us	**manus, us**, f
cinquième	-ei	**res, rei**, f

Sur les cinq déclinaisons ➞ aussi p. 194.

Syntaxe

13 Démonstratifs (pronoms-adjectifs)

Les démonstratifs peuvent être employés, selon les cas :

– comme adjectifs :
hic liber : *ce livre-ci*

– comme pronoms :
hunc legi : *j'ai lu celui-ci*

hoc anno
istud facinus
in illo tempore
Eam urbem amo. Eam amo.
Ipse laborat.

Hic, haec, hoc / iste, ista, istud / ille, illa, illud

	1re personne	2e personne	3e personne
	hic, haec, hoc	**iste, ista, istud**	**ille, illa, illud**
valeurs principales	proximité dans le temps ou dans l'espace **Hoc anno venit.** Il est venu cette année-ci.	ce qui est près de l'interlocuteur **iste canis** : ce chien qui est près de toi, ton chien	ce qui est éloigné **in illo tempore** : dans ce temps-là
autres valeurs	—	péjorative **istud facinus** : terrible crime	laudative **ille heros** : cet illustre héros

N.B. On retrouve ces idées de proximité et d'éloignement dans le français « ci » (c- comme **hic**) et « là » (l- comme **ille**).

Is, ea, id (déclinaison → p. 196)

Le pronom-adjectif démonstratif **is, ea, id** reprend ce dont on a parlé :

Amicus meus venit, eum vidi. *Mon ami est venu, je l'ai vu.*

Employé au génitif, il traduit la possession et renvoie alors à une autre personne que le sujet ; c'est ce qu'on appelle le « non réfléchi » :

Pater amat suos liberos, at eorum vitia odit.
Le père aime ses enfants mais déteste leurs défauts (les défauts de ceux-ci).

Idem, eadem, idem (déclinaison → p. 197)

Le pronom-adjectif démonstratif **idem, eadem, idem** (**ac** ou **atque**) indique l'identité : *le même (que).*

Eosdem libros ac tu legi. *J'ai lu les mêmes livres que toi.*

Ipse, ipsa, ipsum, démonstratif d'insistance (déclinaison → p. 197)

Le pronom-adjectif démonstratif **ipse, ipsa, ipsum** sert essentiellement à insister, à détacher, à opposer :

ipse laborat : *il travaille lui-même*
eo ipso die : *ce jour-là précisément*

14 Gérondif et adjectif verbal

Lego ad discendum.
Pugnandum est.
Cupidus legendae historiae.
Mihi colenda est virtus.

Gérondif

Le gérondif est une forme verbale active qui permet de compléter la déclinaison de l'infinitif présent.

cas	infinitif	gérondif	exemple
nominatif	**legere**	–	**Errare humanum est.** Se tromper est humain.
accusatif seul	**legere**	–	**Imperator, vincere scis.** Empereur, tu sais vaincre.
accusatif prépositionnel	–	**ad legendum**	**Lego ad discendum.** Je lis pour apprendre.
génitif	–	**legendi**	**Sum cupidus legendi.** Je suis désireux de lire.
datif	–	**legendo**	**Sum aptus legendo.** Je suis apte à lire.
ablatif	–	**legendo**	**Legendo, doctus fiet.** En lisant, il deviendra savant.

Le gérondif se forme en ajoutant le suffixe **-nd-** au radical du verbe :
(ad) ama-nd-um, habe-nd-um, dic-e-nd-um, audi-e-nd-um, faci-e-nd-um

Adjectif verbal

L'adjectif verbal se forme de la même façon que le gérondif, mais avec les désinences de l'adjectif de première classe : **amandus, a, um.**

Alors que le gérondif a un sens actif, l'adjectif verbal a un sens passif.

– Employé comme attribut, il exprime l'obligation :
Colenda est virtus. *La vertu doit être pratiquée ; il faut pratiquer la vertu.*

Son complément est au datif :
Mihi colenda est virtus. *La vertu doit être pratiquée par moi ; je dois pratiquer la vertu.*

Au neutre, il correspond à un passif impersonnel :
Pugnandum est. *Il faut combattre.*
Tibi pugnandum est. *Il te faut combattre.*

– Employé comme épithète et suivi d'un COD, il s'accorde généralement en cas, genre et nombre avec ce complément.

cas	gérondif	adjectif verbal
accusatif	**ad scribendum**	**ad epistulam scribendam** : pour écrire une lettre
génitif	**potestas videndi**	**potestas videndae urbis** : la possibilité de voir la ville
datif	**aptus legendo**	**aptus legendae historiae** : apte à lire une histoire
ablatif	**legendo**	**legendis libris** : en lisant des livres

15 Indéfinis (pronoms-adjectifs)

Quidam venit.
Aliquis venit.
Nemo venit.
Nihil feci.
Neque ullus puer venit.

Principaux pronoms et adjectifs indéfinis

pronom-adjectif	sens	exemple
quis	quelqu'un (n'importe qui)	**si quis venit** : si quelqu'un vient
aliquis	quelqu'un, quelque (personne réelle, mais qu'on ne peut préciser)	**Aliquis venit.** Quelqu'un est venu.
quidam	quelqu'un (personne réelle, qu'on pourrait préciser)	**Quemdam diligo.** J'aime quelqu'un (que je ne nomme pas).
alter	l'un, l'autre (de deux)	**Alteri legunt, alteri scribunt.** Les uns lisent, les autres écrivent.
alius	l'un, un autre	**Alii legunt, alii scribunt, alii ludunt.** Les uns lisent, d'autres écrivent, d'autres jouent.
quisque	chaque, tout	**pro se quisque** : chacun pour soi
nemo	personne… ne	**Nemo venit.** Personne n'est venu.
nihil	rien… ne	**Nihil feci.** Je n'ai rien fait.
nullus	aucun… ne, nul… ne	**Nullum amicum habeo.** Je n'ai aucun ami.

N.B. Les indéfinis (déclinaison ➻ p. 198-199) se caractérisent par un génitif en **-jus** / **-ius** et un datif en **-i**.

Emploi

Ces mots s'emploient pour la plupart comme pronoms ou comme adjectifs :

Alteri legunt, alteri scribunt. *Les uns lisent, les autres écrivent.*
Alter consul venit. *Le second consul est venu.*

Attention !

– Comme en mathématiques, deux négations se détruisent :
Nemo non parentes amat. *Tout le monde aime ses parents.*

– La conjonction de coordination et n'est jamais suivie d'une négation. On utilise donc **neque** :
neque quisquam : *et personne… ne*
neque… ullus : *et nul… ne*
neque quidquam : *et rien… ne*

Neque ullus puer venit. *Il n'est venu aucun enfant.*

16 Infinitive (proposition subordonnée)

Credit se esse beatum.
Dicunt Homerum caecum fuisse.
Dico eum venturum esse.
Credebam eum venire.
Credebam eum venisse.
Credebam eum venturum esse.
Quid dicis ? Dico te nihil audire.

La proposition infinitive est constituée d'un sujet à l'accusatif et d'un verbe à l'infinitif.

Verbes introducteurs

La proposition infinitive peut être introduite par un verbe de déclaration, d'opinion, de connaissance ou de volonté.

verbes de déclaration	verbes d'opinion	verbes de connaissance	verbes de volonté
dico : je dis	**credo** : je crois	**scio** : je sais	**jubeo** : j'ordonne
narro : je raconte	**puto** : je pense	**nescio / ignoro** : je ne sais pas	**statuo** : je décide
fero : je propose	**arbitror** : je juge	**audio** : j'entends	**cupio** : je désire
trado : je transmets	**existimo** : je considère	**video** : je vois	**volo** : je veux
nuntio : j'annonce	**intellego** : je comprends	**disco** : j'apprends	**nolo** : je ne veux pas
polliceor : je promets	**cogito** : je réfléchis	**memini** : je me rappelle	**malo** : je préfère

Temps utilisés

Le choix du temps de la proposition subordonnée infinitive (présent, parfait ou futur) dépend de son rapport avec la proposition principale : simultanée, antérieure ou postérieure.

antériorité : infinitif parfait	simultanéité : présent	postériorité : futur
Credo eum venisse. Je crois qu'il est venu.	**Credo eum venire.** Je crois qu'il vient.	**Credo eum venturum esse.** Je crois qu'il viendra.
Credebam eum venisse. Je croyais qu'il était venu.	**Credebam eum venire.** Je croyais qu'il venait.	**Credebam eum venturum esse.** Je croyais qu'il viendrait.

17 Interrogation directe et indirecte, délibération

Vidistine Romam ?
Quid novi ?
Quo is ?
Quid faciam ?
Quaero num pater tuus venerit.
Quaero veneritne pater tuus.
Quaero quis venerit.

Interrogation directe

L'interrogation totale : l'interrogation peut porter sur toute la phrase. La particule interrogative dépend de la réponse attendue.

particule interrogative	réponse attendue
ne : est-ce que… ? **Vidistine Romam** ? As-tu vu Rome ?	Oui ou non. **Vidi. / Non vidi.**
nonne : est-ce que… ne… pas… ? **Nonne intellexisti** ? N'as-tu pas compris ?	Oui, si. **Intellexi.** Si, j'ai compris.
num : est-ce que (par hasard)… ? **Num stultus est** ? Est-ce qu'il est stupide ?	Non. **Non est.**

L'interrogation partielle : elle est introduite par des pronoms, des adjectifs ou des adverbes de circonstance.

– Pronom le plus fréquent : **quis, quae, quid** ? *Qui ? quoi ? lequel ?*

– Adjectif : **qui, quae, quod** ? *Quel ?*

– Les adverbes interrogatifs sont plus nombreux :

lieu	cause	temps	manière	quantité
Ubi ? **Quo ?** **Unde ?** **Qua ?**	**Cur ?** **Quare ?** **Quid ?**	**Quando ?** **Quamdiu ?**	**Quomodo ?** **Quemadmodum ?**	**Quantum ?** **Quot ?** **Quotiens ?**

Interrogation indirecte

Le mot interrogatif est le même que dans l'interrogation directe.
Le mode utilisé est le subjonctif.

interrogation directe	interrogation indirecte
Vidistine Romam ? As-tu vu Rome ?	**Dic mihi Romamne videris.** Dis-moi si tu as vu Rome.
Quid agis ? Que fais-tu ?	**Nescio quid agas.** Je ne sais pas ce que tu fais.
Quo is ? Où es-tu ?	**Nescio quo eas.** Je ne sais pas où tu vas.

Délibération

Si l'on se demande ce que l'on doit faire, on utilise le subjonctif dit de délibération :
– au présent si l'on se demande que faire au moment où l'on parle ;
– à l'imparfait si l'on se demande ce qu'on pouvait faire dans le passé.

subjonctif présent	subjonctif imparfait
Quid faciam ? Que dois-je faire ? Que puis-je faire ? Que faire ? **Quo curram ?** Où courir ? **Quo non curram ?** Où ne pas courir ?	**Quid facerem ?** Que pouvais-je faire ? Que devais-je faire ? Que fallait-il faire ?

N.B. En interrogative indirecte, le latin ne fait pas la différence entre une situation d'action et une situation de délibération :

Nescio quid faciam. { *Je ne sais ce que je fais.* / *Je ne sais ce que je dois faire.* }

Syntaxe

18 Lieu (questions de)

Ambulat in horto.
Ibam Via Sacra.
Iter feci per Galliam.
Eo Lutetiam.
Sum Lugduni.
Natus est Athenis.
Redeo ex urbe.
Redeo Roma.

Il existe quatre questions de lieu en latin.

question	ubi ?	quo ?	unde ?	qua ?
complément avec préposition	**Sum in horto.** Je suis dans le jardin.	**Eo in hortum.** Je vais dans le jardin.	**Redeo ex horto.** Je reviens du jardin.	**Iter facio per hortum.** Je traverse le jardin.
complément sans préposition	**Athenis** : à Athènes **Romae** : à Rome **ruri, domi** : à la campagne, à la maison	**Athenas** : à Athènes **Romam** : à Rome **rus, domum** : à la campagne, à la maison	**Athenis** : d'Athènes **Roma** : de Rome **rure, domo** : de la campagne, de la maison	**Via Sacra** : par la voie Sacrée
proximité	**Sum apud patrem.** Je suis près de mon père.	**Eo ad patrem.** Je vais vers mon père.	**Discedo a Roma.** Je m'éloigne des environs de rome	

19 Ne : tableau récapitulatif

Vidistine Romam ?
Ne hoc faciamus.
Timeo ne veniat.
Opto ne abeas.
Hoc fecit ne poenas daret.

nature	sens	exemple
particule interrogative	est-ce que… ?	**Vidistine Romam ?** As-tu vu Rome ?
adverbe négatif		**Ne hoc faciamus.** Ne faisons pas cela.
conjonction de subordination	– que – que... ne... pas – pour que... ne... pas	**Timeo ne veniat.** Je crains qu'il (ne) vienne. **Impedio ne proficiscatur.** J'empêche qu'il parte, je l'empêche de partir. **Opto ne abeas.** Je souhaite que tu ne partes pas. **Hoc fecit ne poenas daret.** Il fit cela pour ne pas être puni.

20 Ordre et défense

Age quod agis.
Ne hoc feceris. / Noli hoc facere.

Ordre

Il est exprimé avec l'impératif ou le subjonctif.

2e pers. du singulier	impératif	**Audi !**	Écoute !
3e pers. du singulier	subjonctif	**Audiat !**	Qu'il écoute !
1re pers. du pluriel	subjonctif	**Audiamus !**	Écoutons !
2e pers. du pluriel	impératif	**Audite !**	Écoutez !
3e pers. du pluriel	subjonctif	**Audiant !**	Qu'ils écoutent !

Défense

La défense est un ordre négatif.

2e pers. du singulier	**ne** + subjonctif parfait / **noli** + infinitif	**Ne fugeris ! / Noli fugere !**	Ne prends pas la fuite !
3e pers. du singulier	**ne** + subjonctif	**Ne quis exeat !**	Que personne ne sorte !
1re pers. du pluriel	**ne** + subjonctif	**Ne difficilia optemus !**	Ne souhaitons pas l'impossible !
2e pers. du pluriel	**ne** + subjonctif parfait / **nolite** + infinitif	**Ne riseritis ! / Nolite ridere !**	Ne riez pas !
3e pers. du pluriel	**ne** + subjonctif	**Ne veniant !**	Qu'ils ne viennent pas !

21 Participe futur

Scripturus sum.
Dico eum venturum esse.

Formation

La dernière forme des temps primitifs est appelée supin.

On remplace la terminaison de cette forme **-tum** / **-sum** par **-turus** / **-surus, a, um** pour obtenir le participe futur.

Pour les verbes déponents, on part de la dernière forme donnée dans les temps primitifs.

	verbes actifs		verbes déponents	
	supin	**participe futur**	**supin**	**participe futur**
1re conjugaison	**amatum (amo)**	**amaturus, a, um**	**miratus (miror)**	**miraturus, a, um**
2e conjugaison	**habitum (habeo)**	**habiturus, a, um**	**veritus (vereor)**	**veriturus, a, um**
3e conjugaison	**dictum (dico)**	**dicturus, a, um**	**locutus (loquor)**	**locuturus, a, um**
4e conjugaison	**auditum (audio)**	**auditurus, a, um**	**expertus (experior)**	**experturus, a, um**
conjugaison mixte	**factum (facio)**	**facturus, a, um**	**passus (patior)**	**passurus, a, um**

N.B. Le verbe **esse** n'a pas de supin, mais il a un participe futur : **futurus, a, um** qui a donné le mot « futur » en français.

Emplois

Le participe futur appartient à la voix active. Il exprime une action que le sujet est sur le point de faire.

Scripturus sum. *Je suis sur le point d'écrire, je vais écrire.*

Profecturus sum. *Je suis sur le point de partir, je vais partir.*

Le participe futur, employé à l'accusatif avec l'infinitif présent du verbe esse, forme l'infinitif futur.

Dico eum venturum esse. *Je dis qu'il viendra.*

22 Personnels (pronoms)

Ego fleo, tu rides.
Tibi pareo.
Superbi se laudant.

Morphologie

singulier	1re personne	2e personne	3e personne
N.	**ego**	**tu**	–
A.	**me**	**te**	**se**
G.	**mei**	**tui**	**sui**
D.	**mihi**	**tibi**	**sibi**
Ab.	**me**	**te**	**se**

pluriel	1re personne	2e personne	3e personne
N.	**nos**	**vos**	–
A.	**nos**	**vos**	**se**
G.	**nostri / nostrum**	**vestri / vestrum**	**sui**
D.	**nobis**	**vobis**	**sibi**
Ab.	**nobis**	**vobis**	**se**

Syntaxe

Aux 1re et 2e personnes

Au nominatif, le pronom personnel s'emploie pour insister :
Ego fleo, tu rides. *Moi, je pleure, toi, tu ris.*

Aux autres cas, il joue le même rôle qu'en français :
Tibi pareo. *Je t'obéis.*

Le pluriel de politesse n'existe pas en latin.

Pline s'adresse ainsi à Trajan : **te, domine, rogo** : *je te demande, maître…*

N.B. À l'ablatif singulier et pluriel, la préposition **cum** est toujours postposée : **mecum, tecum, nobiscum, vobiscum.**

À la 3e personne

Le pronom réfléchi **se** représente la même personne que le sujet, quel que soit son genre et son nombre :
Superbi se laudant. *Les orgueilleux se louent eux-mêmes.*

Quand le pronom personnel ne représente pas la même personne que le sujet, on a recours au démonstratif **is, ea, id** :
Eos vidi. *Je les ai vus.*
Eum video. *Je le vois.*

23 Possessifs (pronoms-adjectifs)

Meum patrem vidi.
Hic liber est meus.
Pater suos liberos amat sed eorum vitia odit.

Formation et déclinaison

Les pronoms-adjectifs possessifs se forment à partir des pronoms personnels.

singulier			
personne	**pronom personnel**	**possessif**	**traduction**
1re	**me**	**meus, mea, meum**	mon, ma, le mien, la mienne
2e	**tu / te**	**tuus, tua, tuum**	ton, ta, le tien, la tienne
3e	**se**	**suus, sua, suum**	son, sa, le sien, la sienne

singulier			
personne	**pronom personnel**	**possessif**	**traduction**
1re	**nos**	**noster, nostra, nostrum**	notre, le nôtre, la nôtre
2e	**vos**	**vester, vestra, vestrum**	votre, le vôtre, la vôtre
3e	**se**	**suus, sua, suum**	leur, le leur, la leur

La déclinaison de ces pronoms-adjectifs suit celle des adjectifs de la première classe ➞ p. 195.
Exception : le vocatif de **meus** : **mi.**

Tu quoque, mi fili. *Toi aussi, mon fils.*

Emplois

Ces mots peuvent être employés comme adjectifs, comme pronoms ou comme noms.

adjectifs	pronoms	noms
Amo patrem meum. J'aime mon père.	**Hic liber est meus.** Ce livre est le mien.	**mei** : les miens (mes parents, mes amis…) **mea** : mes biens, mes affaires

N.B. Les adjectifs possessifs sont souvent omis s'il n'y a pas de doute sur la personne du possesseur :
Amo patrem. *J'aime mon père.*

Le problème de la 3e personne : réfléchi et non réfléchi

Lorsque le possesseur est le sujet de la proposition, on emploie les pronoms-adjectifs possessifs :
Pater amat suos liberos. *Le père aime ses enfants.*

Lorsque le possesseur n'est pas le sujet de la proposition, le latin utilise alors le démonstratif de rappel **is, ea, id** :
Pater odit eorum vitia. *Le père déteste leurs défauts.*

Syntaxe

24 Relatif : proposition subordonnée relative et relatif de liaison

> **Epistula quam scripsisti mihi jucundissima fuit.**
> **Age quod agis.**
> **Sunt qui sciant.**
> **Qui bene amat bene castigat.**
> **Vicimus ! Quod ubi audivi, scripsi.**

Proposition relative expansion du nom

- La subordonnée relative, comme l'adjectif, le complément de nom ou l'apposition, est une expansion du nom. Son mode est l'indicatif.
- Le pronom relatif prend le genre et le nombre du nom qu'il remplace, appelé « antécédent » :

epistula quam scripsisti : *la lettre* (fém. sg) *que tu m'as écrite*

Il est au cas voulu par sa fonction dans la proposition relative :
quam : accusatif, complément d'objet direct de **scripsisti**.

L'antécédent peut être sous-entendu :
Qui bene amat bene castigat. *Qui aime bien châtie bien.*
(La proposition relative est sujet de **bene castigat**.)

Age quod agis. *Fais ce que tu fais.* (La proposition relative est COD de **age**.)

Proposition relative à valeur circonstancielle

Son mode est le subjonctif. La subordonnée relative équivaut alors à une subordonnée circonstancielle.

valeur circonstancielle	exemple
but	**Misit legatos qui pacem peterent.** Il a envoyé des soldats pour demander la paix.
cause	**Beatus es qui amaris.** Tu es heureux puisque tu es aimé.
conséquence	**Nemo est tam doctus qui omnia sciat.** Personne n'est assez savant au point de tout savoir. **Sunt qui sciant.** Il y a des hommes pour savoir (tels qu'ils savent).
concession	**Consul qui Romae manere posset rediit.** Le consul, bien qu'il pût rester à Rome, revint.

Relatif de liaison

Placé en tête de phrase ou après une forte ponctuation, le relatif a la valeur d'un démonstratif accompagné d'une conjonction de coordination.

Vicimus ! Quod (= et id) ubi audivi, scripsi.
Nous avons été vainqueurs ! Dès que je l'ai appris (dès que j'ai appris cela), je t'ai écrit.

25 Scansion

Définition

À la différence du français, le vers latin ne comporte ni rime, ni nombre déterminé de syllabes. Mais on peut le scander, c'est-à-dire le décomposer en pieds. Les vers latins étaient en effet accompagnés de musique et prononcés de manière très rythmée.

Pour scander un vers latin, il faut connaître la quantité des syllabes, longues (–) ou brèves (u) : c'est le domaine de la prosodie.

Ainsi :
– une syllabe qui comporte une diphtongue ou une voyelle suivie de deux consonnes est longue : **Jū-ssit** ;
– une voyelle qui subit l'apophonie est brève : **capio** → **incĭpio** ;
– une voyelle suivie d'une autre voyelle en hiatus est brève.

Il faut également savoir décomposer le vers en pieds : c'est le domaine de la métrique.

Hexamètre dactylique

L'hexamètre dactylique, employé par Virgile, Ovide, Horace, est le vers le plus fréquent (du grec **hexa** : *six* et **dactylos** : *doigt*).

Il se décompose en six mesures : soit en dactyles (– uu), soit en spondées (– –). Voici les combinaisons possibles :

– uu	– uu	– uu	– uu	– uu	– uu
– –	– –	– –	– –	– uu	– –

	– u u	– –	– –	– u u	– u u	– –
Ex. :	**Jussit et**	**erec**	**tos ad**	**sidera**	**tollere**	**vultus.**

26 Souhait et regret

Utinam dives sim !
Utinam dives essem !
Utinam dives fuissem !

Une proposition exclamative commençant par l'adverbe **utinam** : « pourvu que » exprime soit le souhait soit le regret.

Celui-ci peut se situer dans le présent ou dans le passé.

souhait	regret dans le présent	regret dans le passé
Utinam dives sim ! Pourvu que je sois riche !	**Utinam dives essem !** Ah ! si j'étais riche (maintenant) !	**Utinam dives fuissem !** Ah ! si j'avais été riche !

La négation est **ne**.

Utinam ne miser sit ! Pourvu qu'il ne soit pas malheureux ! Plaise au ciel qu'il ne soit pas malheureux !	**Utinam ne miser esset !** Ah ! s'il n'était pas malheureux !	**Utinam ne miser fuisset !** Ah ! s'il n'avait pas été malheureux ! Si seulement il n'avait pas été malheureux !

27 Temps : les trois manières d'exprimer le temps

Tertia hora veniet.
Tres annos regnavit.

Antequam agatis, cogitate.
Cum Caesar in Galliam venit, factiones erant.
Haec postquam dixit, abiit.
Res ita se habebant antequam in Siciliam veni.

Cicerone consule

Complément de temps

Le complément circonstanciel de temps s'exprime différemment selon les questions auxquelles il répond.

	fait précis, date	**durée du fait**
question	**Quando** ? Quand ?	**Quamdiu** ? Combien de temps ?
cas utilisé	ablatif seul + nombre ordinal **Tertia hora veniet.** Il viendra à la troisième heure.	accusatif seul ou précédé de **per** + nombre cardinal **(Per) tres annos regnavit.** Il régna trois ans.
adverbe	**heri** : hier	**diu** : longtemps

Subordonnée de temps

Elle peut être soit à l'indicatif soit au subjonctif.

subordonnée à l'indicatif	**subordonnée au subjonctif**
cum : quand **ubi** : quand **ut** : quand **postquam** : après que **simul ac** : dès que **Cum Caesar in Galliam venit, factiones erant.** Quand César arriva en Gaule, il y avait des partis rivaux.	**cum** : alors que (temps +cause) **antequam** : avant que **priusquam** : avant que **dum** : jusqu'à ce que **Antequam agatis, cogitate.** Réfléchissez avant d'agir.

Ablatif absolu

L'ablatif absolu traduit souvent une idée temporelle (→ p. 200).
Cicerone consule : *quand Cicéron était consul, sous le consulat de Cicéron*

28 Ut : tableau récapitulatif

Ut vales ?
Ut sementem facies, ita metes.
Opto ut venias.
Audi ut discas.
Tam prudens est ut decepi non possit.

Ut adverbe

Ut peut être adverbe interrogatif ou adverbe exclamatif.

Ut conjonction de subordination

Elle sert à exprimer la comparaison (➜ p. 204), le temps (➜ p. 224), le but (➜ p. 202) ou la conséquence (➜ p. 209).
Elle sert aussi à la construction des complétives (➜ p. 205).

Elle est suivie selon les cas de l'indicatif ou du subjonctif.

nature		sens	exemple
adverbe		– interrogatif – exclamatif	**Ut vales ?** Comment vas-tu ? **Ut gaudet !** Comme il se réjouit !
conjonction de subordination	avec l'indicatif	– comme, de même que – lorsque, quand	**Ut sementem facies, ita metes.** Tu récolteras comme tu auras semé. **haec ut dixit** : quand il eut dit cela
	avec le subjonctif	– que – pour que, afin que – tellement que	**Opto ut venias.** Je souhaite que tu viennes. **Audi ut discas.** Écoute pour apprendre. **Tam prudens est ut decepi non possit.** Il est si avisé qu'on ne peut le tromper.

29 Voix : active, passive, déponente

Amo patrem.
Amor a patre.
Pugnatur.
Puer patrem imitatur.

Voix active

Elle indique une action que réalise le sujet :
Amo patrem. *J'aime mon père.*

Voix passive

Elle indique une action subie par le sujet et réalisée par le complément d'agent :

– Si le complément d'agent est animé, il s'exprime avec **a(b)** et l'ablatif.
Amor a patre. *Je suis aimé par mon père.*

– Si le complément d'agent est inanimé, il s'exprime avec l'ablatif seul :
Villa incendio deleta est. *La maison fut détruite par un incendie.*

– S'il n'y a pas de complément à l'ablatif, la forme se traduit généralement par « on » :
Poetae leguntur. *On lit les poètes.*
Legitur. *On lit.*

Voix déponente : sens actif et forme passive

Comme la voix active, la voix déponente indique une action que réalise le sujet ; le verbe a donc un sens actif, mais se conjugue comme un passif :
Imitor patrem. *J'imite mon père.*

N.B. Certains verbes ont la forme active à l'**infectum** et passive au **perfectum** :
audeo, es, ere, ausus sum : *oser*
gaudeo, es, ere, gavisus sum : *se réjouir de*
soleo, es, ere, solitus sum : *avoir coutume de*

A

a, ab + abl. : de, loin de, à partir de, d'après, par
abdo, is, ere, didi, ditum : cacher
abeo, is, ire, ii, itum : s'en aller, s'éloigner
abjicio, is, ere, jeci, jectum : jeter, rejeter
abnuo, is, ere, ui : faire signe que non, refuser
abripio, is, ere, ripui, reptum : arracher, enlever
absens, entis : absent
abstineo, es, ere, tinui, tentum : tenir éloigné, s'abstenir
absum, es, esse, afui : être absent
absumo, is, ere, sumpsi, sumptum : user, détruire
ac, atque : et en outre
accedo, is, ere, cessi, cessum : s'approcher
accendo, is, ere, accendi, accensum : allumer
accido, is, ere, cidi : tomber, arriver ; **accidit ut** + subj. (verbe impersonnel) : il arrive que
accipio, is, ere, cepi, ceptum : recevoir
accola, ae, m : voisin
acer, cris, cre : pointu, ardent, violent
acerbus, a, um : âpre, inachevé, pénible, dur
acies, ei, f : armée en ligne de bataille
actor, oris, m : acteur
ad + acc. : vers, à
adamo, as, are, avi, atum : s'éprendre, aimer
addo, is, ere, addidi, additum : ajouter
adduco, is, ere, duxi, ductum : attirer, amener, conduire
adeo : tant, en plus, surtout ; **adeo... ut** : à tel point que
adeo, is, ire, ii, itum : aller vers
adfecto, as, are, avi, atum : approcher, atteindre
adfero, fers, ferre, adtuli, adlatum : apporter
adficio, is, ere, feci, fectum : pourvoir de, affecter, disposer
adfigo, is, ere, fixi, fixum : attacher
adfingo, is, ere, finxi, fictum : appliquer, attribuer
adhibeo, es, ere, bui, bitum : mettre à, ajouter, montrer
adhuc : jusqu'ici, encore maintenant
aditus, us, m : approche, abord, accès
adjaceo, es, ere, cui : être placé auprès
adjicio, is, ere, jeci, jectum : ajouter
adjuvo, as, are, juvi, jutum : seconder, aider
admiratio, onis, f : admiration
admiror, aris, ari, atus sum : admirer, s'étonner
admitto, is, ere, misi, missum : admettre, accueillir
admodum : tout à fait, parfaitement, absolument
admoneo, es, ere, ui, itum : rappeler, avertir
admoveo, es, ere, movi, motum : approcher
adopto, as, are, avi, atum : adopter
adorno, as, are, avi, atum : équiper, orner
adrado, is, ere, rasi, rasum : raser, tondre
adrideo, es, ere, risi, risum : rire, sourire
adripio, is, ere, ripui, reptum : tirer, saisir, traîner
adsentior, iris, sentiri, sensus sum : approuver
adsiduus, a, um (ass-) : domicilié, incessant, qui se tient continuellement
adsimulo, as, are, avi, atum : reproduire, simuler, feindre
adspicio, is, ere, spexi, spectum (asp-) : regarder, examiner
adsuesco, is, ere, evi, etum : s'habituer à
adsum, ades, adesse, adfui : être présent
adsumo, is, ere, sumpsi, sumptum (ass-) : prendre, s'approprier, emprunter
adsurgo, is, ere, surrexi, surrectum : se lever, se soulever
adtraho, is, ere, traxi, tractum (att-) : tirer, attirer
adulescens, entis, m ou f : jeune homme ou jeune fille
adulescentia, ae, f : jeunesse
advena, ae, m : étranger
adventus, us, m : venue, arrivée
adversus, a, um : qui est en face, contraire
adversus + acc. : contre, en face de
adverto, is, ere, verti, versum : tourner, attirer, remarquer
advoco, as, are, avi, atum : appeler, convoquer
aedes, ium, f pl : demeure
aedificium, ii, n : bâtiment
aedilis, is, m : édile
aeger, gra, grum : malade, souffrant
aegre : difficilement, avec peine
aegroto, as, are : être malade
aemulus, a, um : rival
aequalis, e : de même âge, égal
aequus, a, um : égal, équitable
aeque quam : autant que
aer, aeris, m : air
aerius, a, um : de l'air, du ciel
aes, eris, n : bronze, airain, argent
aestas, atis, f : été, année
aestimo, as, are, avi, atum : estimer, évaluer, juger
aestus, us, m : chaleur
aetas, atis, f : temps de la vie, âge, époque
aeternus, a, um : éternel
ager, agri, m : champ
agilis, e : agile, leste
agito, as, are, avi, atum : remuer, agiter
agmen, inis, n : armée en marche
ago, is, ere, egi, actum : faire
agrestis, e : champêtre, paysan
agricola, ae, m : paysan
aio, ais, ait (verbe défectif) : dire
albeo, es, ere : être blanc
albus, a, um : blanc
alibi : ailleurs, partout
aliquando : un jour
aliquantum, aliquanto : une assez grande quantité de, assez
aliquis, qua, quid (adj. : **aliqui, qua, quod**) : quelqu'un, quelque
aliquot (indécl.) : quelques, un certain nombre de
alius, alia, aliud : autre (**alius... alius** : l'un... un autre ; au plur. : les uns, les autres)
alo, is, ere, alui, alitum : nourrir, alimenter
alter, era, erum : l'un des deux, l'autre, second
altitudo, inis, f : hauteur
altus, a, um : haut, profond
alveus, i, m : lit de rivière
amarus, a, um : amer, désagréable
ambitus, us, m : circuit, enceinte, ambition
ambo, ae, o : tous les deux

ambulo, as, are, avi, atum : se promener
amica, ae, f : amie
amicitia, ae, f : amitié
amictus, us, m : manteau
amicus, i, m : ami
amitto, is, ere, misi, missum : perdre
amnis, is, m : fleuve
amo, as, are, avi, atum : aimer
amor, oris, m : amour
amphitheatrum, i, n : amphithéâtre
amplio, as, are, avi, atum : augmenter, élargir
amplus, a, um : vaste, ample, imposant, magnifique
an : est-ce que ?, si
ancilla, ae, f : servante
anguis, is, m : serpent, couleuvre, constellation
angustus, a, um : étroit
anima, ae, f : souffle, âme, vie
animadverto, is, ere, verti, versum : remarquer
animal, alis, n : être vivant, animal
animus, i, m : esprit, courage
annus, i, m : année
ante (+ acc.) : devant, avant
antea : auparavant, avant
antecedo, is, ere, cessi, cessum : précéder, devancer
anteeo, is, ire, ii, itum : aller devant, surpasser
antequam : avant que
antiquitas, atis, f : Antiquité, les Anciens
antiquus, a, um : important, ancien
anulus, i, m : anneau
anxius, a, um : anxieux
aper, apri, m : sanglier
aperio, is, ire, perui, pertum : ouvrir
apis, is, f : abeille
apparatus, us, m : préparation, apprêt, pompe
appareo, es, ere, rui, ritum : apparaître, se montrer
appello, as, are, avi, atum : appeler
appono, is, ere, posui, positum (adp-) : placer auprès, servir, présenter
approbo, as, are, avi, atum : approuver
appropinquo, as, are, avi, atum (adp-) : s'approcher
aptus, a, um + dat : apte à
apud + acc. : auprès de, chez

aqua, ae, f : eau
aquila, ae, f : aigle
ara, ae, f : autel
arbitrium, ii, n : jugement, pouvoir
arbitror, aris, ari, atus sum : apprécier, juger
arbor, oris, f : arbre
ardeo, es, ere, arsi : brûler
ardor, oris, m : feu, passion
arduus, a, um : difficile
arena, ae, f : sable, arène
arenosus, a, um : sablonneux
argenteus, a, um : d'argent
argumentum, i, n : argument, preuve
arguo, is, ere, ui, utum : accuser
aries, etis, m : bélier
arma, orum, n pl : armes
armilla, ae, f : bracelet
armillatus, a, um : qui porte des bracelets
armo, as, are, avi, atum : armer, équiper
ars, artis, f : art, technique, habileté
articulus, i, m : articulation, jointure
artus, us, m : membre, rameau
arvum, i, n : pâturage, plaine
arx, arcis, f : citadelle, forteresse
ascendo, is, ere, scendi, scensum : gravir, monter sur
asinus, i, m : âne
asper, era, erum : dur, sévère
aspergo, is, ere, spersi, spersum (asp-) : répandre, saupoudrer
at : mais
ater, tra, trum : noir
athleta, ae, m : athlète
atque (**ac** devant consonne) : et en plus, et aussi
atqui : et pourtant, eh bien
atrociter : d'une manière atroce
atrox, ocis : atroce, cruel, affreux
attero, is, ere, trivi, tritum : user, écraser
attingo, is, ere, tigi, tactum : toucher, atteindre
attollo, is, ere (adt-) : élever, soulever
auctor, oris, m : auteur
auctoritas, atis, f : autorité
audacia, ae, f : audace
audax, acis : audacieux, hardi
audeo, es, ere, ausus sum : oser
audio, is, ire, ivi, itum : entendre, écouter
aufero, fers, ferre, abstuli, ablatum : emporter, enlever

aufugio, is, ere, fugi : fuir
augeo, es, ere, auxi, auctum : accroître, augmenter
augur, uris, m : augure
aula, ae, f : cour
aureus, a, um : d'or, doré
auriga, ae, m : cocher
aurigo, as, are, avi, atum : conduire un char
auris, is, f : oreille
aurum, i, n : or
auspicium, ii, n : auspice
aut... aut : ou bien... ou bien
autem : or
auxilium, ii, n : secours, aide
avarus, a, um : cupide, avare
avia, ae, f : grand-mère
avide : avidement
avidus, a, um : avide, cupide, avare
avis, is, f : oiseau
avus, i, m : aïeul, grand-père
axis, is, m : axe, monde, pôle

B

balneum, i, n : bain, bain public
balsamum, i, n : baumier (arbrisseau)
barba, ae, f : barbe
basium, ii, n : baiser
battuo, is, ere : battre, s'escrimer
beatus, a, um : heureux
bellum, i, n : guerre **; bellum gerere** : faire la guerre
bellus, a, um : joli, charmant
belua, ae, f : bête, brute
bene : bien
beneficium, ii, n : bienfait, service
benigne : avec bonté, obligeamment
bibliotheca, ae, f : bibliothèque
bibo, is, ere, bibi, bibitum : boire
bonum, i, n : bien
bonus, a, m : bon
brachium (ou **bracchium), ii**, n : bras
brevis, e : court, bref, petit
breviter : brièvement

C

cadaver, eris, n : cadavre
cado, is, ere, cecidi, casum : tomber, arriver, tomber sur
caduceus, i, m : caducée
caedes, is, f : meurtre, massacre
caedo, is, ere, cecidi, caesum : frapper, tuer

caelestis, e : céleste, du ciel, divin
caelum, i, n : ciel
caeruleus, a, um : bleu foncé
calceus, u, m : chaussure, soulier
calco, as, are, avi, atum : fouler, écraser
calculus, i, m : caillou, pion
calidus, a, um : chaud
callidus, a, um : rusé, habile
calor, oris, m : chaleur
campus, i, m : plaine
candidus, a, um : blanc
candor, oris, m : blancheur, éclat, candeur
canis, is, m : chien
cano, is, ere, cecini, cantum : chanter
cantor, oris, m : chanteur
canus, a, um : blanc
capax, acis : capable, spacieux
capillus, i, m : cheveu, chevelure
capio, is, ere, cepi, captum : prendre
capto, as, are, avi, atum : chercher à saisir, capter
caput, itis, n : tête
carcer, carceris, m : prison
careo, es, ere, carui, iturus + abl. : ne pas avoir, être privé de
caritas, atis, f : cherté, affection
caro, carnis, f : chair, viande
carpo, is, ere, carpsi, carptum : détacher, cueillir, arracher
carus, a, um : cher, aimé, coûteux
caseus, i, m : fromage
castor, oris, m : castor
castra, orum, n pl : camp
casus, us, m : chute, hasard
caterva, ae, f : bataillon, troupe
cathedra, ae, f : chaise
cauda, ae, f : queue
caupo, onis, m : aubergiste, cabaretier
causa, ae, f : cause
caveo, es, ere, avi, cautum : prendre garde
cedo, is, ere, cessi, cessum : s'en aller, céder
celeber, bris, bre : fréquenté, célèbre
celebro, as, are, avi, atum : célébrer, pratiquer
celer, eris, ere : rapide
cella, ae, f : sanctuaire
cena, ae, f : dîner
ceno, as, are, avi, atum : dîner
censeo, es, ere, sui, sum : estimer, juger, décider
censor, oris, m : censeur
centesimus, a, um : centième
centrum, i, n : centre
centum : cent
centurio, onis, m : centurion
cera, ae, f : cire
cerebrum, i, n : cerveau, tête
cereus, a, um : de cire
cernuo, as, are, avi, atum : tomber la tête la première, courber
certamen, minis, n : compétition, combat
certe : certainement, du moins, en tous cas
certo, as, are, avi, atum : combattre
certus, a, um : déterminé, certain
cervix, icis, f : cou, épaules
cervus, i, m : cerf
ceteri, ae, a : les autres, le reste
cibus, i, m : nourriture, aliment
cingo, is, ere, cinxi, cinctum : ceindre, entourer
cinis, eris, m : cendre
circa + acc. : autour
circenses, ium, m pl : jeux du cirque
circulus, i, m : cercle
circum + acc. : autour de
circumdo, as, are, dedi, datum : placer autour, construire, entourer
circumfundo, is, ere, fudi, fusum : répandre autour
circumjaceo, es, ere : être placé autour, entourer
circumsisto, is, ere, steti : entourer
circumsto, as, are, steti : entourer
circus, i, m : cirque
cito : vite, aisément
citus, a, um : rapide
civilis, e : de citoyen, civil
civis, is, m : citoyen
civitas, atis, f : cité
clades, is, f : désastre
clamo, as, are, avi, atum : crier
clamor, oris, m : cri
clare : clairement
claritas, atis, f : clarté, éclat
claritudo, inis, f : éclat, distinction
clarus, a, um : célèbre, brillant
classis, is, f : flotte
claudo, is, ere, si, sum : fermer
clavus, i, m : clou
clemens, entis : doux, clément
cloaca, ae, f : égout
coepio, is, ere, coepi, coeptum : commencer
coerceo, es, ere, cui, citum : enfermer, contenir, maintenir
cogito, as, are, avi, atum : penser, méditer
cognatus, a, um : uni par le sang, parent
cognomen, inis, n : surnom
cognosco, is, ere, cognovi, cognitum : apprendre à connaître, connaître, savoir
cogo, is, ere, coegi, coactum : contraindre, obliger
cohibeo, es, ere, bui, bitum : contenir, maintenir, empêcher
collabor, eris, abi, lapsus sum : s'écrouler
colligo, is, ere, legi, lectum : rassembler, réunir, conclure
colloco, as, are, avi, atum : placer, établir
collum, i, n : cou
colo, is, ere, colui, cultum : honorer, cultiver
color, oris, m : couleur
comes, itis, m et f : compagnon, associé
comicus, a, um : comique
comissatio, onis, f : souper, fête, orgie
comitatus, us, m : accompagnement, cortège, suite
comitor, aris, ari, atus sum : accompagner
committo, is, ere, misi, missum : assembler, entreprendre, confier
communis, e : commun
comoedia, ae, f : comédie
comparo, as, are, avi, atum : comparer, assimiler
compello, is, ere, puli, pulsum : pousser ensemble, presser
compendiarius, a, um : abrégé, plus court
compes, edis, f : entrave, lien
compleo, es, ere, plevi, pletum : remplir
complures (n : **plura**), **um** : assez nombreux, plusieurs
concedo, is, ere, cessi, cessum : s'en aller, abandonner, permettre, accorder
concido, is, ere, idi : tomber
concilio, as, are, avi, atum : assembler, unir, procurer
concilium, ii, n : réunion, assemblée
concino, is, ere, ui : chanter ensemble
concipio, is, ere, cepi, ceptum : contenir, concevoir

concupisco, is, ere, pivi, pitum : convoiter, désirer
condiscipulatus, us, m : camaraderie d'école
condiscipulus, i, m : condisciple, camarade de classe
condo, is, ere, condidi, conditum : fonder
conecto, is, ere, nexui, nexum : attacher ensemble, former par liaison
confero, fers, ferre, contuli, collatum : réunir, rapprocher
confestim : aussitôt
conficio, is, ere, feci, fectum : achever, accabler, épuiser
conflicto, as, are, avi, atum : se heurter contre, être tourmenté
confluo, is, ere, fluxi, fluctum : affluer, venir en masse
congruens, entis : qui s'accorde avec, convenable
conjugium, ii, n : mariage
conjungo, is, ere, junxi, junctum : joindre, assembler
conjux, ugis, f ou m : épouse, époux
conor, aris, ari, atus sum : entreprendre
conpello, as, are, avi, atum (comp-) : adresser la parole à quelqu'un
conscius, a, um : ayant connaissance de
consensus, us, m : accord, complot
consentio, is, ire, sensi, sensum : être d'accord
considero, as, are, avi, atum : examiner, considérer
consilium, ii, n : projet, décision
consisto, is, ere, stiti : se placer, s'arrêter
conspectus, us, m : regard, aspect
conspicio, is, ere, spexi, spectum : apercevoir
conspicuus, a, um : remarquable
constituo, is, ere, stitui, stitutum : comparer, reporter, établir, décider
consto, as, are, stiti : se tenir arrêté, s'accorder
constringo, is, ere, strinxi, strictum : lier, enchaîner, réprimer
construo, is, ere, struxi, structum : bâtir, édifier
consuesco, is, ere, suevi, suetum : s'accoutumer, avoir l'habitude de
consul, ulis, m : consul
consulatus, us, m : consulat
consulo, is, ere, sului, sultum : délibérer, examiner
consulto : exprès, à dessein
consumo, is, ere, sumpsi, sumptum : être en proie à, dépenser, consumer
consurgo, is, ere, surrexi, surrectum : se lever, se déchaîner
contego, is, ere, texi, tectum : cacher, dissimuler
contemno, is, ere, tempsi, temptum : mépriser
contemplor, aris, ari, atus sum : contempler
contiguus, a, um : qui touche, contigu
continenter : continuellement
contineo, es, ere, tinui, tentum : contenir, enfermer
contingo, is, ere, tigi, tactum : atteindre, toucher
continuus, a, um : continu, coup sur coup
contio, onis, f : assemblée du peuple
contra + acc. : en face, au contraire, contre
contraho, is, ere, traxi, tractum : tirer, rassembler, contracter
contrarius, a, um : opposé, contraire
contumelia, ae, f : outrage, offense
convenio, is, ere, veni, ventum : se rassembler, convenir
converto, is, ere, verti, versum : tourner, retourner, métamorphoser
convinco, is, ere, vici, victum : convaincre (de culpabilité), dénoncer
conviva, ae, m : invité
convivalis, e : de repas
convivium, ii, n : repas, festin
copia, ae, f : abondance, richesse
coquo, is, ere, coxi, coctum : cuire
coram : en face
cornu, us, n : corne
corona, ae, f : couronne
corpus, oris, n : corps
corripio, is, ere, ripui, reptum : saisir, s'emparer de
corrumpo, is, ere, rupi, ruptum : détruire, corrompre
cosmos, i, m : monde
cotidie (cottidie) : chaque jour
cras : demain
creber, bra, brum : serré, épais
credo, is, ere, credidi, creditum : croire
cremo, as, are, avi, atum : brûler
crepusculum, i, n : crépuscule
cresco, is, ere, crevi, cretum : croître, grandir
creta, ae, f : craie, argile
crimen, inis, n : accusation, crime
crinis, is, m : cheveu, chevelure
crudelis, e : cruel
cruentus, a, um : sanglant
cruor, oris, m : sang
crus, cruris, n : jambe
crux, ucis, f : croix, gibet
cubiculum, i, n : chambre à coucher
cubitus, i, m : coude, coudée, mesure
culina, ae, f : cuisine, mets
culpa, ae, f : faute
cultor, oris, m : paysan, vigneron, adorateur, habitant
cum + abl. : avec
cum + ind. : lorsque, quand
cum + subj. : comme, alors que
cunctus, a, um : tout, tout entier
cupiditas, atis, f : cupidité, désir, envie
cupido, dinis, f : désir, envie
cupidus, a, um : passionné ; + gén. : désireux de
cupio, is, ere, cupi(v)i, itum : désirer, souhaiter
cupressus, i, f : cyprès
cur ? : pourquoi ?
cura, ae, f : soin, souci
curatio, onis, f : soin, charge
curia, ae, f : curie (lieu où s'assemblait le sénat)
curiositas, atis, f : curiosité
curo, as, are, avi, atum : soigner, se soucier de, s'occuper de
curro, is, ere, cucurri, cursum : courir
currus, us, m : char
cursus, us, m : course, parcours, marche
custodia, ae, f : garde
custos, odis, m et f : garde, gardienne
cutis, is, f : peau

D

damnum, i, n : tort, dommage
de + abl. : au sujet de
dea, ae, f : déesse
debeo, es, ere, debui, debitum : devoir
debilis, e : faible, impotent, infirme
decedo, is, ere, decessi, decessum : mourir
decem : dix
decet, decere, decuit (verbe impersonnel) + infinitive : il convient
decido, is, ere, cidi : tomber

decimus, a, um : dixième
declamatio, onis, f : déclamation
declamo, as, are, avi, atum : déclamer
declaro, as, are, avi, atum : montrer, indiquer
decor, oris, m : ce qui convient, ornement, charme
decoro, as, are, avi, atum : décorer, orner, parer
decurro, is, ere, curri, cursum : se précipiter, descendre
decus, oris, n : ce qui sied, ornement, honneur
decutio, is, ere, cussi, cussum : faire tomber, enlever, abattre
deduco, is, ere, duxi, ductum : faire sortir, mettre à flot, soustraire, déduire, détourner
defendo, is, ere, defendi, defensum : défendre
deficio, is, ere, feci, fectum : manquer
deformo, as, are, avi, atum : défigurer, enlaidir, altérer
defundo, is, ere, fudi, fusum : verser, répandre
defungor, eris, fungi, functus sum : accomplir, mourir
dehinc : à partir d'ici, de là, ensuite, désormais
deinde, dein : ensuite
dejicio, is, ere, jeci, jectum : jeter à bas, renverser, abattre, détourner
delecto, as, are, avi, atum : charmer, plaire
deligo, is, ere, legi, lectum : choisir, séparer
dementia, ae, f : folie, extravagance
demitto, is, ere, misi, missum : faire descendre, abaisser
demo, is, ere, dempsi, demptum : ôter
demonstro, as, are, avi, atum : montrer, exposer
demum : précisément, seulement
denarius, ii, m : denier
denique : enfin
dens, tis, m : dent
densus, a, um : épais, compact, serré
denuntio, as, are, avi, atum : citer, déclarer
depello, is, ere, puli, pulsum : chasser, repousser
descendo, is, ere, scendi, scensum : descendre
describo, is, ere, scripsi, scriptum : transcrire, décrire, définir
desero, is, ere, serui, sertum : abandonner
desidero, as, are, avi, atum : désirer, réclamer
designo, as, are, avi, atum : désigner, indiquer
desino, is, ere, sii, situm : cesser
despero, as, are, avi, atum : désespérer
despicio, is, ere, spexi, spectum : mépriser, dédaigner
destino, as, are, avi, atum : destiner, affecter
destituo, is, ere, tui, tutum : placer à part, supprimer
destringo, is, ere, strinxi, strictum : couper, cueillir, dégainer, raser
desum, dees, deesse, defui : manquer, faire défaut
deus, i, m : dieu
devenio, is, ire, veni, ventum : arriver à
deverto, is, ere, ti, sum : détourner, se détourner
devolvo, is, ere, volvi, volutum : rouler, dérouler
devoveo, es, ere, vovi, votum : dédier, consacrer
dexter, tra, trum : droit, habile
dico, as, are, avi, atum : dédier, consacrer
dico, is, ere, dixi, dictum : dire
dictator, oris, m : dictateur
diduco, is, ere, duxi, ductum : séparer, partager, écarter
dies, ei, m : jour
differo, fers, ferre, distuli, dilatum : différer
difficultas, atis, f : difficulté
digitus, i, m : doigt
dignus, a, um : digne de, qui mérite
diligo, is, ere, dilexi, dilectum : aimer, chérir
dimidius, a, um : demi
dimitto, is, ere, misi, missum : congédier, renvoyer, renoncer
diripio, is, ere, ripui, reptum : déchirer, mettre à sac
discedo, is, ere, cessi, cessum : s'en aller, se séparer
disciplina, ae, f : instruction, discipline, organisation
disco, is, ere, didici : apprendre, s'instruire
discrimen, minis, n : position critique
discumbo, is, ere, cubui, cubitum : se coucher, se mettre à table
dispensator, oris, m : intendant, administrateur
dispereo, is, ire, perii : disparaître, périr
dissolutio, onis, f : destruction
distendo, is, ere, di, tum : étendre, tendre
distinguo, is, ere, stinxi, stinctum : séparer, diviser, distinguer
disto, as, are, avi, atum : être éloigné, être différent
distraho, is, ere, traxi, tractum : rompre, diviser, partager
diu (comparatif **diutius** : plus longtemps) : longtemps
diuturnus, a, um : qui dure longtemps, durable
diversus, a, um : éloigné, en sens opposé, opposé
dives, divitis : riche
divido, is, ere, visi, visum : diviser, répartir
divinus, a, um : divin, merveilleux
divitiae, arum, f pl : richesses
divus, a, um : divin
do, as, are, dedi, datum : donner
doceo, es, ere, cui, ctum : enseigner, instruire, montrer
doctus, a, um : savant
doleo, es, ere, ui, itum : souffrir
dolium, ii, n : tonneau
dolor, oris, m : douleur
dolus, i, m : ruse
domesticus, a, um : de la maison, domestique
domina, ae, f : maîtresse de maison
dominor, aris, ari, atus sum : dominer
dominus, i, m : maître de maison
domus, us, f (locatif : **domi, ablatif** : **domo**) : maison
donatio, onis, f : don
donec : jusqu'à ce que
dono, as, are, avi, atum : donner
donum, i, n : don, présent
dorsum, i, n : dos
druidae, arum, m pl : druides
dubie : d'une manière douteuse, incertaine
dubito, as, are, avi, atum : douter
dubius, a, um : douteux, incertain
duco, is, ere, duxi, ductum : conduire
dulcis, e : doux, suave

dum + ind. : pendant que
duo, duae, duo : deux
duodecim : douze
duodecimus, a, um : douzième
durus, a, um : dur, âpre, grossier, sévère, rigoureux
dux, ducis, m : chef

E

e(x) + abl. : hors de
ebrius, a, um : ivre
ebur, oris, n : ivoire
eburneus, a, um (ou **eburnus, a, um**) : d'ivoire
ecce : voici, voilà, voici que, voilà que
edisco, is, ere, didici : apprendre par cœur
editus, a, um : haut
edo, is, ere, edi, esum : manger
educo, is, ere, duxi, ductum : faire sortir
effero, fers, ferre, extuli, elatum : emporter, soulever
effigies, ei, f : image, représentation, portrait
effingo, is, ere, inxi, ictum : reproduire, imiter
effugio, is, ere, fugi : s'enfuir
effundo, is, ere, fudi, fusum : verser, répandre
egero, is, ere, gessi, gestum : faire sortir
ego (me, mei, mihi, me) : moi, je
egredior, eris, edi, essus sum : sortir
egregius, a, um : distingué, remarquable, éminent
elatus, a, um : élevé, haut
elegans, antis : délicat, raffiné
eloquens, tis : éloquent
emo, is, ere, emi, emptum : acheter
enim : en effet
enormis, e : énorme
ensis, is, m : épée, glaive
eo (adv.) : là (avec mouvement)
eo, is, ire, i(v)i, itum : aller
epistula, ae, f : lettre
epulae, arum, f pl : banquet, festin
eques, itis, m : cavalier
equidem : sans doute, assurément
equus, i, m : cheval
ergo : donc
erigo, is, ere, rexi, rectum : élever, dresser
eripio, is, ere, ripui, reptum : arracher
erro, as, are, avi, atum : se tromper
error, oris, m : erreur
erumpo, is, ere, rupi, ruptum : précipiter, éclater, faire éruption
esca, ae, f : proie
etiam : même, encore, en plus
etiamsi : même si, quand même
evado, is, ere, vasi, vasum : sortir de, s'échapper
evolo, as, are, avi, atum : sortir en volant
exagito, as, are, avi, atum : inquiéter, tourmenter
exanimis, e : inanimé, mort
exanimo, as, are, avi, atum : ôter le souffle, tuer
excedo, is, ere, cessi, cessum : s'en aller, sortir, quitter
excelsitas, atis, f : hauteur
excelsus, a, um : élevé, haut, grand, noble
excidium, ii, n : chute, destruction
excipio, is, ere, cepi, ceptum : retirer, recevoir, recueillir
excitiabilis, e : détestable
excito, as, are, avi, atum : faire se dresser
exclamo, as, are, avi, atum : crier, s'écrier
excludo, is, ere, si, sum : faire sortir, éloigner, repousser
excubiae, arum, f pl : garde, poste
excutio, is, ere, cussi, sussum : secouer, jeter, arracher
exemplum, i, n : exemple, modèle
exeo, is, ire, i(v)i, itum : sortir
exerceo, es, ere, cui, citum : exercer, entraîner
exercitus, us, m : armée
exhibeo, es, ere, hibui, hibitum : présenter, montrer
exiguus, a, um : petit, faible
eximius, a, um : remarquable
existimo, as, are, avi, atum : estimer
exitium, ii, n : perte, mort, ruine
exitus, us, m : sortie
exordium, ii, n : commencement, exorde
exorior, oriris ou **oreris, oriri, ortus sum** : naître, se lever
experior, iris, iri, expertus sum : éprouver, faire l'expérience
exploro, as, are, avi, atum : observer, examiner, explorer
expono, is, ere, posui, positum : exposer
exprimo, is, ere, pressi, pressum : exprimer, faire sortir, traduire
exprobro, as, are, avi, atum : blâmer, reprocher
exsequiae, arum, f pl : obsèques
exsequor, eris, exsequi, secutus sum : poursuivre, exposer
exspecto, as, are, avi, atum : attendre
exstruo, is, ere, uxi, uctum : élever, dresser
exta, orum, n pl : entrailles
externus, a, um : extérieur, étranger
exterreo, es, ere, ui, itum : épouvanter
extimus, a, um : à l'extrémité, le plus éloigné
extra + acc. : au-dehors, à l'exception de
extraho, is, ere, traxi, tractum : retirer, arracher, épuiser
extremus, a, um : extrême, dernier
exubero, as, are, avi, atum : regorger, abonder

F

fabella, ae, f : récit, fable, conte, anecdote
faber, bri, m : artisan
fabula, ae, f : fable, légende
fabulosus, a, um : fabuleux
facies, ei, f : aspect, figure
facile : facilement
facilis, e : facile
facinus, oris, n : action, crime
facio, is, ere, feci, factum : faire
factito, as, are, avi, atum : faire souvent
faex, faecis, f : lie, vase
fallax, acis : trompeur
fallo, is, ere, fefelli, falsum : tromper
falsus, a, um : faux
fama, ae, f : rumeur, réputation
familia, ae, f : ensemble des esclaves, maison, famille
familiaris, e : de la maison, de la famille, intime, familier
familiariter : intimement, familièrement
farina, ae, f : farine
fastidio, is, ire, ii, itum : dégoûter, répugner
fateor, eris, eri, fassus sum : avouer, reconnaître
fatigatio, onis, f : lassitude, épuisement
fatigo, as, are, avi, atum : épuiser, fatiguer

fatum, i, n : destin, fatalité, mort
faveo, es, ere, favi, fautum : favoriser, s'intéresser à
fax, facis, f : torche
febris, is, f : fièvre
feliciter : avec bonheur
felix, icis : fécond, heureux
femina, ae, f : femme, femelle
fenestra, ae, f : fenêtre
fera, ae, f : bête sauvage
fere : presque
feretrum, i, n : brancard (pour porter les dépouilles mortelles)
ferio, is, ire : frapper
fero, fers, ferre, tuli, latum : porter
ferreus, a, um : de fer, dur, insensible
ferrum, i, n : fer, épée
ferus, a, um : sauvage
ferveo, es, ere, ferbui ou **fervi** : bouillir, être agité
fessus, a, um : fatigué
festinanter : en hâte
fidelis, e : fidèle, loyal, solide
fides, ei, f : foi, confiance, loyauté
figura, ae, f : figure, forme
filia, ae, f : fille
filius, ii, m : fils
fingo, is, ere, finxi, fictum : façonner, pétrir, imaginer
finio, is, ire, ivi, itum : limiter, délimiter, finir, mourir
finis, is, m : limite, fin
fio, is, fieri, factus sum : se produire, arriver, devenir
firmus, a, um : solide, fort
fixus, a, um : fixé, arrêté
flagitium, ii, n : infamie, scandale
flagro, as, are, avi, atum : brûler
flamma, ae, f : flamme, feu
flecto, is, ere, flexi, flectum : courber, tourner, plier
fleo, es, ere, evi, etum : pleurer
floreo, es, ere, ui : être florissant, fleurir
flos, oris, m : fleur
flumen, inis, n : fleuve
fluo, is, ere, fluxi, fluctum : couler
focus, i, m : foyer, feu
folium, ii, n : feuille
fons, fontis, m : source, fontaine
foras : dehors (avec mouvement)
fore : inf. futur de **sum**
foris, is, f : porte
forma, ae, f : beauté
formido, as, are, avi, atum : redouter, craindre
formido, dinis, f : peur, crainte, effroi
formo, as, are, avi, atum : former, modeler, créer
formosus, a, um : beau
fortasse : peut-être
forte : par hasard
fortis, e : courageux, fort
fortuitus, a, um : fortuit, au hasard
fortuna, ae, f : destin, sort
forum, i, n : forum, place publique
frango, is, ere, fregi, fractum : casser, briser
frater, fratris, m : frère
fraus, fraudis, f : tromperie, crime
frequens, entis : rassemblé en foule, nombreux, fréquent
frequenter : souvent, en grand nombre
frigida, ae, f : eau froide
frigidus, a, um : froid
frigor, oris, m : froid, fraîcheur
frons, frondis, f : feuillage
frons, frontis, f : front
fructus, us, m : usage, fruit, résultat
fruges, um, f pl : grains, céréales, moissons
frumentum (ou **fromentum**), **i**, n : blé
frustra : en vain
frustum, i, n : morceau
fuga, ae, f : fuite
fugio, is, ere, fugi : fuir
fulgeo, es, ere, fulsi : briller
fulgor, oris, m : éclair, lueur
fulgur, uris, n : éclair, foudre, éclat
fulmen, inis, n : foudre
fundo, is, ere, fudi, fusum : répandre, verser
fundus, i, m : domaine, propriété
funus, eris, n : funérailles, mort
fur, furis, m : voleur
furor, oris, m : délire, égarement
fuscina, ae, f : fourche à trois dents, trident
fustis, is, m : bâton

G

gaudeo, es, ere, gavisus sum (intr.) : se réjouir
gaudium, ii, n : joie
geminus, a, um : jumeau
gemma, ae, f : pierre précieuse
gemmo, as, are, avi, atum : être couvert de pierres précieuses
genius, ii, m : génie
gens, gentis, f : race, peuple, famille
genu, us, n : genou
genus, eris, n : race, peuple, nation, famille, espèce
gero, is, ere, gessi, gestum : porter, faire
gestio, is, ire, i(v)i : faire des gestes, être impatient
gestus, us, m : geste
gigno, is, ere, genui, genitum : engendrer, produire, créer
gladiator, oris, m : gladiateur
gladius, ii, m : épée, glaive
globus, i, m : globe, terre, masse
gloria, ae, f : gloire
gracilis, e : maigre, mince, étroit, fin, élancé
gradus, us, m : pas, position, degré
gramen, inis, n : gazon, herbe
grammaticus, i m : grammairien, maître de langage
grandis, e : grand, important
grates (sans gén.), f pl : grâces, remerciements
gratia, ae, f : faveur, grâce, reconnaissance
gratus, a, um : agréable
gravis, e : lourd, gros
gravitas, atis, f : lourdeur, importance, gravité
gremium, ii, n : giron, sein, bras
gressus, us, m : pas, marche
grex, gregis, m : troupeau
gubernaculum, i, n : gouvernail
gusto, as, are, avi, atum : goûter, manger un morceau

H

habeo, es, ere, habui, habitum : avoir
habilis, e : habile, approprié
habito, as, are, avi, atum : habiter
habitus, us, m : air, tenue, habit
haereo, es, ere, haesi, haesum : être attaché, arrêté
haruspex, icis, m : haruspice
haud : ne… pas (négation d'un mot)
haurio, is, ire, hausi, haustum : boire, épuiser, détruire
hebeto, as, are, avi, atum : enlever la finesse
herba, ae, f : herbe, plante
heri : hier
heros, ois, m : héros, demi-dieu
hic (adv.) : ici, alors
hic, haec, hoc : ce, cette, celui-ci, celle-ci, ceci

hilaritas, atis, f : joie, bonne humeur
hinc… illinc : d'un côté… de l'autre
histrio, onis, m : acteur
hodie : aujourd'hui
homo, hominis, m : homme, être humain
honestus, a, um : honorable, honnête
honor ou **honos, oris**, m : hommage, honneur, magistrature
hora, ae, f : heure
horreo, es, ere, ui : être hérissé, trembler d'effroi
hortus, i, m : jardin
hospes, tis : hôte (m), hôtesse (f)
hostis, is, m : ennemi
huc (adv.) : ici, en cet endroit (mouvement vers un lieu ; question : **quo ?**)
humanus, a, um : humain
humerus (ou **umerus**), **i**, m : épaule
humus, i, f : sol, terre

I

ibi : là
ibidem : au même endroit, là même
ico ou **icio, is, ere, ici, ictum** : frapper
ictus, us, m : coup
idem, eadem, idem : le même
identidem : continuellement
igitur : donc
ignarus, a, um : ignorant
ignavus, a, um : indolent, mou, poltron
ignis, is, m : feu
ignoro, as, are, avi, atum : ne pas connaître, ignorer
ignosco, is, ere, novi, notum : pardonner
ignotus, a, um : inconnu
ille, illa, illud : ce, celui-là, celle-là
illic : là, en cet endroit
illinc : de ce côté
illuc : là-bas
illustris, e (inl-) : clair, manifeste
imago, inis, f : représentation, image, portrait
imber, bris, m : pluie
imitor, aris, ari, imitatus sum : imiter
immensus, a, um (inm-) : immense, infini
immerito : injustement
immeritus, a, um : qui n'a pas mérité, injuste
immineo, es, ere : menacer
immitis, e : sauvage, cruel
immitto, is, ere, misi, missum : envoyer vers, laisser aller
immo : bien plus, bien au contraire
immolo, as, are, avi, atum : immoler, sacrifier
immortalis, e : immortel
immotus, a, um : immobile, ferme
impatiens, entis : qui ne peut supporter, impatient
impedimenta, orum, n pl : bagages d'un voyageur ou d'une armée
impedio, is, ire, i(v)i, itum : empêcher, arrêter
impello, is, ere, puli, pulsum : heurter, ébranler, pousser
impendeo, es, ere : être suspendu au-dessus de, menacer
imperator, oris, m : celui qui commande, général en chef
imperitus, a, um : inexpérimenté, inhabile
imperium, ii, n : commandement, pouvoir
impero, as, are, avi, atum : commander
impetus, us, m : élan, assaut
impius, a, um : impie, sacrilège
impleo, es, ere, plevi, pletum : emplir, remplir
imploro, as, are, avi, atum : invoquer, implorer
impono, is, ere, posui, positum : poser sur, établir, imposer
importo, as, are, avi, atum : importer, porter dans
impotens, entis : impuissant, faible, immodéré
improbo, as, are, avi, atum : désapprouver
improbus, a, um : malhonnête, impudent
improvidus, a, um : imprévoyant
imprudens, entis : qui ne sait pas, surpris
imus, a, um : le plus bas, le plus humble
in + abl. : dans, sur (lieu où l'on est)
in + acc. : dans, en (lieu où l'on va)
inaequalis, e : inégal, variable
incedo, is, ere, cedi, cessum : s'avancer, marcher
incendium, ii, n : incendie
incendo, is, ere, cendi, censum : allumer, embraser, brûler
incertus, a, um : incertain
inchoo, as, are, avi, atum : commencer
incipio, is, ere, cepi, ceptum : commencer, entreprendre
includo, is, ere, clusi, clusum : enfermer
incola, ae, m : habitant
incolo, is, ere, ui : habiter
incolumis, e : intact, entier
increpo, as, are, avi ou **ui, atum** ou **itum** : faire du bruit, apostropher, faire des reproches
incurro, is, ere, cucurri, cursum : rencontrer, se jeter sur
incutio, is, ere, cussi, cussum : heurter, lancer contre, susciter
inde : de là
indicium, ii, n : dénonciation, révélation
indico, as, are, avi, atum : indiquer
indignor, aris, ari, atus sum : s'indigner
indignus, a, um : indigne de, qui ne mérite pas
induo, is, ere, dui, dutum : mettre, revêtir
ineo, is, ire, i(v)i, itum : aller dans, pénétrer, entreprendre
iners, ertis : sans talent, inactif, mou
infamia, ae, f : mauvaise renommée, infamie
infamis, e : mal famé, décrié
infans, antis : nourrisson
inferi, orum, m pl : les enfers
infernus, a, um : infernal
infero, fers, ferre, intuli, illatum : porter dans
inferus, a, um : qui est au-dessous, inférieur
inflecto, is, ere, flexi, flexum : courber
infra + acc. : en dessous de
infundo, is, ere, fudi, fusum : verser dans, arroser
ingenium, ii, n : esprit, talent, ingéniosité
ingens, ingentis : immense
ingenuus, a, um : né dans le pays
ingratus, a, um : désagréable, ingrat
ingredior, eris, ingredi, ingressus sum : entrer
inimicitia, ae, f : inimitié, haine
iniquus, a, um : injuste
initium, ii, n : début, principe
injicio, is, ere, jeci, jectum : jeter dans

injuria, ae, f : injustice, tort
innocens, entis : innocent
inopia, ae, f : dénuement, besoin, misère
inquieto, as, are, avi, atum : troubler, inquiéter
inquit : dit-il (**inquam, is, it,** verbe défectif : dis-je, dis-tu, dit-il)
insania, ae, f : folie
insanus, a, um : insensé, fou, excessif
insequor, eris, sequi, secutus sum : suivre, continuer
insidiae, arum, f pl : embuscade
insigne, is, n : marque distinctive, emblème
insignis, e : remarquable
insipiens, entis : déraisonnable
insisto, is, ere, stiti : se placer sur, marcher sur, s'attacher à
insolitus, a, um : inhabituel, insolite
inspicio, is, ere, spexi, spectum : regarder, examiner
instituo, is, ere, tui, tutum : placer, établir, instituer
insula, ae, f : île, maison, îlot de maisons
insulto, as, are, avi, atum : sauter sur, insulter
insum, es, inesse, infui : être dans, résider
intactus, a, um : non touché, intact, neuf
integer, gra, grum : intact, entier, intègre
intellego, is, ere, lexi, lectum : comprendre
intendo, is, ere, tendi, tentum : tendre vers, diriger
inter + acc. : entre, parmi
interaestuo, as, are : être enflammé par intervalles
interdum : parfois
interea : pendant ce temps
intereo, is, ire, ii, itum : périr, disparaître
interficio, is, ere, feci, fectum : tuer
interim : pendant ce temps
interimo, is, ere, emi, emptum : enlever, tuer
interjaceo, es, ere : être placé entre
internuntius, ii, m : messager
interrogo, as, are, avi, atum : interroger
intersum, es, esse, fui : être présent, assister
intervenio, is, ire, veni, ventum : intervenir, survenir
intestatus, a, um : intestat, sans testament
intestinum, i, n : intestin, entrailles
intro, as, are, avi, atum : entrer dans
inumbro, as, are, avi, atum : couvrir d'ombre
inusitatus, a, um : rare, inaccoutumé
invalidus, a, um : faible, sans force
inveho, is, ere, vexi, vectum : transporter dans, arriver
invenio, is, ire, veni, ventum : trouver
inverto, is, ere, verti, versum : retourner, tourner, transporter
invicem : mutuellement, réciproquement
invideo, es, ere, vidi, visum : jeter le mauvais œil, envier
invidia, ae, f : haine, jalousie, envie
invisus, a, um : détesté, haï
invitus, a, um : qui agit contre son gré
ipse, a, um : en personne, soi-même
ira, ae, f : colère
iratus, a, m : en colère
irrumpo, is, ere, rupi, ruptum (inr-) : faire irruption, pénétrer
is, ea, id : ce, cet, celui-là, celle-là, cela
iste, a, ud : ce, celui-là, cet individu
istinc : de là
ita : ainsi
ita... ut : tellement... que
itaque : c'est pourquoi
item : de même, pareillement
iter facio : je fais route, je voyage
iter, itineris, n : route, chemin, voyage
iterum : à nouveau

J

jaceo, es, ere, jacui : être étendu
jacio, is, ere, jeci, jactum : jeter
jacto, as, are, avi, atum : jeter, lancer, proclamer
jam : déjà
jamdudum : depuis longtemps
janua, ae, f : porte
jentaculum, i, n : petit déjeuner
jocus, i, m : plaisanterie (pl : **joca** ou **joci**)
jubeo, es, ere, jussi, jussum : ordonner
jucundus, a, um : agréable
judicium, ii, n : jugement, opinion
judico, as, are, avi, atum : juger
jugulum, i, n et **jugulus, i**, m : gorge
jugum, i, n : joug, attelage, crête
juro, as, are, avi, atum : jurer
jus, juris, n : droit, justice
justus, a, um : juste, raisonnable, régulier
juvenis, is, m : jeune homme
juvo, as, are, juvi, jutum : aider, être utile, agréable
juxta + acc. : tout près de, près de

L

labium, ii, n (ordinairement : **labia, orum**, n pl) : lèvres
labor, aris, labi, lapsus sum : glisser, tomber, s'écouler
labor, oris, m : travail
laboro, as, are, avi, atum : travailler
labrum, i, n : lèvre, rebord
lac, lactis, n : lait
lacero, as, are, avi, atum : déchirer, dilapider
lacertus, i, m : muscle, force
lacrima, ae, f : larme
lacus, us, m : lac
laedo, is, ere, si, sum : blesser, offenser
laetitia, ae, f : joie
laetor, aris, ari, atus sum : se réjouir
laetus, a, um : joyeux, content
laevus, a, um : gauche, hostile
lana, ae, f : laine
languidus, a, um : mou, affaibli, paresseux
lapis, idis, m : pierre, rocher
largus, a, um : abondant, large
lassitudo, inis, f : fatigue, lassitude
lassus, a, um : las, fatigué
late : largement, abondamment
lateo, es, ere, ui : être caché, se cacher
latro, onis, m : voleur, brigand
latus, a, um : large
latus, eris, n : flanc, côté
laudo, as, are, avi, atum : louer
laus, laudis, f : louange
lavo, as, are, lavi, lavatum ou **lautum** : laver
laxo, as, are, avi, atum : élargir
laxus, a, um : large, spacieux, vaste
lectus, i, m : lit
legatus, i, m : légat, lieutenant
lego, is, ere, legi, lectum : lire
letum, i, n : mort

levamen, inis, n : soulagement
levis, e : léger
leviter : légèrement
levo, as, are, avi, atum : soulager, diminuer
lex, legis, f : loi
libenter : volontiers
liber, bri, m : livre
liber, libera, liberum : libre
liberalitas, atis, f : générosité, bonté
liberi, orum, m pl : enfants
libero, as, are, avi, atum : libérer
libertas, atis, f : liberté
libertus, i, m : affranchi
libet, ere, buit, bitum est (verbe impersonnel) : il plaît
licet (verbe impersonnel) + inf. : il est permis, possible
lictor, oris, m : licteur
lignum, i, n : bois, arbre
lingua, ae, f : langue
linteum, i, n : toile de lin, linge
linum, i, n : lin
liquidus, a, um : liquide, fluide
litterae, arum, f pl : lettre, écrit, littérature
litus, oris, n : rivage
locuples, etis : riche
locus, i, m : lieu (pl : **loci, loca**)
longitudo, inis, f : longueur, durée
longus, a, um : long
loquax, acis : loquace, verbeux
loquor, eris, loqui, locutus sum : parler
ludibrium, ii, n : moquerie, dérision
ludicer, cra, crum : divertissant
ludo, is, ere, lusi, lusum : jouer
ludus, i, m : jeu
lumbus, i, m : rein, dos, échine
lumen, inis, n : lumière, yeux
luna, ae, f : lune
lunaris, e : lunaire, de la lune
lupa, ae, f : louve, prostituée
lupus, i, m : loup
lutum, i, n : boue
lux, lucis, f : lumière
luxuria, ae, f : excès, luxe, vie molle

M

macellum, i, n : marché
macer, cra, crum : maigre
macies, ei, f : maigreur
maculosus, a, um : taché, flétri
maereo, es, ere : être chagriné, s'affliger
maeror, oris, m : tristesse profonde
maestus, a, um : triste
magis : plus (**magis... quam** : plus que)
magister, tri, m : maître d'école
magistratus, us, m : magistrature, magistrat
magnanimus, a, um : noble, généreux
magnificus, a, um : fastueux, magnifique
magnitudo, dinis, f : grandeur
majestas, atis, f : grandeur, majesté, dignité
majores, um, m pl : ancêtres
male : mal
malo, mavis, malle, malui : préférer
malum, i, n : pomme
malus, a, um : mauvais
malus, i, f : pommier
mane : le matin
maneo, es, ere, mansi, mansum : rester
manus, us, f : main, troupe
mare, is, n : mer
margarita, ae, f : perle
margo, inis, f : bord, rive, frontière
maritus, i, m : mari
marmor, oris, n : marbre
marmoreus, a, um : de marbre, blanc
mater, tris, f : mère
matricidium, ii, n : matricide
matrona, ae, f : mère de famille
maxime : le plus, surtout
medicus, i, m : médecin
mediocris, e : moyen, faible, médiocre
medius, a, um : qui est au milieu
mel, mellis, n : miel, douceur, charme
membrum, i, n : membre, morceau
memini, isse : se souvenir, se rappeler
memor, oris + gén. : qui se souvient de
memoria, ae, f : mémoire, souvenir
memoro, as, are, avi, atum : rappeler, raconter
mendacium, ii, n : mensonge
mens, mentis, f : esprit, intelligence, raison
mensa, ae, f : table
mensis, is, m : mois
mercator, oris, m : marchand
mercimonium, ii, n : denrée, marchandise
mereo, es, ere, ui, itum et **mereor, eris, eri, itus sum** : gagner, mériter
meridianus, a, um : de midi, du sud
meridies, ei, m : midi, sud
merus, a, um : pur
merx, mercis, f : marchandise
metior, metiris, metiri, mensus sum : mesurer
metuo, is, ere, ui, utum : craindre
metus, us, m : crainte
meus, a, um : mon, ma
miles, militis, m : soldat
mille (pl : **milia, ium**) : mille
millesimus, a, um : millième
millies (ou **milies** ou **milliens**) : mille fois
minime : le moins, pas du tout
minister, tri, m : serviteur
minuo, is, ere, ui, utum : rendre petit, réduire
minus : moins
mirabilis, e : admirable, merveilleux, étonnant
miraculum, i, n : prodige, merveille
mire : étonnamment, prodigieusement
miror, aris, ari, atus sum : admirer
mirus, a, um : étonnant, merveilleux
misceo, es, ere, miscui, mixtum : mélanger
miser, misera, miserum : malheureux, misérable
miserabilis, e : triste, déplorable
miseratio, onis, f : pitié
miseria, ae, f : malheur, peine, souci
mitis, e : doux, tendre
mitto, is, ere, misi, missum : envoyer
moderor, aris, ari, atus sum : diriger, modérer
modestus, a, um : modéré, sobre, doux
modicus, a, um : modéré
modo : naguère (**modo... modo** : tantôt... tantôt)
moenia, ium, n pl : murailles, remparts
molestus, a, um : pénible, désagréable
molior, iris, iri, molitus sum : mettre en mouvement, préparer
mollesco, is, ere : devenir mou, s'adoucir
mollis, e : souple, doux, tendre, mou
moneo, es, ere, ui, itum : avertir
mons, tis, m : montagne
monumentum, i, n : souvenir, monument
mora, ae, f : retard

morbus, i, m : maladie
mordeo, es, ere, momordi, morsum : mordre
morior, moreris, mori, mortuus sum : mourir
mors, mortis, f : mort
morsus, us, m : morsure
mos, moris, m : usage, mœurs
moveo, es, ere, movi, motum : toucher, remuer, émouvoir
mox : bientôt
muliebris, e : de femme
mulier, eris, f : femme
multi, ae, a : nombreux, beaucoup
multiplico, as, are, avi, atum : multiplier, augmenter
multitudo, inis, f : multitude
multum : beaucoup
mundus, i, m : monde, univers, terre
munimentum, i, n : rempart, moyen de défense
munio, is, ire, i(v)i, itum : fortifier, protéger
munus, eris, n : fonction, charge, devoir, don, présent
murus, i, m : mur
muto, as, are, avi, atum : changer

N

nam : car
nanciscor, eris, nancisci, nactus sum : attraper, obtenir
nares, ium, f pl : narines, nez
narratio, onis, f : narration, récit
narro, as, are, avi, atum : raconter
nascor, eris, i, natus sum : naître
nasus, i, m : nez
natalis, is, m : anniversaire
nato, as, are, avi, atum : nager
natura, ae, f : nature
naturalis, e : naturel, de naissance
naturaliter : naturellement, conformément à la nature
naufragium, ii, n : naufrage
naumachia, ae, f : combat naval
nauta, ae, m : marin
navigium, ii, n : navire
navigo, as, are, avi, atum : naviguer
navis, is, f : navire
ne + subj. : pour que... ne pas
ne... quidem : ne pas même
nec (neque) : et... ne pas
necdum : et pas encore
necesse : inévitable, indispensable
necessitas, atis, f : nécessité, obligation
neco, as, are, avi, atum : tuer
neglego, is, ere, exi, ectum : négliger
nego, as, are, avi, atum : dire non, nier
negotium, ii, n : travail, affaire
nemo, minis : personne, aucun
neque... neque : ni... ni
nequitia, ae, f : mauvais état, mollesse, débauche
nescio, is, ire, i(v)i, itum : ne pas savoir, ignorer
nex, necis, f : meurtre, exécution
niger, gra, grum : noir
nihil, nil : rien
nimis, nimium : trop, beaucoup
nisi : si... ne pas, si ce n'est
nitidus, a, um : brillant
niveus, a, um : de neige
nix, nivis, f : neige
nocens, entis : coupable
nocte, noctu : de nuit
nocturnus, a, um : nocturne
nolo, non vis, nolle, nolui : ne pas vouloir ; **noli** + infinitif : ne veuille pas
nomen, inis, n : nom
nomino, as, are, avi, atum : nommer, désigner
non : ne... pas (**non... jam** : ne... plus)
nondum : pas encore
nonne ? : est-ce que ne... pas ?
nonnullus, a, um : quelque ; au plur. : quelques-uns
nonnunquam : quelquefois
nonus, a, um : neuvième
nos (**nostri** ou **nostrum, nobis**) : nous, moi (= **ego**)
nosco, is, ere, novi, notum : apprendre à connaître
noster, tra, trum : notre
novem : neuf
noviens : neuf fois
novus, a, um : nouveau
nox, noctis, f : nuit
noxa, ae, f : tort, délit, crime
nubes, is, f : nuage, nuée
nubo, is, ere, nupsi, nuptum : épouser (en parlant de la femme)
nudo, as, are, avi, atum : mettre à nu, dévoiler
nullus, a, um : aucun, nul
num ? : est-ce que par hasard ?
numen, inis, n : volonté, divinité
numero, as, are, avi, atum : compter
numerus, i, m : nombre, ordre
nummus, i, m : argent, sou
numquam, nunquam : ne... jamais
nunc : maintenant
nunc... nunc : tantôt... tantôt
nuntio, as, are, avi, atum : annoncer
nuntius, ii, m : messager, message
nuper : récemment
nuptiae, arum, f pl : noces
nusquam : nulle part
nutrix, icis, f : nourrice

O

ob + acc. : devant, à cause de, en échange de
obeo, is, ire, ii ou **ivi, itum** : aller vers, s'en aller, mourir
objicio, is, ere, jeci, jectum : jeter en avant, opposer, reprocher
obliviscor, livisceris, livisci, litus sum : oublier
obnoxius, a, um : soumis, redevable, faible
observo, as, are, avi, atum : observer, respecter
obstinatus, a, um : constant, résolu
obsto, as, are, stiti : faire obstacle
obstruo, is, ere, struxi, structum : obstruer
obtego, is, ere, texi, tectum : recouvrir, cacher
obtempero, as, are, avi, atum (opt-) : obéir
obtineo, es, ere, tinui, tentum : tenir, maintenir, conserver
obtingo, is, ere, tigi : arriver, échoir
obviam : sur le chemin, à la rencontre, devant
obvius, a, um : qui va au-devant, qui s'offre aux regards
occasio, onis, f : occasion, moment favorable
occido, is, ere, occidi, occisum : tuer, tomber
occipitium, ii, n : occiput, derrière de la tête
occulo, is, ere, ului, ultum : cacher, dissimuler
occulte : en secret
occulto, as, are, avi, atum : cacher
occupatio, onis, f : occupation
occurro, is, ere, curri, cursum + dat. : aller au-devant, se présenter
occursus, us, m : rencontre
octavus, a, um : huitième
octo : huit
oculus, i, m : œil
odi, isse : haïr
odium, ii, n : haine

odor, oris, m : odeur
offero, fers, ferre, obtuli, oblatum : présenter, offrir
officium, ii, n : service, fonction, devoir
olea, ae, f : olivier, olive
oleum, i, n : huile
olim : autrefois, jadis
olus (ou **holus**), **eris**, n : légume, herbe potagère
omen, inis, n : présage
omnino : tout à fait, entièrement, absolument, au total
omnis, e : tout, chaque
onero, as, are, avi, atum : charger, accabler
onus, eris, n : poids, charge
onustus, a, um : chargé, rempli de
operio, is, ire, perui, pertum : couvrir
oportet, ere, tuit (verbe impersonnel + subj. ou inf.) : il faut
oppidum, i, n : place forte
opportunitas, atis, f : opportunité, avantage
opprimo, is, ere, pressi, pressum : écraser, étouffer
ops, opis, f (à l'acc., gén., abl.) : moyen, pouvoir, aide ; au pluriel, **opes, um** : ressources, richesses
opto, as, are, avi, atum : souhaiter, choisir
opulentus, a, um : riche, somptueux
opus, eris, n : œuvre, ouvrage
ora, ae, f : bord, rivage, pays
oraculum, i, n : oracle, prédiction
oratio, onis, f : discours, parole
orator, oris, m : orateur
orbis, is, m : cercle, disque
ordo, dinis, m : rang, ordre, classe
origo, inis, f : origine
orior, iris, iri, ortus sum : se lever, commencer
ornamentum, i, n : parure, bijou
oro, as, are, avi, atum : prier
os, oris, n : bouche, visage
osculum, i, n : baiser
ostendo, is, ere, tendi, tentum : montrer
ostento, as, are, avi, atum : présenter, étaler
otiosus, a, um : oisif, indifférent, calme, inutile
otium, ii, n : loisir, inaction
ovis, is, f : brebis
ovum, i, n : œuf

P

paedagogus, i, m : pédagogue
paene : presque
palam : ouvertement
palleo, es, ere, ui : pâlir
pallium, ii, n : manteau
pallor, oris, m : pâleur
palma, ae, f : paume, palmier
panis, is, m : pain
par, paris : égal, semblable
paratus, a, um : prêt à
parco, is, ere, peperci, parsum + dat. : épargner
parcus, a, um : économe, modéré
parens, entis, m ou f : père ou mère (gén pl : **parentum** ou **parentium**)
pareo, es, ere, ui, itum : obéir
pariter : également
paro, as, are, avi, atum : préparer
parricida, ae, m : parricide, meurtrier d'un parent
parricidium, ii, n : parricide
pars, partis, f : partie, part
partim : en partie
partio, is, ire, i(v)i, itum : partager, répartir, distribuer
parvus, a, um : petit
pasco, is, ere, pavi, pastum : faire paître, nourrir
pastor, oris, m : berger
pastus, us, m : pâture, pâturage
patefacio, is, ere, feci, factum : découvrir, ouvrir, dévoiler
pateo, es, ere, tui : être ouvert, visible
pater, tris, m : père ; **patres, orum**, m pl : sénateurs
paternus, a, um : paternel
patiens, entis : endurant
patientia, ae, f : patience
patior, eris, pati, passus sum : supporter, souffrir
patria, ae, f : patrie
patro, as, are, avi, atum : perpétrer (**patro facinus** : perpétrer un crime)
patronus, i, m : avocat, patron
pauci, ae, a : peu nombreux
paululum : très peu
pauper, pauperis : pauvre
pauperies, ei, f : pauvreté
pavimentum, i, n : pavé
pavor, oris, m : effroi, épouvante
pax, pacis, f : paix
pecco, as, are, avi, atum : commettre une faute, pécher
pectus, oris, n : poitrine
pecunia, ae, f : argent
pecus, udis, n : bétail
pelagus, i, n : haute mer, mer
pellis, is, f : peau
pello, is, ere, pepuli, pulsum : remuer, pousser, chasser
pendeo, es, ere, pependi : être suspendu
pendo, is, ere, pependi, pensum : laisser pendre, peser
penna, ae, f : plume
per + acc. : à travers
perago, is, ere, egi, actum : poursuivre, accomplir
percipio, is, ere, cepi, ceptum : recevoir, recueillir
percussor, oris, m : assassin
percutio, is, ere, cussi, cussum : percer, frapper
perdo, is ere, perdidi, perditum : perdre
peregrinus, a, um : étranger
pereo, is, ire, i(v)i, itum : périr, mourir
perfero, fers, ferre, tuli, latum : supporter, porter d'un point à un autre
perficio, is, ere, feci, fectum : achever, accomplir
perfundo, is, ere, fudi, fusum : répandre, arroser
pergo, is, ere, perrexi, perrectum : aller
periculum, i, n : danger
perinde : pareillement, de même
peritus, a, um : habile, expérimenté
permaneo, es, ere, mansi, mansum : rester, persister
permixtus, a, um : mêlé, mélangé, confondu
pernicies, ei, f : destruction, ruine, perte
persequor, sequeris, sequi, secutus sum : suivre obstinément, poursuivre, accomplir
perspicio, is, ere, spexi, spectum : regarder attentivement, voir
pertento, as, are, avi, atum : essayer, tenter, éprouver
perturbo, as, are, avi, atum : troubler, bouleverser
pervado, is, ere, vasi, vasum : s'avancer, pénétrer
pervenio, is, ire, veni, ventum : parvenir
pes, pedis, m : pied

pestifer, era, erum : désastreux, fatal

peto, is, ere, i(v)i, itum : chercher à obtenir, gagner, demander

philosophus, i, m : philosophe

pilum, i, n : javelot

pingo, is, ere, pinxi, pictum : peindre, représenter

pinguis, e : gras

pirus, i, f : poirier

piscatus, us, m : produit de la pêche

piscina, ae, f : piscine, vivier

piscis, is, m : poisson

pius, a, um : pieux, respectueux

placeo, es, ere, ui, itum : plaire

placidus, a, um : calme, paisible

plane : clairement, complètement, entièrement

planus, a, um : plan, uni, égal, aisé

plaudo, is, ere, plausi, plausum : applaudir

plebs, plebis, f : plèbe

plenus, a, um : plein, abondant, entier

plerique, aeque, aque : la plupart

plerumque : la plupart du temps

plumbum, i, n : plomb

plures (n : **plura**), pluriel de **plus** : plus nombreux, plusieurs

plurifariam : en différents endroits

pluvialis, e : pluvial, pluvieux

poculum, i, n : coupe

podagricus, a, um : goutteux

poena, ae, f : châtiment, punition

poeta, ae, m : poète

polliceor, eris, eri, citus sum : promettre

pompa, ae, f : procession, pompe, apparat

pomum, i, n : fruit

pondo : en poids

pondus, eris, n : poids

pone : derrière, en arrière

pono, is, ere, posui, positum : poser, établir

pontifex, icis, m : pontife

pontifex maximus : président du collège des pontifes

populus, i, m : peuple

porcus, i, m : porc

porrigo, is, ere, porrexi, porrectum : tendre, étendre, offrir

porta, ae, f : porte (d'une ville)

portentum, i, n : monstre

porticus, us, f : portique, galerie

porto, as, are, avi, atum : porter, transporter

portus, us, m : port

posco, is, ere, poposci : demander

possessio, onis, f : possession, propriété

possideo, es, ere, sedi, sessum : posséder

possum, potes, posse, potui : pouvoir

post : après (adv.), derrière (prép. + acc.)

postea : ensuite

posterus, a, um : suivant

postquam + ind. : après que

postremo : finalement

postremus, a, um : le dernier

potentia, ae, f : puissance, pouvoir, autorité

potestas, atis, f : pouvoir, puissance

potio, onis, f : boisson

praebeo, es, ere, bui, itum : montrer

praeceptum, i, n : précepte, ordre, commandement, avis

praecipito, as, are, avi, atum : précipiter

praecipue : surtout

praecipuus, a, um : particulier, supérieur

praedico, as, are, avi, atum : proclamer

praegrandis, e : énorme, colossal

praemium, ii, n : récompense

praenomen, inis, n : prénom

praenuntius, ii, m : précurseur

praescribo, is, ere, scripsi, scriptum : écrire, mentionner, prescrire

praesens, entis : présent, actuel

praesertim : notamment, surtout

praesto, as, are, stiti, statum : se distinguer, l'emporter, montrer

praesumo, is, ere, sumpsi, sumptum : prendre d'avance, présumer

praeter : en outre, excepté

praeterea : en outre

praetereo, is, ire, i(v)i, itum : passer devant, surpasser, omettre

praeterquam : excepté, en outre

praetor, oris, m : préteur

prandium, ii, n : déjeuner

premo, is, ere, pressi, pressum : presser

pridie : la veille

primum : d'abord, premièrement

primus, a, um : premier

princeps, cipis : le premier, prince, empereur

principium, ii, n : commencement

prior, oris, comparatif de **primus** : le plus en avant des deux, premier

pristinus, a, um : d'autrefois, précédent

priusquam : avant que

privatus, a, um : privé

pro + abl. : pour, à la place de

probo, as, are, avi, atum : vérifier, approuver

procedo, is, ere, cessi, cessum : s'avancer

proceritas, atis, f : longueur, hauteur

procerus, a, um : allongé, grand, haut

procido, is, ere, di : s'écrouler

procul : loin, au loin

procumbo, is, ere, cubui, cubitum : se pencher, tomber, se prosterner

procurator, oris, m : administrateur, intendant

prodigus, a, um : prodigue, qui gaspille

prodo, is, ere, didi, ditum : produire, publier, transmettre, trahir

produco, is, ere, duxi, ductum : amener

proelium, ii, n : combat, bataille

proelium committo, is, ere, misi, missum : engager le combat

profundus, a, um : profond, épais

progredior, eris, i, progressus sum : s'avancer

prohibeo, es, ere, bui, bitum : écarter, empêcher, interdire

proinde : ainsi donc, par conséquent, de même

projicio, is, ere, jeci, jectum : jeter à terre, déposer

prolatio, onis, f : agrandissement

prolato, as, are, avi, atum : étendre, prolonger, différer

promitto, is, ere, misi, missum : laisser aller, promettre

promptus, a, um : prêt à, disposé à

pronuntio, as, are, avi, atum : annoncer, proclamer

pronus, a, um : penché, porté vers

prope : presque ; + acc. : près de

propere : en hâte

propero, as, are, avi, atum : se hâter, accélérer

properus, a, um : prompt, rapide, pressé

propinquus, a, um : proche, voisin

propono, is, ere, posui, positum : présenter, proposer

proprius, a, um : qui appartient, propre, caractéristique

propter + acc : à cause de , à côté de
propterea quod + ind. : parce que
prorepo, is, ere, repsi, reptum : avancer en rampant, se traîner
prorumpo, is, ere, rupi, ruptum : se produire, s'élancer
prosperus, a, um : heureux, prospère
prospicio, is, ere, spexi, spectum : regarder au loin, veiller à, prévoir
prosum, prodes, prodesse, profui : être utile
protendo, is, ere, tendi, tentum : tendre en avant
protinus : tout droit, sans interruption, immédiatement après
provideo, es, ere, vidi, visum : voir en avant, prévoir
provincia, ae, f : province
prudens, prudentis : sage
prudentia, ae, f : sagesse, sérieux
publicus, a, um : public
pudeo, es, ere, dui, ditum : avoir honte, causer de la honte
puella, ae, f : jeune fille
puer, pueri, m : enfant, jeune esclave
pueriliter : puérilement
pueritia, ae, f : enfance (jusqu'à 17 ans)
pugna, ae, f : combat
pugnatorius, a, um : qui sert aux combats
pugno, as, are, avi, atum : combattre, se battre
pugnus, i, m : poing
pulcher, pulchra, pulchrum : beau, joli
pulso, as, are, avi, atum : bousculer, heurter, pousser
punio, is, ire, ivi, itum : punir, châtier
purpureus, a, um : de pourpre
puto, as, are, avi, atum : penser

Q

qua ? : par où ?
quadragesimus, a, um : quarantième
quadraginta : quarante
quadrigae, arum, f pl : char, quadrige
quadrijugus, a, um : attelé de quatre chevaux
quadriremis, is, f : quadrirème
quaerito, as, are, avi, atum : chercher avec ardeur
quaero, is, ere, sivi, situm : demander, chercher
quaestor, oris, m : questeur
quaestus, us, m : recherche, gain, bénéfice
qualis, e : tel que (associé à **talis**)
quamdiu ? : combien de temps ?
quamquam : bien que
quamvis : autant que l'on veut, quoique
quando : quand
quandoquidem : puisque
quantum : combien, autant
quantus, a, um : quel (combien grand) ?
quartus, a, um : quatrième
quasi : comme ; + subj. : comme si, sous prétexte que
quasso, as, are, avi, atum : secouer, agiter
quattuor : quatre
quem ad modum (quemadmodum) : comment
quercus, i, f : chêne
qui, quae, quod : qui, lequel, laquelle
quia : parce que
quicumque, quaecumque, quodcumque : quel… que, n'importe quel
quid ? : quoi ? que ? qu'est-ce que ?
quidam, quaedam, quoddam ou **quiddam** : un certain, certain
quidem : certes, mais
quies, etis, f : repos
quiesco, is, ere, evi, etum : se reposer
quietus, a, um : tranquille
quin : pourquoi ne pas… ?
quingenti, ae, a : cinq cents
quingenties : cinq cents fois
quinquagesimus, a, um : cinquantième
quinquaginta : cinquante
quinque : cinq
quintus, a, um : cinquième
Quirites, ium ou **um**, m pl : Quirites, citoyens romains
quis, quae, quid : qui ? quel ?
quisquam, quaequam, quidquam ou **quicquam** : quelque, quelqu'un, quelque chose
quisque, quaeque, quodque ou **quidque** : chaque, chacun
quisquis, quidquid ou **quicquid** : quelque… que, n'importe quel
quo ? : où ? (lieu où l'on va)
quoad : jusqu'où, jusqu'à
quod : parce que
quondam : un jour, autrefois
quoniam : puisque, parce que
quoque : aussi
quoquo : en quelque lieu que
quot : combien, autant que
quoties ou **quotiens** + ind. : chaque fois que

R

rado, is, ere, rasi, rasum : raser
raeda, ae, f : chariot
ramus, i, m : rameau, branche
rana, ae, f : grenouille
rapio, is, ere, rapui, raptum : enlever
rare (ou **raro**) : d'une manière rare
rarus, a, um : rare
ratio, onis, f : raison, calcul, compte
ratus, a, um : pensant, croyant, décidé
recens, entis : frais, jeune, récent
recipio, is, ere, cepi, ceptum : admettre, recevoir
recte : droit, justement, bien
rectus, a, um : droit, juste
recubo, as, are, avi, atum : être couché
recurro, is, ere, curri, cursum : revenir en courant, revenir
reddo, is, ere, didi, ditum : rendre, accorder
redeo, is, ire, i(v)i, itum : revenir
reditus, us, m : retour
refero, fers, ferre, tuli, latum : rapporter, raconter, rendre
reficio, is, ere, feci, fectum : refaire
refingo, is, ere : façonner de nouveau, refaire
refringo, is, ere, fregi, fractum : briser, déchirer
regius, a, um : royal
regno, as, are, avi, atum : régner
regnum, i, n : royauté, royaume, autorité
rego, is, ere, rexi, rectum : diriger, guider, mener
rejicio, is, ere, jeci, jectum : rejeter, repousser
relego, as, are, avi, atum : bannir, exiler
religio, onis, f : sentiment religieux, respect
religiosus, a, um : religieux, pieux, respecté
relinquo, is, ere, reliqui, relictum : laisser, abandonner
reluceo, es, ere, luxi : briller, luire
rem gero, is, ere, gessi, gestum : engager le combat, combattre

remedium, ii, n : remède
remollesco, is, ere : s'amollir
repente : soudain
reperio, is, ire, repperi ou **reperi, pertum** : retrouver, découvrir
repeto, is, ere, i(v)i, itum : regagner, ramener, recommencer, évoquer
repo, is, ere, repsi, reptum : ramper, s'infiltrer
repono, is, ere, posui, positum : replacer, rétablir
reprimo, is, ere, pressi, pressum : arrêter, réprimer
repurgo, as, are, avi, atum : nettoyer, enlever
requiro, is, ere, requisi(v)i, itum : demander
res publica, rei publicae, f : chose publique, État, république
res, ei, f : chose, fait, nouvelle
rescribo, is, ere, scripsi, scriptum : écrire en réponse
resigno, as, are, avi, atum : rompre le sceau
resorbeo, es, ere : avaler
respicio, is, ere, spexi, spectum : se retourner vers, regarder vers
respondeo, es, ere, di, sum : répondre
restituo, is, ere, ui, utum : replacer, relever, restaurer
resurgo, is, ere, surrexi, surrectum : se relever
retineo, es, ere, tinui, tentum : arrêter, retenir
retracto, as, are, avi, atum : retoucher, ne pas vouloir
reus, i, m : accusé
reverentia, ae, f : respect, culte, crainte, réserve
reviso, is, ere, visi, visum : revenir voir
revoco, as, are, avi, atum : rappeler, ramener
rex, regis, m : roi
rideo, es, ere, risi, risum : rire
ridiculus, a, um : drôle, ridicule
rigidus, a, um : raide, rigide, sévère
rigor, oris, m : dureté
ripa, ae, f : rive
risus, us, m : rire
rivus, i, m : ruisseau
robustus, a, um : solide, fort
rogo, as, are, avi, atum : demander
ros, roris, m : rosée
rudis, e : brut, grossier, inculte
rudus, eris, n : décombre, ruine
ruga, ae, f : ride
ruina, ae, f : chute, désastre, ruines
rumor, oris, m : rumeur, renommée
rumpo, is, ere, rupi, ruptum : briser, rompre
ruo, is, ere, rui, rutum : s'élancer, tomber
rupes, is, f : rocher
rursus, rursum : de nouveau
rus, ruris, n : campagne
rusticus, a, um : de la campagne

S

sacer, cra, crum : sacré, vénéré
sacerdos, otis, m : prêtre
sacrificium, ii, n : sacrifice
sacrifico, as, are, avi, atum : offrir un sacrifice
saeculum, i, n : siècle, génération
saepe : souvent
saeta (ou **seta**), **ae**, f : soie de porc, poil rude
saevitia, ae, f : fureur, cruauté
saevus, a, um : cruel, sévère, sauvage, terrible
saga, ae, f : sorcière
sal, salis, m : sel, esprit, piquant
salio, is, ire, salui, saltum : sauter
saltator, oris, m : danseur
salto, as, are, avi, atum : danser
saluber et **salubris, bris, bre** : salutaire, sain, salubre
salus, utis, f : salut, bonne santé
salveo, es, ere : bien se porter, saluer
salvus, a, um : en bonne santé, sauf
sancio, is, ire, sanxi, sanctum : consacrer, interdire
sane : vraiment, réellement, absolument
sanguis, inis, m : sang
sanitas, atis, f : santé
sano, as, are, avi, atum : être en bonne santé
sanus, a, um : sain, bien portant, sensé
sapiens, entis : sage, raisonnable
sapienter : sagement, raisonnablement
sapientia, ae, f : sagesse
satis : assez, suffisamment
satus, us, m : action de semer, paternité
saucius, a, um : blessé
saxum, i, n : pierre, rocher
scaber, bra, brum : malpropre, raboteux
scaena, ae, f : scène, théâtre, mise en scène
sceleratus, a, um : criminel, impie, infâme
scelestus, a, um : impie, sacrilège, criminel
scelus, eris, n : crime
schola, ae, f : école
scilicet : bien sûr, évidemment, sans doute
scio, is, ire, ivi, itum : savoir
scribo, is, ere, scripsi, scriptum : écrire
scriptor, oris, m : écrivain
scrobis, is, m et f : trou, fosse
sculpo, is ere, psi, ptum : sculpter
scutum, i, n : bouclier
se (sui, sibi, se) : se, soi, eux, elles
seco, as, are, secui, sectum : couper, trancher
sector, aris, ari, atus sum : suivre, poursuivre
secum : avec soi, avec lui, eux
secundus, a, um : second, deuxième
securis, is, f : hache
securitas, atis, f : tranquillité, sécurité
securus, a, um : tranquille, calme, en sécurité
secus : autrement
sed : mais
sedecim : seize
sedeo, es, ere, sedi, sessum : être assis
sedes, is, f : siège, habitation
sedo, as, are, avi, atum : calmer, apaiser
seduco, is, ere, duxi, ductum : séparer, diviser, partager
semel : une fois, une seule fois
semper : toujours
sempiternus, a, um : qui dure toujours, éternel, perpétuel
senator, oris, m : sénateur
senatus, us, m : sénat
senex, senis, m : vieillard
sententia, ae, f : avis, opinion, sentence
sentio, is, ire, sensi, sensum : sentir
sepelio, is, ire, pelivi ou **pelii, pultum** : enterrer
septem : sept
septimus, a, um : septième
sequor, eris, sequi, secutus sum : suivre

sermo, onis, m : conversation, entretien
sero : tard, trop tard
serus, a, um : tardif
servilis, e : d'esclave
servitium, ii, n : l'ensemble des esclaves, les esclaves
servo, as, are, avi, atum : observer, sauver, préserver
servulus, i, m : petit esclave, jeune esclave
servus, i, m : esclave
sestertius, ii, m : sesterce
seu : ou si ; **seu… seu** : soit que… soit que
severus, a, um : sévère, austère, rigoureux
sex : six
sextus, a, um : sixième
sexus, i, m : sexe
si : si
sic : ainsi (**sic… ut** : de telle sorte que)
sicut : comme
sidus, eris, n : étoile, constellation
signo, as, are, avi, atum : marquer, distinguer, signaler
signum, i, n : marque, empreinte, signal, drapeau, statue, signe
silentium, ii, n : silence
silva, ae, f : forêt
similis, e + gén. : semblable, ressemblant
similitudo, dinis, f : ressemblance, similitude
simul : en même temps, ensemble
simul ac : aussitôt que, dès que
simulacrum, i, n : image, statue
simulo, as, are, avi, atum : simuler, feindre
sin : si au contraire
sine + abl. : sans
singularis, e : unique, seul, singulier
singuli, ae, a : un par un
sinister, tra, trum : gauche, sinistre
sinistra, ae, f : main gauche
sino, is, ere, sivi, situm : laisser, permettre
sinus, us, m : courbe, sein, giron
sitio, is, ire, ii, itum : avoir soif
situs, a, um : situé
sive… sive : soit que… soit que
smaragdus, i, m : émeraude
sobrius, a, um : sobre
soccus, i, m : chaussure
socer, eri, m : beau-père
socius, ii, m : compagnon, associé, allié
sol, solis, m : soleil, jour
solea, ae, f : sandale
soleo, es, ere, solitus sum : avoir coutume de, avoir l'habitude
solidus, a, um : solide, massif, compact
sollicitudo, inis, f : inquiétude, souci
solum : seulement, uniquement
solum, i, n : sol, pays
solus, a, um : seul, solitaire
solvo, is, ere, solvi, solutum : délier, détacher, détruire
somnio, as, are, avi, atum : rêver
somnus, i, m : sommeil
sons, sontis : coupable
sordidus, a, um : sale, poussiéreux
soror, oris, f : sœur
sors, sortis, f : sort, destin
spargo, is, ere, sparsi, sparsum : répandre
spatium, ii, n : espace, moment
species, ei, f : aspect, apparence
spectaculum, i, n : spectacle
spectator, oris, m : spectateur
specto, as, are, avi, atum : regarder
speculum, i, n : miroir
sperno, is, ere, sprevi, spretum : écarter, dédaigner
spero, as, are, avi, atum : espérer
spes, ei, f : espoir
spiritus, us, m : air, souffle, vie
splendeo, es, ere : briller, étinceler
splendidus, a, um : brillant, éclatant, resplendissant
spolium, ii, n : dépouille, butin, pillage
spongia, ae, f : éponge
sponte : de soi-même
sportula, ae, f : petit panier, sportule, cadeau
stabulum, i, n : étable
stagnum, i, n : étang, lagune
statim : aussitôt
statio, onis, f : station, position, lieu de résidence
statua, ae, f : statue
statuo, is, ere, ui, utum : décider, fixer
statura, ae, f : stature, taille, hauteur
stella, ae, f : étoile
sterilis, e : stérile
sto, as, are, steti : se tenir debout, se tenir ferme
stola, ae, f : robe
stomachus, i, m : estomac, mauvaise humeur
strangulo, as, are, avi, atum : étrangler
stringo, is, ere, strinxi, strictum : serrer, couper, toucher, tirer
studiosus, a, um : appliqué, dévoué
studium, ii, n : ardeur, zèle
stultus, a, um : sot, stupide, insensé
stupeo, es, ere, ui : être engourdi, être frappé de stupeur
stupor, oris, m : stupidité, stupeur
suadeo, es, ere, si, sum : conseiller, persuader
suavis, e : doux, agréable
suavitas, atis, f : douceur, charme
sub + abl. : sous, dessous, après
subalbus, a, um : blanchâtre
subdo, is, ere, didi, ditum : placer dessous, soumettre, supposer
subeo, is, ire, ii, itum : aller sous, approcher, supporter, subir
subito : soudain
subitus, a, um : subit, soudain, improvisé
subjaceo, es, ere, jacui : être couché, soumis
sublimis, e : élevé, placé en haut
submitto, is, ere, misi, missum : soumettre, abaisser
subripio, is, ere, ripui, reptum (surr-) : enlever, dérober, soustraire
subsido, is, ere, sedi, sessum : se baisser, se calmer, s'arrêter
subtilis, e : délicat
subtilitas, atis, f : finesse
suffero, fers, ferre, sustuli, latum (sub-) : supporter, endurer
sufficio, is, ere, feci, fectum : fournir, suffire
suffragium, ii, n : suffrage, vote, voix
suggero, is, ere, gessi, gestum : mettre sous, fournir, suggérer
sum, es, esse, fui : être
summa, ae, f : point le plus haut, totalité
summus, a, um : le plus élevé
sumo, is, ere, sumpsi, sumptum : prendre
sumptuosus, a, um : coûteux, somptueux, fastueux
super : en dessus, en outre, sur
superbia, ae, f : orgueil
superbus, a, um : orgueilleux
superior, ius (comparatif de **superus**) : plus haut, précédent, plus âgé
superjacio, is, ere, jeci, jectum : jeter dessus, ajouter

supero, as, are, avi, atum : l'emporter, franchir
superstitio, onis, f : superstition, vénération
supersum, es, esse, fui : rester, survivre, suffire
superus, a, um : en haut, supérieur
supplicium, ii, n : supplice
surgo, is, ere, surrexi, surrectum : se lever, se soulever
sustineo, es, ere, tinui, tentum : soutenir, maintenir, entretenir
sutor, oris, m : cordonnier
suus, a, um : son, sa, leur

T

tabella, ae, f : tablette, petit tableau
taberna, ae, f : boutique, magasin
taceo, es, ere, tacui, tacitum : se taire
tacitus, a, um : tacite, qui ne parle pas
talis, e : tel
talitrum, i, n : chiquenaude
talus, i, m : talon, osselet
tam : tellement (**tam... ut** : tellement... que)
tamen : cependant
tamquam : comme, comme si
tandem : enfin
tango, is, ere, tetigi, tactum : toucher
tantum : seulement, tant
tantus, a, um : si grand
tarde : lentement, tardivement
taurus, i, m : taureau
tectum, i, n : toit
tego, is, ere, texi, tectum : couvrir, recouvrir, protéger, abriter
tegumentum, i, n : ce qui couvre, ce qui enveloppe
tellus, uris, f : terre
telum, i, n : arme de jet, arme
tempero, as, are, avi, atum : organiser, régler, être modéré
templum, i, n : temple
tempto, as, are, avi, atum : toucher, examiner, essayer
tempus, oris, n : temps, époque
tenax, acis : tenace, opiniâtre
tendo, is, ere, tetendi, tentum ou **tensum** : tendre
tenebrae, arum, f pl : obscurité, ténèbres
teneo, es, ere, tenui, tentum : tenir, retenir
tener, era, erum : tendre, délicat
tenuis, e : mince, fin, petit
terebro, as, are, avi, atum : trouer, creuser
tergum, i, n : dos
terminus, i, m : borne militaire, fin
terra, ae, f : terre
terreo, es, ere, terrui, territum : terrifier
terribilis, e : terrible, redoutable
terror, oris, m : terreur, effroi, épouvante
tertius, a, um : troisième
testamentum, i, n : testament
texo, is, ere, texui, textum : tisser, construire
theatrum, i, n : théâtre
thermae, arum, f pl : thermes, bains
timeo, es, ere, timui : craindre, avoir peur
timiditas, atis, f : timidité
timidus, a, um : craintif, timide
timor, oris, m : crainte, peur, effroi
toga, ae, f : toge
tollo, is, ere, sustuli, sublatum : soulever, pousser, élever
tonsor, oris, m : barbier, coiffeur
torpeo, es, ere : être paralysé
torqueo, es, ere, torsi, tortum : tordre, tourner, torturer
torquis, is, m : collier
torreo, es, ere, ui, tostum : sécher, brûler, consumer
torus, i, m : lit
tot... quot : autant... que
totus, a, um : tout entier
tracto, as, are, avi, atum : traîner, toucher, traiter
trado, is, ere, tradidi, traditum : transmettre, livrer, rapporter
tragicus, a, um : de tragédie, tragique
tragoedia, ae, f : tragédie
tragoedus, i, m : acteur tragique
traho, is, ere, traxi, tractum : traîner, retenir
trano, as, are, avi, atum : traverser à la nage
trans + acc. : au-delà, par dessus
transeo, is, ire, i(v)i, itum : traverser
transitus, us, m : passage, transition
tremor, oris, m : tremblement
trepido, as, are, avi, atum : s'agiter, trembler
tres, tres, tria : trois
tribunus, i, m : tribun
tribuo, is, ere, bui, butum : attribuer, accorder, distribuer
tricesimus, a, um : trentième
triclinium, ii, n : salle à manger
trierarchus, i, m : triérarque, commandant d'une trirème
triginta : trente
tristis, e : triste
triumphus, i, m : triomphe
tu (te, tui, tibi, te) : tu, toi
tueor, eris, eri, tuitus sum : observer, contempler, protéger
tum : alors
tunc : alors
tunica, ae, f : tunique
turba, ae, f : foule
turbo, as, are, avi, atum : troubler
turpis, e : honteux, laid
tuus, a, um : ton, ta

U

uber, eris : abondant, plein, productif
uber, eris, n : mamelle, richesse
ubi ? : où ? (lieu où l'on est)
ubi + ind. : quand, lorsque
ubicumque : en quelque lieu que, partout
ubique : partout, en tout lieu
ulciscor, eris, ulcisci, ultus sum : venger, se venger
ullus, a, um : quelque, quelqu'un
ultimus, a, um : le plus éloigné, dernier
ultor, oris, m : vengeur
ultra : par-delà, plus loin, plus que, au-dessus
umbra, ae, f : ombre
umquam (ou **unquam**) : un jour, quelquefois
unda, ae, f : eau, onde
unde ? : d'où ? (lieu d'où l'on vient)
undecim : onze
undecimus, a, um : onzième
undique : de toutes parts, de tous côtés
unguentum, i, n : parfum, essence, huile parfumée
unguis, is, m : ongle
unicus, a, um : unique
unus, a, um : un
urbanus, a, um : de la ville
urbs, urbis, f : ville
urgeo, es, ere, ursi : presser, accabler
urna, ae, f : vase, urne
uro, is, ere, ussi, ustum : brûler
usquam : quelque part
usque : sans interruption, depuis, jusque
usus, us, m : usage

ut + ind. : comme, quand
ut + subj. : pour que
uter, utra, utrum : celui des deux qui ; qui des deux ?
uterus, i, m : sein, ventre
utilis, e : utile
utilitas, atis, f : utilité, avantage, intérêt
utinam + subj. : fasse le ciel que, pourvu que
utor, eris, uti, usus sum + abl. : se servir de, utiliser
uva, ae, f : raisin, vigne
uxor, oris, f : épouse

V

vae : hélas ! malheur !
valeo, es, ere, ui, itum : être vigoureux, en bonne santé
valetudo, inis, f : santé, mauvaise santé
validus, a, um : robuste, vigoureux
vallum, i, n : fossé, palissade
vanus, a, um : vain, vide
varius, a, um : varié, divers
vas, vasis, n : vase
vasto, as, are, avi, atum : dévaster
vastus, a, um : vide, désert, désolé
vates, is, m : devin, prophète, poète
-ve (particule enclitique) : ou
vehemens, tis : emporté, passionné, véhément, violent
vehementer : vivement, fortement, violemment
vehiculum, i, n : voiture, chariot
veho, is, ere, vexi, vectum : transporter
vel : ou, même
velocitas, atis, f : rapidité
velox, ocis : rapide
velum, i, n : voile
velut, veluti : par exemple, comme, ainsi que
vena, ae, f : veine
venatio, onis, f : chasse
venditio, onis, f : vente
vendo, is, ere, vendidi, venditum : vendre
venenum, i, n : poison
veneo, ire, venii : être vendu
veneratio, onis, f : vénération, respect
venia, ae, f : faveur, pardon
venio, is, ire, veni, ventum : venir
venter, tris, m : ventre
ventus, i, m : vent
venustus, a, um : plein de charme
verbero, as, are, avi, atum : frapper
verbum, i, n : mot, parole
vere : vraiment, justement
verecundus, a, um : réservé, discret, respectable
vereor, eris, eri, veritus sum : craindre, respecter
vergo, is, ere : être tourné vers, incliner, pencher
veritas, atis, f : vérité
vero : vraiment, mais
versiculus, i, m : petit vers
verso, as, are, avi, atum : tourner
vertex, icis, m : sommet, pôle
verto, is, ere, ti, sum : tourner, changer
verum : mais, mais en vérité
verus, a, um : vrai
vesper, eris ou **eri**, m : soir
vestibulum, i, n : vestibule, entrée
vestigium, ii, n : trace, empreinte, vestige
vestis, is, f : vêtement
vestitus, us, m : vêtement
vetus, veteris : vieux
vetustas, atis, f : vieillesse, antiquité
vexatio, onis, f : agitation, souffrance, peine
via, ae, f : route, voie, rue
viator, oris, m : voyageur
vicesimus, a, um : vingtième
vicinia, ae, f : voisinage
vicinus, a, um : voisin
victor, oris, m : vainqueur
victoria, ae, f : victoire
vicus, i, m : quartier
videlicet : bien entendu, naturellement, sans doute
video, es, ere, vidi, visum : voir
vigil, ilis : vigilant, éveillé, attentif
vigilo, as, are, avi, atum : veiller, être éveillé
viginti : vingt
vigor, oris, m : vigueur, énergie
vilis, e : bon marché, sans valeur, vulgaire
villa, ae, f : ferme, maison
vinco, is, ere, vici, victum : vaincre
vinculum, i, n : chaîne
vindicta, ae, f : vengeance
vinolentia, ae, f : ivresse, ivrognerie
vinum, i, n : vin
violens, tis : emporté, fougueux
violentia, ae, f : violence
vir, viri, m : homme
vireo, es, ere : être florissant, vigoureux, vert
vires, virium, f pl : forces
virgo, ginis, f : jeune fille
viridis, e : vert
virilis, e : d'homme, masculin
vis, acc. : **vim**, abl. : **vi ;** pl. : **vires, virium** (dat. - abl. : **viribus)** : force, puissance
viscus, eris, n : entrailles, cœur, sein
vita, ae, f : vie
vitium, ii, n : défaut
vitreus, a, um : de verre, clair, transparent
vivo, is, ere, vixi, victum : vivre
vivus, a, um : vivant, vif
vix : à peine, avec peine
voco, as, are, avi, atum : appeler
volo, as, are, avi, atum : voler
volo, vis, velle, volui : vouloir
volucris, is, f : oiseau
voluptas, atis, f : plaisir
volvo, is, ere, volvi, volutum : rouler, faire rouler
voro, as, are, avi, atum : dévorer
vos (vestri ou **vestrum, vobis)** : vous
votum, i, n : vœu, désir
vox, vocis, f : voix
vulgaris, e : ordinaire, commun
vulgatus, a, um : habituel, ordinaire
vulgus, i, n : foule
vulnero, as, are, avi, atum : blesser
vulnus, eris, n : blessure
vultus, us, m : visage, expression, air, apparence

Le calendrier julien

Certains jours, aux **Calendes**, aux **Nones** et aux **Ides**, il était interdit aux Romains de célébrer des noces. Il s'agissait en effet de fêtes religieuses, pendant lesquelles on se consacrait à des cérémonies de caractère purificatoire. Ces fêtes sont la base du **calendrier julien**, ainsi nommé lorsque Jules César, en 45 av. J.-C., réforma l'année romaine qui, dorénavant, commencerait en janvier, et non en mars.

Les mois

janvier : **Januarius**
février : **Februarius**
mars : **Martius**
avril : **Aprilis**
mai : **Maius**
juin : **Junius**
juillet : **Quintilis**, devenu **Julius** en 44 av. J.-C., en l'honneur de César
août : **Sextilis**, devenu **Augustus** en 8 av. J.-C., en l'honneur d'Auguste
septembre : **September**
octobre : **October**
novembre : **November**
décembre : **December**

Les dates

– Les Romains comptaient les jours « à reculons », en partant de la date des trois grandes fêtes religieuses du mois : les Calendes (**kalendae, arum**, f pl : le premier de chaque mois), les Nones (**nonae, arum**, f pl : le 5 ou le 7 selon les mois) et les Ides (**idus, uum**, f pl : le 13 ou le 15).

Ex. : le 3 mars est appelé « le 5e jour avant les Nones de mars » ; le 6 mars : « la veille des Nones » (le 2e jour) ; le 7 mars : « le jour des Nones ».

– Les dates sont inscrites de manière simplifiée.

Ex. : 3 mars = **a. d. V Non. Mart.**
= **ante diem quintum Nonas Martias** (pour **die quinto ante Nonas Martias**)

7 mars = **Id. Mart.**
= **Idus Martias**

	mars, mai, juillet, octobre	février (tous les quatre ans)	février	avril, juin, septembre, novembre	janvier, août, décembre
1	kalendae	kalendae	kalendae	kalendae	kalendae
2	VI	IV	IV	IV	IV
3	V	III	III	III	III
4	IV	pridie nonas	pridie nonas	pridie nonas	pridie nonas
5	III	nonae	nonae	nonae	nonae
6	pridie nonas	VIII	VIII	VIII	VIII
7	nonae	VII	VII	VII	VII
8	VIII	VI	VI	VI	VI
9	VII	V	V	V	V
10	VI	IV	IV	IV	IV
11	V	III	III	III	III
12	IV	pridie idus	pridie idus	pridie idus	pridie idus
13	III	idus	idus	idus	idus
14	pridie idus	XVI	XVI	XVIII	XIX
15	idus	XV	XV	XVII	XVIII
16	XVII	XIV	XIV	XVI	XVII
17	XVI	XIII	XIII	XV	XVI
18	XV	XII	XII	XIV	XV
19	XIV	XI	XI	XIII	XIV
20	XIII	X	X	XII	XIII
21	XII	IX	IX	XI	XII
22	XI	VIII	VIII	X	XI
23	X	VII	VII	IX	X
24	IX	VI	VI	VIII	IX
25	VIII	VI bis	V	VII	VIII
26	VII	V	IV	VI	VII
27	VI	IV	III	V	VI
28	V	III	pridie kalendas	IV	V
29	IV	pridie kalendas		III	IV
30	III			pridie kalendas	III
31	pridie kalendas				pridie kalendas

Boîte à versions

1. L'œuvre d'Auguste

Publica opera plurima exstruxit[1], e quibus vel praecipua : forum cum aede[2] Martis Ultoris, templum Apollinis in Palatio, aedem Tonantis Jovis[3] in Capitolio. Templum Apollinis in ea parte Palatinae domus excitavit[4], quam fulmine ictam[5] desiderari a deo haruspices pronuntiarent : addidit porticus cum bibliotheca Latina Graecaque.

1. **exstruo, is, ere, uxi, uctum** : élever, dresser.
2. **aedes, ium**, f pl : demeure, temple.
3. **Jovis** : génitif de **Juppiter**.
4. **excito, as, are, avi, atum** : faire se dresser.
5. **fulmine ictam** : frappée par la foudre.

2. Claude, un empereur bouffon

Si paulo serius[1] ad praedictam cenae horam occurrisset, non nisi aegre[2] et circuito demum triclinio recipiebatur, et quotiens post cibum addormisceret[3], quod ei fere accidebat, olearum aut palmularum ossibus incessebatur[4], interdum ferula flagrove[5] velut per ludum excitabatur a copreis[6]. Solebant et manibus stertentis[7] socci induci, ut repente expergefactus[8] faciem sibimet[9] confricaret[10].

1. **paulo serius** : un peu en retard.
2. **non nisi aegre** : non sans peine.
3. **addormisceret** : il s'endormait.
4. **incessebatur** : il était assailli.
5. **flagrum, i**, n : fouet.
6. **coprea, ae**, m : bouffon.
7. **stertentis** : quand il ronflait.
8. **expergefactus** : réveillé.
9. **sibimet** = sibi.
10. **confrico, as, are, avi, atum** : frotter.

3. Un portrait de Néron

Calidis et frigidis unguentis se lavabat. Is petulans[1] princeps, ubi crepusculum in noctem vergebat[2], statim arrepto[3] pileo[4] vel galero[5], popinas[6] inibat. Comites habebat qui raperent ad venditionem exposita et obviis vulnera inferrent. Ad postremum tanto se dedecore prostituit[7] ut salteret et cantaret in scaena, citharoedico[8] habitu vel tragico.

1. **petulans, antis** : impudent.
2. **vergebat** : inclinait.
3. **arrepto** : ayant enfilé.
4. **pileus, i**, m : bonnet.
5. **galerus, i**, m : casquette.
6. **popina, ae**, f : cabaret.
7. **se dedecore prostituere** : se déshonorer.
8. **citharoedicus, a, um** : qui appartient aux joueurs de cithare.

4. L'incendie de Rome vu par Néron

Quasi offensus deformitate[1] veterum aedificiorum et angustiis flexurisque[2] vicorum, incendit urbem palam. Per sex dies septemque noctes ea clade saevitum est, ad monumentorum bustorumque[3] deversoria[4] plebe compulsa[5]. Hoc incendium e turre Maecenatiana[6] prospectans laetusque « flammae », ut aiebat, « pulchritudine », Halosin Ilii[7] in illo suo scaenico habitu decantavit[8].

1. **quasi offensus deformitate** : comme choqué par la laideur.
2. **flexura, ae**, f : sinuosité.
3. **bustum, i**, n : tombeau.
4. **deversorium, ii**, n : asile.
5. **compulsa**, participe parfait passif de **compello, is, ere, puli, pulsum** : refoulé(e).
6. **turris Maecenatiana** : la tour de Mécène.
7. **Halosin Ilii** : prise de Troie.
8. **decanto, as, are, avi, atum** : chanter.

5. Dieu est unique

Dans le dialogue intitulé Octavius, *Minucius Félix, écrivain chrétien du IIIe s. ap. J.-C., cherche à prouver qu'il ne peut y avoir qu'un seul dieu.*

Vide : rex unus apibus, dux unus in gregibus, in armentis[1] rector[2] unus. Tu in caelo summam potestatem dividi[3] credas, cum palam sit[4] parentem omnium Deum nec principium[5] habere nec terminum ? Hic non videri potest : visu[6] clarior[7] est ; nec comprehendi : tactu purior est ; nec aestimari[8] : sensibus major est. Nobis vero ad intellectum[9] pectus angustum est. Magnitudinem Dei qui se putat nosse[10], minuit. Nec nomen Deo quaeras : Deus nomen est. Deo, qui solus est, Dei vocabulum[11] totum est. Quem si « patrem » dixero, terrenum opineris[12] ; si « regem », carnalem[13] suspiceris[14] ; si « dominum », intelleges utique[15] mortalem. Aufer[16] additamenta[17] nominum et perspicies ejus claritatem.

1. **armentum, i**, n : bête de labour.
2. **rector** : maître.
3. **divido, is, ere, visi, visum** : diviser.
4. **cum palam sit** : alors qu'il est évident.
5. **principium, ii**, n : origine.
6. **visu, tactu** : pour être vu, pour être touché.
7. **clarior** : trop lumineux.
8. **nec aestimari** : ni être mesuré.
9. **ad intellectum** : pour comprendre.
10. **nosse = novisse** : avoir connu.
11. **vocabulum, i**, n : dénomination.
12. **opineris** : tu penserais.
13. **carnalis, e** : charnel.
14. **suspiceris** : tu croirais.
15. **utique** : de toute façon.
16. **aufer** : enlève.
17. **additamenta** : ce qui s'ajoute.

6. L'adoration des mages

Les rois mages viennent d'apprendre la naissance du roi des juifs et se mettent en route pour le voir…

Abierunt, et ecce stella, quam viderant in Oriente, antecedebat eos, usque dum[1] veniens staret supra ubi erat puer. Videntes autem stellam, gavisi sunt gaudio magno valde. Et intrantes domum, invenerunt puerum cum Maria matre ejus, et procidentes[2] adoraverunt eum. Et, apertis thesauris[3] suis, obtulerunt ei munera, aurum, thus[4], et myrrham[5]. Et responso accepto[6] in somnis ne redirent ad Herodem[7], per aliam viam reversi[8] sunt in regionem suam.

1. **usque dum** : jusqu'à ce que.
2. **procidentes** : se prosternant.
3. **thesaurus, i**, m : trésor.
4. **thus (ou tus), uris**, n : encens.
5. **myrrha, ae**, f : myrrhe (parfum).
6. **responso accepto** : ayant reçu l'avis, l'avertissement.
7. **Herodes, is**, m : Hérode, roi de Judée sous Auguste.
8. **revertor, eris, i, sus sum** : retourner.

7. La Vérité et le Mensonge

Le Titan Prométhée est célèbre pour avoir osé lutter contre Jupiter : il aurait façonné l'espèce humaine avec de l'argile et l'aurait ensuite animée avec le feu céleste, dérobé aux dieux.

Olim Prometheus saeculi figulus[1] novi
creta subtili[2] Veritatem fecerat,
Ut jura posset inter homines reddere.
Subito accersitus[3] nuntio magni Jovis
commendat[4] officinam[5] fallaci Dolo,
in disciplinam nuper quem receperat.
Hic[6] studio accensus facie simulacrum pari,
una statura, simile et membris omnibus,
dum tempus habuit, callida finxit manu.
Quod[7] prope jam totum mire cum positum foret[8],
lutum[9] ad faciendos illi defecit pedes[10].
Rediit magister ; quo festinanter Dolus
metu turbatus in suo sedit loco.
Mirans Prometheus tantam similitudinem
propriae dividere voluit artis gloriam.
Igitur fornaci[11] pariter duo signa intulit ;
quibus percoctis[12] atque infuso spiritu[13]
modesto gressu sancta incessit Veritas ;
at trunca[14] species haesit in vestigio[15].
Tunc falsa imago atque operis furtivi[16] labor
Mendacium appellatum est ; quod negantibus
pedes habere philosophis consentio.

1. **figulus, i**, m : modeleur.
2. **subtilis, e** : délicat.
3. **arcesso (accerso), is, ere, ivi, itum** : appeler.
4. **commendo, as, are, avi, atum** : confier.
5. **officina, ae**, f : atelier.
6. **hic** désigne **Dolus, i**, m : la Ruse.
7. **quod** : désigne **simulacrum**.
8. **cum positum foret = cum positum esset**.
9. **lutum, i**, n : boue, argile.
10. **ad faciendos... pedes** : pour faire les jambes.
11. **fornax, acis**, f : four.
12. **quibus percoctis** : après leur cuisson.
13. **infuso spiritu** : quand eut été répandu en elles le souffle de la vie.
14. **truncus, a, um** : mutilé.
15. **haesit in vertigio** : resta clouée au sol.
16. **furtivus, a, um** : clandestin.

8. Des bijoux bien mal acquis (ne profitent jamais)

Lolliam Paulinam, quae fuit Gai principis matrona[1] vidi smaragdis margaritisque opertam, alterno textu[2] fulgentibus toto capite, crinibus, auribus, collo, digitisque quae summa quadringentiens HS[3] colligebat, ipsa confestim parata, mancupationem tabulis[4] probare. Nec dona prodigi principis fuerant, sed avitae[5] opes, provinciarum scilicet spoliis partae[6]. Hic est rapinarum[7] exitus !

1. **Gai principis matrona** : la femme de l'empereur Caligula.
2. **alterno textu** : entrelacées en alternant.
3. **quadringentiens HS** : quarante millions de sesterces.
4. **mancupationem tabulis** : factures, actes de vente.
5. **avitae** : ancestrales.
6. **partae** : tirées.
7. **rapina, ae**, f : rapine, vol, pillage.

9. Le moineau de Lesbie

Passer mortuus est meae puellae,
Passer, deliciae[1] meae puellae,
Quem plus illa oculis suis amabat ;
Nam mellitus[2] erat suamque norat[3]
Ipsam tam bene quam puella matrem,
Nec sese a gremio[4] illius movebat,
Sed circumsiliens[5] modo, huc modo illuc[6]
Ad solam dominam usque pipiabat[7].
Qui nunc it per iter tenebricosum[8]
Illuc, unde negant redire quemquam[9].
At vobis male sit, malae tenebrae
Orci[10], quae omnia bella[11] devoratis ;
Tam bellum mihi passerem abstulistis[12].
O factum male ! o misere passer !
Tua nunc opera meae puellae
Flendo turgiduli[13] rubent ocelli[14].

1. **deliciae, arum**, f pl : délices.
2. **mellitus, a, um** : doux comme le miel.
3. **norat** : il connaissait.
4. **a gremio suo** : de son sein.
5. **circumsiliens** : sautillant.
6. **huc... illuc** : de-ci... de-là.
7. **pipiabat** : il pépiait.
8. **tenebricosus, a, um** : ténébreux.
9. **unde negant redire quemquam** : d'où personne, dit-on, ne revient.
10. **Orcus, i**, m : Orcus (divinité infernale).
11. **omnia bella** : toutes les jolies choses.
12. **abstulistis** : parfait de **aufero, fers, ferre, abstuli, ablatum**.
13. **turgidulus, a, um** : gonflé.
14. **ocellus, i**, m : diminutif de **oculus** : cher œil.

10. Gare aux rides !

Quam cito[1], me miserum, laxantur[2] corpora rugis[3],
Et perit, in nitido qui fuit ore, color,
Quasque fuisse tibi canas[4] a virgine juras,
Spargentur[5] subito per caput omne comae[6].
Anguibus[7] exuitur[8] tenui cum pelle vetustas,
Nec faciunt cervos cornua jacta senes ;
Nostra sine auxilio fugiunt bona ; carpite florem,
Qui, nisi carptus erit, turpiter[9] ipse cadet.

1. **cito** : vite.
2. **laxo, as, are, avi, atum** : étendre, relâcher.
3. **ruga, ae**, f : ride.
4. **canus, a, um** : blanc.
5. **spargo, is, ere, sparsi, sparsum** : répandre.
6. **coma, ae**, f : chevelure.
7. **anguis, is**, m : serpent.
8. **exuo, is, ere, ui, utum** : dépouiller de.
9. **turpiter** : d'une manière laide.

11. Pleurer pour celle qu'on aime...

Et lacrimae prosunt ; lacrimis adamanta[1] movebis.
Fac madidas[2] videat, si potes, illa genas[3] !
Si lacrimae (neque enim veniunt in tempore semper)
Deficient, uncta[4] lumina[5] tange manu !

1. **adamas, antis**, m : diamant.
2. **madidus, a, um** : humide.
3. **gena, ae**, f : joue.
4. **unctus, a, um** : mouillé.
5. **lumen, minis**, n : lumière, œil.

12. Les mœurs des abeilles

[...] Ipsae e foliis natos et suavibus herbis
ore legunt, ipsae regem parvosque Quirites[1]
sufficiunt aulasque et cerea regna refingunt[2]. [...]
Ergo ipsas quamvis angusti terminus[3] aevi
excipiat (neque enim plus septima ducitur aestas),
at genus immortale manet, multosque per annos
stat fortuna domus, et avi numerantur avorum.
[...] Rege incolumi mens omnibus una est ;
amisso[4] rupere fidem[5] constructaque mella
diripuere[6] ipsae et cratis solvere favorum[7].
Ille operum custos, illum admirantur et omnes
circumstant fremitu[8] denso stipantque[9] frequentes
et saepe attollunt umeris et corpora bello
objectant[10] pulchramque petunt per volnera[11] [mortem.

1. **Quirites** : citoyens.
2. **refingo, is, ere** : refaire.
3. **terminus, i**, m : fin, terme.
4. **amisso** : si elles l'ont perdu.
5. **rupere fidem** : le pacte est rompu.
6. **diripio, is, ere ripui, reptum** : saccager, mettre en pièces.
7. **cratis favorum** : claies des rayons de miel.
8. **fremitus, us**, m : bourdonnement.
9. **stipo, as, are, avi, atum** : entourer de façon compacte.
10. **objecto, as, are, avi, atum** : exposer.
11. **volnera** = **vulnera**.

13. La triste vie de client

Ecce alius quanto porrexit murmure[1] panem
vix fractum, solidae jam mucida[2] frusta[3] farinae,
quae genuinum[4] agitent, non admittentia morsum.
Sed tener et niveus mollique siligine[5] fictus
servatur domino. Dextram cohibere memento,
salva sit artoptae[6] reverentia. Finge tamen te
inprobulum[7], superest illic qui ponere cogat :
« Vis tu consuetis, audax conviva, canistris[8]
impleri panisque tui novisse colorem ? » [...]
Aspice quam longo distinguat pectore lancem[9]
quae fertur domino squilla[10], et quibus undique saepta
asparagis[11] qua despiciat convivia cauda,
dum venit excelsi manibus sublata ministri.
Sed tibi dimidio constrictus cammarus[12] ovo
ponitur exigua feralis[13] cena patella[14].

1. **murmure** : en grognant.
2. **mucidus, a, um** : moisi.
3. **frustum, i**, n : morceau.
4. **genuinus, i**, m : molaire.
5. **siligo, inis**, f : froment de première qualité.
6. **artopta, ae**, f : moule à pain.
7. **inprobulus, a, um** : un peu effronté.
8. **canistra, orum**, n pl : corbeilles.
9. **lanx, lancis**, f : plat.
10. **squilla, ae**, f : squille, langouste.
11. **asparagus, i**, m : asperge.
12. **cammarus, i**, m : crevette, écrevisse.
13. **feralis, e** : funéraire.
14. **patella, ae**, f : plat.

14. La fable du miroir

Praecepto monitus[1] saepe te considera.
Habebat quidam filiam turpissimam
idemque insignem facie pulchra filium.
Hi speculum in cathedra matris ut positum fuit
pueriliter ludentes forte inspexerunt.
Hic[2] se formosum jactat[3] ; illa[4] irascitur[5]
nec gloriantis sustinet fratris jocos,
accipiens, quid enim[6], cuncta in contumeliam[7].
Ergo ad patrem decurrit laesura[8] invicem[9]
magnaque invidia criminatur futtilem[10]
vir natus quod rem feminarum tetigerit[11].
Amplexus ille utrumque[12] et carpens oscula[13]
dulcemque in ambos caritatem partiens :
« Cotidie » inquit « speculo vos uti[14] volo,
Tu formam ne corrumpas nequitiae malis[15],
tu faciem ut istam moribus[16] pingas[17] bonis. »

1. **praecepto monitus** : instruit par ma leçon.
2. **hic** = **filius**.
3. **jactat** : il proclame.
4. **illa** = **filia**.
5. **irascitur** : se met en colère.
6. **quid enim ?** : pouvait-il en être autrement ?
7. **cuncta in contumeliam** : tout comme des injures.
8. **laesura** : pour blesser.
9. **invicem** : à son tour.
10. **criminatur futtilem** : elle accuse le frivole.
11. **quod tetigerit** : d'avoir touché.
12. **amplexus ille utrumque** : celui-ci les ayant pris dans ses bras l'un et l'autre.
13. **carpens oscula** : couvrant de baisers.
14. **vos uti** : que vous serviez + abl.
15. **nequitiae malis** : par les marques du vice.
16. **moribus** : ici, caractère.
17. **pingas** : ornes.

15. Le cerf et le cheval

Cervus equum pugna melior communibus herbis
Pellebat[1], donec minor in certamine longo
Imploravit opes hominis frenumque[2] recepit ;
Sed postquam victor violens[3] discessit ab hoste,
Non equitem dorso, non frenum depulit[4] ore.
Sic, qui pauperiem veritus potiore metallis[5]
Libertate caret, dominum vehet improbus[6] atque
Serviet aeternum, quia parvo nesciet uti[7].

1. **pello, is, ere, pepuli, pulsum** : chasser.
2. **frenum, i**, n : mors.
3. **violens** : fougueux.
4. **depello, is, ere, puli, pulsum** : repousser.
5. **metallum, i**, n : métal.
6. **improbus, a, um** : effronté, impudent.
7. **parvo… uti** : se contenter de peu.

16. Une journée bien remplie

Caius Plinius Fusco suo s.d.

Quaeris quemadmodum in Tuscis[1] diem aestate disponam. Evigilo cum libuit[2], plerumque circa horam primam, saepe ante, tardius raro. Clausae fenestrae manent. Notarium[3] voco et die admisso[4] quae formaveram[5] dicto ; abit rursusque revocatur rursusque dimittitur. Paulum redormio, dein ambulo. Ungor[6], exerceor, lavor. Cenanti mihi liber legitur ; post cenam, cum meis ambulo. Variis sermonibus vespera[7] extenditur[8].

1. **in Tuscis** : dans ma villa de Toscane.
2. **libuit** : il me plaît.
3. **notarius, ii**, m : secrétaire.
4. **die admisso** : ayant fait entrer le jour.
5. **formaveram** : j'avais préparé.
6. **ungo, is, ere, unxi, unctum** : masser.
7. **vespera, ae**, f : soirée.
8. **extendo, is, ere, di, sum** : prolonger.

17. La perle et le colosse

Crésus, l'esclave favori du « nouveau riche » Trimalcion, chérit un peu trop sa petite chienne. Trimalcion, jaloux, fait venir son énorme chien Scylax.

Croesus puer catellam[1] nigram prasina involvebat[2] fascia[3]. Trimalcio Scylacem jussit adduci. Nec mora[4], ingentis formae adductus canis ante mensam se posuit. Tum Trimalchio : « nemo, inquit, in domo mea me plus amat. »

Indignatus puer, quod Scylacem tam effuse[5] laudaret, catellam in terram deposuit hortatusque[6] ut ad rixam[7] properaret. Scylax, canino scilicet usus ingenio[8], taeterrimo[9] latratu triclinium implevit, Margaritamque Croesi paene laceravit. Nec intra rixam tumultus constitit, sed candelabrum etiam supra mensam eversum[10] oleo ferventi aliquot convivas respersit[11].

1. **catella, ae**, f : petite chienne.
2. **involvo, is, ere, volvi, volutum** : envelopper.
3. **prasina fascia** : d'un ruban vert.
4. **nec mora** : sans tarder.
5. **tam effuse** : aussi immodérément.
6. **hortatus (est)** : l'excita.
7. **rixa, ae**, f : lutte, bagarre.
8. **usus ingenio** : usant de son instinct.
9. **taeter, tra, trum** : épouvantable.
10. **eversum** : renversé.
11. **respergo, is, ere, spersi, spersum** : éclabousser.

18. L'anneau de Gygès

Pastor olim fuit, nomine Gyges, qui Lydiae[1] regis pecudes[2] pascebat[3]. Hic, cum terra discessisset magnis quibusdam imbribus, descendit in illum hiatum[4] aeneumque[5] equum animadvertit, cujus in lateribus fores erant. Quibus apertis, corpus hominis vidit magnitudine inusitata[6] aureumque in digito anulum, quem detractum[7] ipse induit. Inde in pastorum concilium se recepit. Ibi, cum palam[8] ejus anuli ad palmam[9] converterat, a nullo videbatur, ipse autem omnia videbat ; rursus videbatur, cum in locum anulum inverterat. Hac opportunitate anuli usus, Gyges regem dominum interemit. Sustulit quos obstare sibi arbitrabatur[10] nec in his eum facinoribus quisquam[11] potuit videre. Denique Lydiae rex exortus est.

1. **Lydia, ae**, f : Lydie (province d'Asie Mineure).
2. **pecus, udis**, f : bête.
3. **pasco, is, ere, pavi, pastum** : faire paître.
4. **hiatus, us**, m : ouverture, fente.
5. **aeneus, a, um** : de bronze.
6. **inusitatus, a, um** : inhabituel.
7. **quem detractum** : après l'avoir ôté.
8. **pala, ae**, f : châton (d'une bague).
9. **palma, ae**, f : paume, creux de la main.
10. **arbitrabatur** : il pensait.
11. **nec... quisquam** : et personne.

19. La mort de Cicéron

Proscrit par Antoine, Cicéron cherche à prendre la mer jusqu'en Macédoine. Mais les vents contraires l'en empêchent : il décide donc d'affronter la mort dans sa patrie.

« Moriar, inquit, in patria saepe servata. » Mox adventantibus[1] percussoribus, cum servi parati essent ad dimicandum[2] fortiter, ipse lecticam[3], qua vehebatur, deponi[4] jussit, eosque quietos pati quod sors iniqua cogeret. Prominenti[5] ex lectica et immotam cervicem praebenti caput praecisum[6] est. Manus quoque abscissae[7] : caput relatum est ad Antonium. Fulvia Antonii uxor, quae se a Cicerone laesam arbitrabatur, caput manibus sumpsit, in genua imposuit, extratamque linguam acu[8] confixit[9].

1. **advento, as, are, avi, atum** : arriver.
2. **dimico, as, are, avi, atum** : lutter.
3. **lectica, ae**, f : litière, chaise à porteur.
4. **depono, is, ere, posui, positum** : déposer, mettre à terre.
5. **promineo, es, ere, minui** : se pencher.
6. **praecido, is, ere, cisi, cisum** : couper.
7. **abscindo, is, ere, scidi, scissum** : trancher.
8. **acus, us**, f : aiguille.
9. **configo, is, ere, xi, ctum** : percer.

20. L'intrigue d'Amphitryon

Les pièces de théâtre romaines s'ouvrent souvent sur un argumentum *: présenté aux spectateurs au début du spectacle, ce résumé de la pièce leur permet de bien suivre l'intrigue. Voici l'*argumentum *d'*Amphitryon*, une comédie de Plaute :*

Amore captus Alcumenas[1] Juppiter
Mutavit sese in formam ejus conjugis,
Pro patria Amphitruo dum decernit cum hostibus.
Habitu[2] Mercurius ei subservit[3] Sosiae :
Is advenientis[4] servum ac dominum frustra habet[5].
Turbas uxori ciet[6] Amphitruo : atque invicem
Raptant pro moechis[7]. Blepharo captus arbiter
Uter sit non quit[8] Amphitruo decernere.
Omnem rem noscunt[9] ; geminos Alcumena [enititur[10].

1. **Alcumena, ae**, f : Alcmène, mère d'Hercule (ici au datif).
2. **habitu** : sous l'aspect de.
3. **ei subservit** : le seconde.
4. **advenientis = advenientes.**
5. **frustra habere** : tromper.
6. **turbas ciere** : chercher querelle.
7. **raptare pro moechis** : prendre pour adultère.
8. **non quit = non potest.**
9. **nosco, is, ere, novi, notum** : reconnaître.
10. **enititur** : accouche.

Index grammatical

Les numéros indiqués renvoient aux pages du manuel.

TABLE D'ILLUSTRATION

14	ph ©	Giraudon / Bridgeman
15	ph ©	AKG, Paris
16	ph ©	Collection Roger-Viollet
20	ph ©	Scala
21 h	ph ©	Archives Hatier
21 b	ph ©	Comédie Française
22	ph ©	RMN
23	ph ©	Archives Hatier
28 h	ph ©	Archives Hatier
28 b	ph ©	Dagli-Orti
29	ph ©	Archives Hatier
30	ph ©	Dagli-Orti
31	ph ©	Erick Lessing /AKG, Paris
32	ph ©	Dagli-Orti
36	ph ©	Erick Lessing /AKG, Paris
37 h	ph ©	Archives Hatier
37 b	ph ©	Dagli-Orti
38 h	ph ©	Dagli-Orti
38 b	ph ©	AKG, Paris
39 g	ph ©	Drawing supplied by kind permission of Swanston Publishing Limited, Derby, England
39 d	ph ©	Dagli-Orti
40	ph ©	Bibliothèque-Musée de la Comédie Française
41	ph ©	Scala
42	ph ©	Giraudon / Bridgeman
46 h	ph ©	Comédie Française/ph © L. Joubert
46 b	ph ©	Archives Hatier
47	ph ©	© 1994, Athéna Editions - 16, rue St Jean - 31 130 BALMA. / Extrait réduit à 76 % du format original de l'ouvrage.
48	ph ©	E.Lessing /AKG, Paris
49	ph ©	S.Domingie /AKG, Paris
50	ph ©	Scala
54 h	ph ©	Scala
54 b	ph ©	Willi/RMN
55	ph ©	Vision ARS/Arch. VIP
56	ph ©	Arnaudet/RMN
57	ph ©	Dagli-Orti
58	ph ©	Collection Roger-Viollet
62 h, b	ph ©	Dagli-Orti
63	ph ©	Archives Hatier
64	ph ©	Erich Lessing /AKG, Paris
65	ph ©	AKG, Paris
66	ph ©	E.Lessing /AKG, Paris
70 h	ph ©	Archives Hatier
70 b	ph ©	© 1994, Athéna Editions - 16, rue St Jean - 31 130 BALMA. / Extrait réduit à 76 % du format original de l'ouvrage.
71	ph ©	Dagli-Orti
72	ph ©	Dagli-Orti
73 h	ph ©	JG Berizzi/RMN
73 b	ph ©	Dagli-Orti
74	ph ©	Faillet/Artéphot
78	ph ©	R. G. Ojeda/RMN
80	ph ©	Bridgeman-Giraudon
84	ph ©	Dagli-Orti
85	ph ©	Michèle Bellot/RMN
86	ph ©	J. G. Berizzi/RMN
87	ph ©	Dagli-Orti
88	ph ©	Chantilly, Musée Condé / Lauros-Giraudon / Bridgeman
92	ph ©	Roger Blaquière
93	©	Collection Christophe L
94	ph ©	Oroñoz/Artephot
95	ph ©	Josse
96	ph ©	RMN
100	ph ©	Nimatallah/AKG, Paris
101	ph ©	Erich Lessing/Magnum
102 h, b	ph ©	Dagli-Orti
103	ph ©	Dagli-Orti
104	ph ©	RMN
105	ph ©	Dagli-Orti
106	ph ©	Bridgeman-Giraudon
110 h	ph ©	Georges Fafalis/Musée Archeologique, Heracleion
110 b	ph ©	Archives Hatier
111	ph ©	Archives Hatier
112	ph ©	Alinari-Giraudon / Bridgeman
114	ph ©	Musée Nationaux de Tunisie, Musée National du Bardo / Giraudon / Bridgeman
118 h, b	ph ©	Archives Hatier
119	ph ©	Scala © ADAGP, Paris 2003
120	ph ©	Scala
121	ph ©	Scala
122	ph ©	Dagli-Orti
126	ph ©	Archives Hatier
127	ph ©	Archives Hatier
128	ph ©	Hervé Lewandowski/RMN
129	ph ©	Dagli-Orti
130	ph ©	Archives Hatier
134	ph ©	The Kobal Collection
135	ph ©	Dagli-Orti
136 g, d	ph ©	E.Lessing /AKG, Paris
137 g	ph ©	E.Lessing /AKG, Paris
137 d	ph ©	Nimatallah /AKG Paris
138	ph ©	Faillet/Artéphot
140	ph ©	Scala
141	ph ©	Archives Hatier
142	ph ©	Bridgeman-Giraudon
146	ph ©	Archives Hatier
147	ph ©	Archives Hatier
148	ph ©	Bridgeman-Giraudon
150	ph ©	Scala
154	ph ©	Dagli-Orti
155 h	ph ©	Musée Carnavalet/Bulloz/RMN
155 m, b	ph ©	Archives Hatier
156	ph ©	Serge Assier tiré du « Sud d'un poète », 1989, Société des Amis de Jean Cocteau / Méditerranée, © ADAGP, Paris 2003
157 g	ph ©	Dagli-Orti
157 d	ph ©	Harlingue /Roger-Viollet
162	ph ©	Dagli-Orti
163 h, b	ph ©	Dagli-Orti
164	ph ©	Lauros-Giraudon / Bridgeman
165	ph ©	Dagli-Orti
166	ph ©	Collection Roger-Viollet
170 h, b	ph ©	Archives Hatier
171 h	ph ©	Collection Viollet
171 b	ph ©	Archives Hatier
172 h, b	ph ©	Dagli-Orti
173	ph ©	Rijksmuseum, Amsterdam
174	ph ©	Faillet/Artéphot
175	ph ©	Archives Hatier

Conception graphique : Alain Cianci, Atelier Machinette
Conception graphique et mise en pages : Isabelle Vacher
Iconographie : Édith Garraud / Hatier Illustration
Illustrations (pages Otium) : Olivier Nadel
Cartographie : Légendes cartographie
Chronologie : Olivier Damiens

Dépôt légal n° 34324 - Avril 2003
Imprimé en Italie par G. Canale & C. S.p.A. - Borgaro T.se

0 100

République | -27 Auguste | 14 Tibère | 37 Caligula | 41 Claude | 54 Néron | 68 Othon, Galba, Vitellius, Vespasien | 79 Titus | 81 Domitien | 96 Nerva | 98 Trajan | 117 Hadrien | 138 Antonin le Pieux | 161 Marc Aurèle | 180 Commo | 192

▶ **44** La Bretagne province romaine.

▶ **64** Incendie de

▶ **70** Destru

▶

▶ **17** Mort d'Ovide, auteur de *L'Art d'aimer*.

▶ **49** Sénèque précepteur de Nér

▶ **64-68** Construc

Jésus-Christ

0

▶ -27 **Auguste**

▶ 14 **Tibère**

▶ 37 **Caligula**

▶ 41 **Claude**

▶ 54 **Néron**

▶ 68 **Othon,**